बेपरवाही

प्रेम और आज़ादी के साथ आती है

अचिंत्य

Made with ♥ on the Notion Press Platform
www.notionpress.com

सत्य उन्हें ही कड़वा लगता है, झूठ में जीने की जिन्हें आदत हो जाती है। जिसकी हस्ती ही झूठ पर टिकी हो वह कभी नहीं चाहेगा कि कोई उसके सामने उसका झूठ लाकर रख दे।

इस पुस्तक की कोई भी बात अगर आपके किसी झूठ अथवा मान्यता को तोड़ेगी तो आपके भीतर से विरोध और तर्क उठेंगे। यह वही (अहम) है, जो है तो झूठा मगर मानता स्वयं को सत्य है। इसको तोड़ने का तरीका यही है कि इसकी मान्यताओं और झूठ को बिखर जाने दिया जाए। तो यह स्वयं को बचाने की कोशिश करेगा किन्तु इसके बहकावे में आना है अथवा नहीं? यह आपका चुनाव है।

दवाई कड़वी होती है किन्तु वही है जो बीमारी को भी हटाती है। आप दवाई को लेकर घर रख लें, उसके रोज दर्शन कर लें मगर खाएं नहीं और शिकायत करें की बीमारी तो ठीक नहीं हो रही, तो यह बेईमानी है।

बीमारी का ईलाज होता है दवाई को चिकित्सक की सलाह के अनुसार खाने-पीने से। दवाई आप खाते हैं अथवा नहीं, यह आपका चुनाव है। क्योंकि चिकित्सक ना तो अपके घर आएगा और न ही कोई जोर जबरजस्ती करेगा।

क्रम-सूची

क्रम-सूची

क्रम-सूची

क्रम-सूची

क्रम-सूची

क्रम-सूची

क्रम-सूची

क्रम-सूची

प्रस्तावना

घांस की झोपड़ी है और आग से झर-झर जल रही है लेकिन झोपड़ी के अंदर फंसा हुआ इंसान झोपड़ी (खोपड़ी) से बाहर आने को तैयार नहीं है क्योंकि उसे बताया गया है कि रात को झोपड़ी से बाहर खतरा रहता है। यह सुनकर आप भी हंस रहे होंगे मगर इंसान की हालत भी कुछ ऐसी ही है। वो नर्क भरी जिंदगी जी रहा है, उसमें जल रहा है मगर उससे बाहर आने को तैयार नहीं है। एक ऐसा इंसान जो कहे कि मुझे नहीं पता कि झोपड़ी के बाहर (भविष्य में) क्या होगा? मगर मुझे अपनी वर्तमान हालत स्वीकार नहीं क्योंकि यह मुझे जला रही है और वह झोपड़ी (ढर्रे नुमा जिंदगी) से बाहर कूद जाता है। इसी को कहते है बेपरवाह जीना। बेपरवाही माने आज़ाद जिंदगी, स्वयं को लेकर भविष्य की परवाह से मुक्त जिंदगी।

बेपरवाही का सम्बन्ध किसी तरह की लापरवाही अथवा मूर्खता से नहीं अपितु मानसिक गुलामी छोड़, बोध में जीने से है। एक ऐसी जिंदगी जिसमें व्यक्ति कुछ बनने, कुछ होने के संघर्ष से आज़ाद है। बेपरवाही माने ऐसा मन जो किसी भी तरह के ढर्रों, निष्कर्षों, संस्कारों, सामाजिक प्रभावों, मान्यताओं, अंधविश्वासों और पूर्वाग्रहों से मुक्त है। एक ऐसी जिंदगी जिसमें श्रद्धा है, बोध है, प्रेम है, करूणा है और असत्य के साथ खड़े नहीं होने में जो भी क़ीमत चुकानी पड़ेगी, उसकी परवाह से मुक्त है।

"आज़ादी की कीमत पर जो भी मिले, उसे ठुकरा दो; यही है बेपरवाही"

भूमिका

एक देहधारी के रूप में बहुत छोटा जीवन मनुष्य को मिलता है और उस थोड़े से समय को भी यदि मूर्खताओं में, अहंकार जनित कामनाओं और उद्देश्यों के पीछे दौड़ने में कोई बर्बाद कर देता है, तो यह जीवन का अपमान है।

मनुष्य को कुछ चाहिये और उसके लिए वह जीवन भर धन-संपदा, रिश्ते, सूचनाएं, वस्तुएं और न जाने क्या-क्या एकत्रित करता है और एक दिन मिट्टी हो जाता है, जिए बिना ही वह मर जाता है। मगर मरने से पहले जीवनभर वह स्वयं खूब दुख भोगता है और दूसरों को भी दुख ही बांटता है। क्यों? क्योंकि वह गलत जगह पूर्णता खोजता है। वह उस वस्तु में सुकून खोजता है जो उसकी ही कामना का प्रक्षेपण मात्र है। वह पानी से प्रेम मांगता है।

जीवन की सार्थकता किसी प्रकार की उपलब्धि अथवा उद्देश्यपूर्ति में नहीं है अपितु उसे भरपूर जीने में है। यदि जीवन में प्रेम, शांति, आनंद, आज़ादी और बोध नहीं है तो आप जीवन को जी नहीं पाएंगे। आज पूरी मानवता की हालत कुछ ऐसी ही है कि उसके पास भोग के संसाधनों की कोई कमी नहीं है। लगभग हर तरह की सुख-सुविधाएं उसको उपलब्ध हैं; मगर वह तनाव, भय और पीड़ा में हैं। उसकी जिन्दगी अंदर से खोखली, निर्जीव और सड़ी हुई है। इंसान में हिंसा, भोगवाद, नफ़रत और ईर्ष्या कम होने के बजाय बढ़ती जा रही है जिसके परिणामस्वरूप आज हमारा समाज और पूरी पृथ्वी अनेक तरह की मानसिक और प्राकृतिक समस्याओं से जूझ रही है। आज मनुष्य और उसके भोगवाद ने पूरी पृथ्वी और उस पर रहने वाले अन्य सभी जीव-जंतुओं, नदियों, पहाड़ों, जंगलों इत्यादि का जीना हराम कर दिया है।

इन सारी समस्याओं के मूल में बैठा है मनुष्य का आत्म-अज्ञान, उसका संस्कारित और प्रभावित मन और उससे उठी अपूर्णता। मनुष्य बहुत भयभीत और पीड़ा में है, मगर उसके लिए ज़िम्मेदार भी वही है और वही चाहे तो मुक्त भी हो सकता है। अब जिस व्यक्ति को सचमुच यह बात समझ आने लगी हो, फिर वह कैसे अपने व्यक्तिगत स्वार्थों, निजी कामनाओं, उद्देश्यों इत्यादि के पीछे दौड़ सकता है? फिर उसका कुछ भी व्यक्तिगत कैसे रह सकता है। उसकी आज़ादी भी व्यक्तिगत नहीं हो सकती। जिसे स्वयं की आज़ादी से प्रेम है, वह किसी अन्य को भी गुलाम की तरह स्वीकार नहीं करेगा। लेकिन हर तरफ़ जब उसे सिर्फ़ गुलामी, चीखें, शोषण, अंधविश्वारा ही दिखाई-सुनाई दे रहा हो तो फिर कैसे वह अपनी जवानी, अपनी ऊर्जा को उसी तरह बर्बाद कर सकता है जैसे अधिकांश मनुष्य करते आए हैं और कर रहे हैं।

हम यह नहीं कह सकते हैं कि जब मैं पूर्ण ज्ञानी हो जाऊंगा अथवा जब मेरी व्यक्तिगत समस्याएं और ज़रूरतें खत्म हो जाएंगी उसके बाद कोई सार्थक काम करूंगा/करूंगी। जितना जाना है उतना जियो, उचित और आवश्यक कर्म करो, बाक़ी फिर जीवन सिखाता रहता है। यदि कुछ जानने-समझने से हमारे जीवन में दुःख कम होता है, भय, चिन्ता, बेचैनी, बंधन और अपूर्णता कम होती है, व्यर्थ की भागदौड़ रुकती है और जीवन में प्रेम,

करूणा, शान्ति, सहजता और सरलता आती है; तो यह हमारा धर्म हो जाता है कि हम वह 'समझ' अन्य जीवों तक पहुंचाए जिससे कि वे भी अपने दुख, बंधनों, भय और अज्ञान से मुक्त हो सकें।

कुछ इसी तरह की बातें अचिंत्य को समझ आने लगी थीं और भविष्य के परिणामों की बहुत चिन्ता किए बिना उसने स्वयं को पूरी तरह उस काम के प्रति समर्पित कर दिया जो उसकी अधिकतम समझ से आज बहुत ज़रूरी है। जीव का दुख ही प्रेरणा स्रोत है और ज्ञान ही उसके लिए शस्त्र है। बोध, प्रेम, करूणा, आज़ादी और बेपरवाही उसका केंद्र है और यही उसके कर्म के आधार हैं। बस यही उसका परिचय है।

"अंजाम -ऐ- कोशिश पता है, मगर बात प्रेम की है; तो क्यों न करूं"

~अचिंत्य

पावती (स्वीकृति)

किसी भी काम को यदि अकेला व्यक्ति करता है तो उसके पास समय, संसाधन, ऊर्जा और योग्यता की कमी हो सकती है किन्तु कुछ लोग भी जब सहयोग करते हैं तो वह काम आसानी से आगे बढ़ता है; फिर चाहे वह क्रांति करना हो अथवा क्रांति के लिए संसाधन जुटाना। हालांकि प्रस्तुत पुस्तक किसी भी तरह के व्यक्तिगत स्वार्थ के लिए कम बल्कि सामाजिक जागरूकता के उद्देश्य से अधिक लिखी गई है। अतः आपके द्वारा किया गया सहयोग, सामाजिक जागरूकता लाने में एक महत्वपूर्ण योगदान है।

प्रस्तुत पुस्तक में सहयोग करने के लिए सबसे पहले नयना जी को धन्यवाद! जिन्होंने बिना किसी स्वार्थ के अपना कीमती समय निकालकर इस पुस्तक का तीन बार अध्ययन किया और अनेक व्याकरण संबंधित गलतियाँ सुधारीं। व्याकरण संबंधित गलतियों के कारण किसी भी बात का 'अर्थ का अनर्थ' हो जाता है। अतः आपका योगदान सराहनीय है। उसके बाद भी यदि किसी तरह की कोई त्रुटि रह जाती है तो यह उनकी नीयत अथवा प्रयास की कमी के कारण नहीं अपितु मनुष्य शरीर की सीमाओं के कारण हो सकती हैं। (nayanachouhan3@gmail.com)

इसी के साथ अर्पित जी को भी अपना योगदान देने के लिए धन्यवाद! जिन्होंने बिना किसी अपेक्षा के प्रस्तुत पुस्तक के कवर पृष्ठ को तैयार करने में अपने समय, कला और कौशल का योगदान दिया। आज का समय ही कुछ ऐसा है कि जब तक किसी वस्तु का बाहरी आवरण आकर्षक नहीं होता है तब तक लोग उसकी तरफ ध्यान ही नहीं देते हैं; फिर चाहे वह जीवन के लिए कितनी ही महत्वपूर्ण बोध साहित्य की पुस्तक ही क्यों ना हो। अतः आपका योगदान सराहनीय है। (princeansh849@gmail.com)

इसी के साथ उन सभी महापुरुषों, समाज सुधारकों, दर्शनिकों, क्रांतिकारियों, संतों और वैज्ञानिकों को धन्यवाद जिनके जीवन और निःस्वार्थ संघर्ष को देखकर मुझे वह काम करने की प्रेरणा मिलती है, जो चुनौतियों और संघर्षों से भरा हुआ है किन्तु स्वयं की मुक्ति और जगत के कल्याण हेतु सही और जरूरी है।

इसी के साथ इस जीवन, जीवन में मिले लोगों, अनुभवों, स्थितयों, चुनौतियों आदि सभी का भी धन्यवाद जिन्होंने जीवन में आकर जीवन को जानने-समझने में किसी भी तरह का सहयोग किया। धन्यवाद! ~अचिंत्य

आमुख

शेर के लिए माँस, गाय के लिए घाँस, पक्षी के लिए उड़ना, मछली के लिए तैरना उनकी आवश्यकता है और उनको जो चाहिये वो सब प्राकृतिक है और इतने में वे संतुष्ट हैं। मनुष्य के पास भी शरीर है मगर शरीर की सारी ज़रूरतें पूरी हो भी जाएं तो भी वह चैन नहीं पाता है। क्यों? क्योंकि मनुष्य की असली ज़रूरत कुछ और ही है और वह इतनी प्यारी है कि उसके लिए कई भगतसिंह हँसते-हँसते फाँसी चड़ जाते हैं, जीसस सूली चड़ जाते हैं, सुकरात और मीराबाई जैसे लोग जहर का प्याला पी जाते हैं, बुद्ध और महावीर महल छोड़ जाते हैं। उसे मैं बेपरवाही कहता हूँ।

जब मनुष्य को बोध नहीं होता है कि वह कौन है? उसे क्या चाहिये? और जो चाहिये वह कैसे मिलेगा? तब वह अज्ञानवश; शरीर, संस्कार, प्रकृति, देश, काल, वातावरण और समाज के प्रभाववश उठी कामनाओं को ही अपनी ज़रूरत समझ लेता है और जीवनभर दर-दर भटकता रहता है, मगर कहीं भी चैन नहीं पाता है। बेचैन इंसान ही मनुष्यों और अन्य जीवों के लिए बेचैनी का कारण बनता है। क्यों? क्योंकि पानी का काम तो केवल पानी ही कर सकता है, भोजन का काम तो भोजन ही कर सकता है और वायु का काम वायु ही करेगी। उसी प्रकार प्रेम, मुक्ति, संतुष्टि और आनंद की ज़रूरत को कोई अन्य वस्तु कैसे पूरा कर सकती है।

मगर अज्ञानवश मनुष्य इन्हें वस्तुओं, धन, पद-प्रतिष्ठा, भोग, स्त्री-पुरुष, सफलताओं जैसी चीज़ों में खोजता है। धन से वस्तुएं ले लीजिए वह दे देगा, भोजन को भोग लीजिए भूख शांत हो जाएगी किन्तु समस्या तब हो जाती है जब हम धन और भोग इत्यादि से पूर्णता और संतुष्टि पाना चाहते हैं मगर संतुष्टि और पूर्णता मिलती है आत्मज्ञान से। मगर आज दुनिया में विकास के नाम पर हम भोग से पूर्णता की उम्मीद करते हैं और इसीलिए ज़रूरत से ज्यादा भोगते हैं और उसी का परिणाम; जलवायु परिवर्तन, गरीबी, बीमारियां, प्रदूषण, जनसंख्या और युद्ध इत्यादि के रूप में देखने को मिल रहा है। हम स्त्री या पुरुष से प्रेम की उम्मीद करते हैं और उसके नाम पर एक-दूसरे का शोषण करते हैं। पैसा, रोटी, कपड़ा, मकान कुछ भी बुरा नहीं होता; मगर पैसा हमारे लिए सिर्फ़ पैसा नहीं होता, भोजन सिर्फ़ भोजन नहीं होता। हम उससे पूर्णता, प्रेम, तृप्ति पाना चाहते हैं जो कि वह नहीं दे सकता।

कुछ इस तरह इंसान पगलाया हुआ है कि अंधविश्वास में उसे धर्म नज़र आ रहा है, शोषितों में उसे शासक, हिंसा में देशभक्ति और पाखंड में भक्ति इत्यादि नज़र आ रहे हैं। उसे कुछ नहीं पता है कि वास्तव में वह क्या कर रहा है? क्यों कर रहा है? उसके कर्म, विचार, भावनाएँ और कामनाएं कहाँ से आ रही हैं? क्योंकि वह अपने प्रति बिल्कुल भ्रम में है। खुद हिंसक बने रहकर समाज में शांति और भाईचारे की कल्पना करता है। घर के अंदर भेदभाव करके वह समाज में समानता और न्याय की मांग करता है। ख़ुद अपने पड़ोसी से नफ़रत करता है और बात करता है कि दो देशों में युद्ध नहीं होने चाहिये...~अचिंत्य

1

जीवन में अनेक समस्याएं पैदा ही नहीं होंगी अगर तुम वहाँ मौन रह लो जहाँ बोलने की ज़रूरत नहीं है। देखो अपने जीवन में कितनी ही बार तुम सिर्फ़ इसलिए परेशान हुए हो क्योंकि जहाँ मौन रहकर बात को खत्म किया जा सकता था किन्तु अपने अहंकार के चलाए तुम वहाँ बोले। सूत्र ध्यान रखना, "सिर्फ़ तब ही बोलो जब तुम्हारे शब्द, मौन से बेहतर हो"। इसका अर्थ यह बिल्कुल भी नहीं है कि जहाँ बोलना उचित हो वहाँ भी चुप रहा जाए किन्तु जहाँ मुद्दा व्यर्थ है, जिसमें केवल समय और ऊर्जा की बर्बादी ही होनी है वहाँ यदि मौन रहकर बात खत्म हो जाए तो कर दो और अपना समय सही जगह पर लगाओ जहाँ तुम्हारे भ्रम हटे, बंधन कटे, बेचैनी मिटे।

इसके लिए आपके जीवन में कुछ सही और ऊँचा काम भी होना चाहिए अन्यथा जो समय और ऊर्जा बचाई है वो कहीं तो लगेगी ही। साथ ही मौन रहने को अपनी कमज़ोरी छुपाने का साधन मत बना लेना। एक होता है प्रेम और समझदारी में मौन हो जाना और एक होता है डर और मजबूरी में मौन हो जाना। डर और मजबूरी का मौन आपके बंधन, परनिर्भरता और स्वार्थ का प्रतीक है। मौन का संबंध केवल बाहरी चुप्पी से ही नहीं अपितु आंतरिक संघर्ष के थम जाने से है जो भय और दबाव के रहते संभव नहीं है। उस मौन के लिए मन का किसी भी प्रकार के भय और दबाव से मुक्त होना आवश्यक है।

जहाँ भीतर शांति और बाहर संघर्ष हो, वही असली मौन है अन्यथा वह पाखंड है। जहाँ किसी व्यक्ति का आचरण, हाव भाव, व्यवहार, पहनावा इत्यादि इस बात का संदेश देते हों कि वह शांत और मौन है; समझ लीजिए कि वह झूठा है। असली शांति, सहजता, सरलता और मौन का किसी खास आचरण, व्यवहार, पहनावे इत्यादि से कोई संबंध नहीं।

2

भय ही शोषण का आधार है। जब भी किसी का शोषण हुआ है, किसी न किसी तरह का भय दिखाकर ही हुआ है। तुम यदि भयभीत न हो तो संसार में कोई भी तुम्हारा शोषण नहीं कर सकता। किन्तु प्रश्न यह है कि तुम भयभीत होते ही क्यों हो? क्योंकि कहीं न कहीं, किसी न किसी तरह का तुम्हारा स्वार्थ है, लालच है जो तुम्हें शोषण को सहन करने के लिए विवश करता है। अगर देखो अपने जीवन में तो तुम पाओगे कि ज़रूर तुम्हें उस व्यक्ति अथवा अन्य (शोषक) से कुछ मिल रहा है। किसी तरह का सुख या सुरक्षा, किसी तरह की शारीरिक, मानसिक, भावनात्मक अथवा आर्थिक कामना की पूर्ति हो रही होगी। क्योंकि शोषण का आधार है भय और भय का आधार है लालच। जहाँ स्वार्थ नहीं होता वहाँ कोई नहीं डरता। तुम्हारे भय का कारण तुम्हारा अपना स्वार्थ है।

पिंजरे के तोते को बिना मेहनत के बहुत कुछ मिलता है किन्तु; अपनी आज़ादी की कीमत पर। आसमान उसके लिए खुला है, पेड़ों के फल, अनाज के बीज उसी के लिए हैं और वह सहज उपलब्ध हैं किन्तु लम्बी निर्भरता के कारण उसके पंख कमज़ोर हो चुके हैं। आज़ादी उसी के लिए है जो पर- निर्भर न रहकर अपनी कमजोरियों के बावजूद उड़ने का प्रयास करता है, अन्यथा इंसान इतना अच्छा नहीं है कि मुफ़्त में किसी का बोझ उठाए। इतनी निष्कामता केवल किसी कृष्ण, किसी बुद्ध में ही हो सकती है।

जिसपर निर्भर रहोगे वह किसी न किसी रूप में तुम्हारा शोषण करेगा। नुकसान बस यह होगा कि तुम एक आज़ाद और प्रेमपूर्ण (बेपरवाह) जीवन जीने से वंचित रह जाओगे क्योंकि गुलाम तो प्रेम भी नहीं कर सकता। गुलाम का अर्थ है वह जो आज़ाद नहीं और बिना आज़ादी के प्रेम संभव नहीं।

3

आपकी नीयत; हो सकता है ज़रूर किसी का भला करने की हो लेकिन ज्ञान यदि नहीं है तो संभावना है कि आप भला नहीं बल्कि बुरा ही करेंगे। उदाहरण के लिए संसार के लगभग प्रत्येक माता-पिता कहते हैं कि वे अपने बच्चों का भला चाहते हैं किन्तु अज्ञान के कारण वे भला कर नहीं पाते। वास्तव में वो अपने ही अहंकार को पोषण दे रहे होते हैं। वे गहराई में अपने बच्चों के माध्यम से अपनी ही उन अधूरी वासनाओं की पूर्ति चाहते हैं जिन्हें वे स्वयं पूरी नहीं कर पाए। जरा गौर करो इस बात पर कि 'जिस ज्ञान के आधार पर वे लोग अपना भला नहीं कर पाए, जिन धारणाओं और विश्वासों को स्वीकार करके वे स्वयं का भला नहीं कर पाए उसी ज्ञान और मान्यताओं के आधार पर, अधिकांश लोग जो जाने-अनजाने ही अपनी बेहोशी में माता-पिता बन जाते हैं, अपने बच्चों का भला करने का प्रयास करते हैं।

वही बच्चे जो अपने जीवन का सबसे अधिक और मूल्यवान समय अपने माता-पिता के साथ व्यतीत करते हैं किन्तु जैसे-जैसे वे बड़े होते जाते हैं अपने अभिभावकों से चिड़ने लगते हैं और दूर होते जाते हैं। क्योंकि बच्चों का भला करने के नाम पर वे उनके मालिक होने का प्रयास करते रहे, अपने अहंकार को पोषण देते रहे और उन्होंने बच्चों को भी समाज के अनुसार जीने के लिए संस्कारित कर दिया। उन्हें सीमित कर दिया और अज्ञान के कारण वो जानते ही नहीं कि सीमितता ही तो जीव के दुखों का कारण है। अब यहाँ नीयत अगर सचमुच भला करने की हो, तो भी क्या वह भला कर पाएंगे? नहीं।

संसार की दुर्दशा इसी बात का प्रमाण है कि सबको लगता यही है कि वो जो भी कर रहा है सही कर रहा है किन्तु यह सिर्फ़ अज्ञान का द्योतक है। इसलिए स्वयं का और संसार का भला करने के लिए नीयत के साथ ज्ञान (आत्मज्ञान) का होना भी आवश्यक है।

4

अपनी किसी भी बात के प्रति इतने आश्वस्त मत हो जाइये कि अगर वो गलत साबित हो जाए तो आपके लिए उसे स्वीकार करना असंभव हो जाए। किसी ने कुछ इस तरह कहा है कि दुश्मन से भी ऐसे शब्द मत बोलना कि कभी दोस्ती करने का अवसर आए तो तुम्हारे वह शब्द ही बाधा बन जाए और दोस्त को भी ऐसी बात मत बताना कि अगर कभी वह दुश्मन हो जाए तो वह बात ही आपकी कमज़ोरी बन जाए।

ध्यान रहे कि जब आप पूरी तरह किसी चीज़ को सही अथवा पूरी तरह गलत कह रहे हैं तब यह अहंकार है जो अपनी सीमाओं को भूल गया है। यह भ्रम तब पैदा होता है जब आपको लगने लगता है कि आप सब जानते हैं। ध्यान रहे 'ज्ञान यह नहीं है कि आप, सब कुछ जानते हैं, ज्ञान यह है कि आप लगातार जान रहे हैं कि आप बहुत कम जानते हैं'। देखो इस अस्तित्व को यह कितना विराट है और फिर देखो उसके सामने अपने अहंकार को जो कहता है कि मैं सब जानता हूँ।

इस समस्त अस्तित्व में अपनी (माने इस देह और मन की) तुच्छता, इसकी सीमाओं को देखो और देखो आसमान की ऊंचाई (बोध) से मूढ़ता भरे अपने इन (धार्मिक, जातिगत, लिंग आधारित इत्यादि) भेदभावों को, क्या वहां से ये दिखाई देते हैं? नहीं ना? तुम विनम्र हो जाओ, सबको गले लगाओ क्योंकि जिसे लगता है कि उसने सब सीख लिया है तो वास्तव में उसने अभी कुछ नहीं सीखा है क्योंकि सीखना तो नित-नूतन और सतत होता है। आत्मज्ञान कोई घटना नहीं है जो किसी खास दिन, लिंग या उम्र विशेष में घटती है, यह तो बोध की सतत प्रक्रिया है जो जीवन पर्यंत चलती है। स्मृति को दोहराना, सीखना नहीं होता है स्मृति तो मुर्दा होती है और सीखना अभी होता है। सीखना धड़कन की तरह है, स्वांस की तरह है और वह तब तक चलता है जब तक जीवन है।

सत्य में जीने का यही उपाय है कि हर समय सीखते रहो, अपनी कामनाओं के प्रति सजग रहो, अपने आंतरिक और बाहरी जगत का अवलोकन करते रहो और अपनी गलतियों को स्वीकार करने से मत घबराओ। बंधनों को जानना ही मुक्ति है और उन्हें नहीं जानना ही बंधन है।

5

आप यदि सचमुच संसार का भला चाहते हैं तो सबसे पहले आपको अपना भला करना चाहिए। आपके भले में ही संसार का भला है और आपका भला इसमें है कि आप स्वयं को जानें, आप आज़ाद और प्रेमपूर्ण जियें। जो स्वयं का भला कर पाता है, उसे फिर किसी का भला करने के लिए अलग से कुछ नहीं करना पड़ता, उसका जीवन अपने आप ही पारमार्थिक हो जाता है। उसका होना भर ही संसार के लिए कल्याणकारी हो जाता है।

आप ख़ुद यदि एक सही, सच्चा, सुन्दर, ऊंचा जीवन जी रहें हैं तो आपको भी पता नहीं चलेगा कि आपके माध्यम से कितने लोगों की सहायता हुई है। यह ठीक वैसा ही है कि फूल अगर खिला है तो भंवरे ख़ुद उसके पास आते हैं, खुशबू अपने आप चारों तरफ़ के वातावरण को महका देती है। यह वैसा ही है कि सूर्य अगर उदय हुआ है तो जिसको जिस रूप में रोशनी चाहिए उस रूप में मिल जाती है। सूर्य को बस स्वयं प्रकाशित होना है। असली सहायता भी इसी में है कि आपके माध्यम से मदद भी हो गई और अहंकार को सिर उठाने का अवसर भी नहीं मिला कि मैंने मदद की। कहते हैं न कि मदद हो तो ऐसी की दाएं हाथ से दो तो बाएं हाथ को पता भी नहीं चले। यही असली सहायता भी है।

फूल अगर ख़ुद ही मुर्झाया हुआ है तो वह किसी का भला नहीं कर पाएगा। इसलिए स्वयं को महान बनाने में ही संसार की महानता है, तुम्हारी आज़ादी में ही दूसरों की आज़ादी है। तुम्हारी बेपरवाही ही दूसरों के लिए बेपरवाही का स्रोत बनेगी।

6

हमेशा कहा जाता है कि शिक्षक, माता-पिता और अपने से बड़ों का सम्मान करना चाहिए। किन्तु मैं तुमसे कहता हूँ कि सिर्फ़ माता-पिता बन जाने से कोई भी व्यक्ति सम्मान का पात्र नहीं बन जाता है। संसार का प्रत्येक जीव बच्चे पैदा करता है, उसका लालन-पालन करता है। यहाँ तक, पशु-पक्षी और मनुष्य में कोई भेद नहीं है और यदि पशु-पक्षियों जितनी प्राकृतिक क्रियाएँ करके तुम बच्चों से सम्मान की इच्छा रखते हो तो फिर स्वयं को पशु-पक्षियों से ऊपर भी मत मानिए। यह बच्चों पर किया गया उपकार नहीं है अपितु उस नवजात बच्चे के प्रति माता-पिता का कर्तव्य है और इसके लिए बच्चा किसी प्रकार माता-पिता का ऋणी नहीं होता है, यहाँ तक कि पशु-पक्षी भी एक समय के बाद अपने बच्चों को उड़ना सिखाकर मुक्त कर देते हैं।

उसी प्रकार कोई व्यक्ति यदि अध्यापन का कार्य करता है तो इसका अर्थ यह कभी नहीं होता है कि वह सम्मान का पात्र है। क्योंकि अधिकांश लोग सिर्फ़ इसलिए अध्यापन का कार्य करते हैं ताकि उन्हें धन का लाभ हो सके और अक्सर यही देखा जाता है कि विद्यालय में समानता, प्रेम, बंधुत्व, सहयोग आदि का ज्ञान देने वाला शिक्षक ख़ुद अपने जीवन में इन सद्गुणों से कोसों दूर होता है। इसी के साथ यदि कोई व्यक्ति उम्र में बड़ा है इसका अर्थ यह नहीं है कि उसका सम्मान करो अथवा उसके सामने झुको, क्योंकि उम्र और शरीर तो चोर, हत्यारे और लुटेरों का भी बड़ा हो जाता है। शरीर तो आलसियों का भी बड़ा जाता है।

इसलिए "किसी भी व्यक्ति को उतना ही सम्मान दो जितनी उसकी समझ है, क्योंकि सम्मान के अयोग्य एक व्यक्ति को भी यदि सम्मान मिलता है तो वह अपने दुर्गुणों का ही अन्य लोगों में प्रचार-प्रसार करता है जिससे पूरा समाज धीरे-धीरे उसी प्रकार सड़ जाता है जैसे स्वस्थ प्याज के ढेर में एक सड़ा हुआ प्याज डाल देने पर प्याज का पूरा ढेर ही सड़ जाता है। "किसी की उम्र, धन, पद, ताक़त और पहचान इत्यादि का सम्मान मत करो, उसकी समझ, उसके बोध का सम्मान करो"।

7

सहारों की आवश्यकता उसको होती है जो कमज़ोर है किन्तु ख़ुद ताक़तवर होते हुए भी जो सहारे लेता है, वह कमज़ोर हो जाता है और फिर उसे सचमुच सहारों की आवश्यकता पड़ती है, जिससे उसे हर समय सहारे छीन जाने का भय बना रहता है। अंततः ये सहारे व्यक्ति को गुलाम बना देते हैं। तुम संसार से सहारे लो ही मत। जितना जल्दी हो सके अपने पैरों से चलना सीखो। शारीरिक, आर्थिक, मानसिक या भावनात्मक अथवा अन्य किसी भी रूप से तुम स्वयं को किसी और पर निर्भर मत करना। स्वयं की आवश्यकताओं के लिए पर्याप्त परिश्रम करो। "ऐसे सहारे कभी स्वीकार मत करना जो बदले में तुम्हारी आज़ादी छीन लेते हों"।

तुम चाहे स्त्री हो या पुरुष, यदि अपने पैरों से चल सकते हो (अपने दम पर जी सकते हो) तो 'अवसर मिलने पर भी' दूसरों की मेहनत पर मत जीना, अन्यथा लंगड़े हो जाओगे। अक्सर यही गलती अधिकांश महिलाएँ और नौजवान करते हैं। विवाह के उपरांत जो महिलाएं पहले कहीं कोई काम करती भी थीं तो उसे बंद कर देती हैं और अन्य व्यक्ति पर निर्भर होकर ख़ुद अपने पंख काट देती हैं। इसी को कहते हैं, 'अपने पैरों पर कुल्हाड़ी मारना'। और नौजवान तब तक चार दीवारी में पड़े-पड़े खाता है जब तक अभिभावकों से मुफ़्त मिल रहा होता है किन्तु यहाँ मुफ़्त में कहां किसी को कुछ भी मिलता हैं? यह हम भूल ही जाते हैं। इसलिए फिर अपनी आज़ादी बेचकर, पारिवारिक ज़िम्मेदारियों के नाम पर वो सब करने को मजबूर होते हो जो तुम नहीं करना चाहते।

बेपरवाही चाहिए तो जितना हो सके सहारे लेना बंद करो अन्यथा सहारों की ही परवाह करते- करते जिंदगी कब ख़त्म हो जाएगी, पता भी नहीं चलेगा।

8

अगर बेपरवाह जीना है तो मृत्यु से पहले मृत्यु को इतना जानो, उसके इतने निकट रहो कि वह मज़ाक बन जाए और तुम अगर मृत्यु को मज़ाक नहीं बना पाए तो हर दिन वह तुम्हें इतनी बार मारेगी कि तुम्हारा जीवन मज़ाक बन जाएगा। वे लोग जो बड़े संभल-संभल कर चलते हैं और जीवन में सही, ज़रूरी और ऊँचे कामों के लिए खतरा नहीं उठाते हैं, वे जीवन भर छोटे-छोटे मुद्दों में ही उलझ कर रह जाते हैं और जब मृत्यु निकट आती है तब उन्हें पूछने वाला भी कोई नहीं होता।

इसका अर्थ यह नहीं है कि मृत्यु के समय कोई पूछने वाला हो इसके लिए सही जीवन जियो, इसका अर्थ है कि तुम जीवन से संतुष्ट रहो। न उसका शोक करो जो बीत चुका है और न ही कल की परवाह करो कि आगे क्या होगा? तुम आज और अभी सही निर्णय लो, सही काम उठाओ और उसमें पूरी तरह डूब जाओ। अगर सही काम में डूबे हुए हो तो परिणाम फिर जो भी हो उसे स्वीकार करो और काम अगर सही है तो परिणाम गलत कैसे हो सकता है? हाँ, हो सकता है कि वह तुम्हें गलत लगे, पर गलत होगा नहीं। और जो अभी सही काम में डूबा हुआ है, उसके लिए भूत-भविष्य खत्म हो जाते हैं, फिर उसके पास न अतीत के पछतावे के लिए समय होता है न भविष्य की कल्पना के लिए।

यदि तुम अतीत और भविष्य के बारे में सोचने में ही उलझे रहते हो तो इसका अर्थ है कि अभी तुम्हारे पास कोई सार्थक, ज़रूरी और बड़ा काम नहीं है। मगर सही और ज़रूरी काम क्या है यह समझ आ सके इसके लिए आत्मबोध आवश्यक है अन्यथा चोर को चोरी और हत्यारे को हत्या ही सही और ज़रूरी लगेंगे। कर्ता यदि अहंकार है तो चाहे कोई भी कर्म हो, कितना भी सुन्दर दिखता हो, वह गलत ही है, पाप कर्म है। कर्ता यदि बोध है, कर्ता यदि प्रेम, करूणा, आज़ादी और सत्य है तो छोटे से छोटा दिखने वाला कर्म भी महान है।

9

तुम ही सोचो; जो व्यक्ति अभी जवान है, जिसके ऊपर न कोई बोझ है और न ही कोई ज़िम्मेदारी है, कोई बंधन भी नहीं है किन्तु फिर भी साहस नहीं कर पा रहा है; एक ज़रूरी लेकिन अनजान और अनिश्चित रास्ते पर चलने का, फिर ऐसा व्यक्ति तब कैसे साहस कर पाएगा जब वह कमज़ोर, बोझ से दबा हुआ और बंधनों में बंधा हुआ होगा? वह जवान व्यक्ति मैं हूँ, तुम हो और हम सब हैं।

चाहे कितनी ही बुरी हालत क्यों न हो हमारी किन्तु फिर भी अभी हम दलदल में उतना नहीं फँसे हैं जितना कि समाज में, समाज के अनुसार जीने वाला एक आम इंसान फँसा हुआ होता है और अभी हमारे बाजुओं में भी ताक़त है। हमारे पास समय है, ऊर्जा है और चुनौतियों का सामना करने का बल है। तो यह कभी मत सोचना कि एक समय आएगा जब मेरे पास ये-ये सुविधाएं होंगी तब मैं कुछ करूँगा अथवा यह कि अभी तो बहुत समय है।

यह जीवन कभी भी समस्याओं से खाली नहीं होने वाला है। जब तक जियोगे, एक के बाद एक नई समस्याएं बनी रहेंगी और जैसे-जैसे आगे बढ़ते जाओगे वैसे-वैसे तुम्हारे लिए चुनौतियों का स्तर भी बढ़ता जाएगा। तो समस्याएं तो कभी खत्म होती नहीं हैं बस तुम यह कर सकते हो कि उन्हें अपने लिए समस्या न मानकर समस्या की जगह सीढ़ियाँ बना लो। उन्हें अपने लिए ऐसे समझ लो जैसे लुहार का हथौड़ा, जो तुम्हें पीट भी रहा है तो इसलिए ताकि तुम में मजबूती और धार आए। तुम्हें अगर कुछ सही काम करना है तो समस्याओं, कमजोरियों, विरोधों और संसाधनों की कमी के बावजूद करना होगा क्योंकि यह सब तो लुहार के हथौड़े हैं मगर शुरुआत करने में जितनी देर करोगे समस्याएं उतनी ही बढ़ेंगी।

इसलिए छोटी ही सही पर ज़रूरी और सही शुरुआत जल्दी ही करो क्योंकि शुरुआत कर देने से, जैसे समय के साथ-साथ ताक़त बढ़ती है वैसे ही शुरुआत नहीं करने से पटती भी जाती है।

10

जिस विषय (दृश्य) से संबंधित भ्रम को दूर करना चाहते हो उसके(विषय/दृश्य) पास चले जाओ। जैसे अंधेरा होने के कारण तुम्हें रस्सी भी सर्प के समान दिखाई दे जाती है और जैसे ही तुम उस पर प्रकाश डालते हो तो तुम पाते हो कि वहाँ सर्प नहीं है। रस्सी को रस्सी की भाँति देखकर तुम्हारा भय और भ्रम सब खत्म हो जाता है। उसी प्रकार जीवन में जिन बातों से भयभीत रहते हो वह अधिकांशतः मन की कल्पनाएँ हैं जो ज्ञान के अभाव में (यानि नहीं जानने के कारण) प्रतीत होती हैं।

ऐसे मुद्दों से संबंधित डर और भ्रमों को दूर करने का तरीका है कि उन पर ज्ञान का प्रकाश डाला जाए, उनके निकट जाया जाए। यहाँ एक बात और स्पष्ट हो जाती है कि यह संसार क्या है और कैसा है? यह देखने वाले पर निर्भर करता है। चूँकि आँखें बाहर की तरफ़ देखती हैं और आत्मज्ञान के अभाव में हम संसार को सत्य मान लेते हैं किन्तु संसार तो देखने वाले पर निर्भर करता है। जैसी दृष्टि वैसी सृष्टि। चूँकि देखने वाला जिस ज्ञान, अनुभव, जानकारी, स्मृति, मान्यताओं आदि के आधार पर संसार को देखता है वह सीमित हैं इसलिए उससे उठा हुआ विचार और कर्म भी सीमित है।

हर नई जानकारी, नए अनुभव के साथ वह (दृष्टा) बदलता जाता है और दृष्टा के साथ ही दृश्य जगत भी बदलता जाता है। किन्तु आत्मज्ञान के अभाव में हम यह नहीं देख पाते हैं और इसीलिए अनित्य तथा नश्वर संसार को नित्य और शाश्वत मानकर उससे आसक्त हो जाते हैं, कामनाएं करते हैं, छवियाँ बनाते हैं, धोखे खाते हैं और दुःख पाते हैं किन्तु यथार्थ तो कुछ और ही होता है। इस प्रकार मनुष्य दुःख भोगता है और जीवन भर भटकता रहता है।

जब आप यह देख पाते हैं तब आप छवि नहीं बनाते अपितु, 'जो है (यथार्थ) उसके साथ जीते हैं।

11

वह स्त्रियाँ जो पुरुषों को लुभाने और अन्य स्त्रियों से प्रतियोगिता करने के लिए हर समय शरीर को ही सजाती और सँवारती रहती हैं और जिनके पास शारीरिक सुंदरता के अतिरिक्त और कुछ संपत्ति ही नही है, मुझे लगता है कि उन्हें यह अधिकार नहीं है कि वह यह कहें कि पुरुष उनकी ओर बुरी नज़र से ही देखते हैं या लड़के सिर्फ़ शारीरिक सुख की ही माँग करते हैं।

जब आपके पास न कला है, न साहित्य, न ज्ञान है, न विज्ञान, न नृत्य है और न संगीत तो ऐसी स्थिति में जब तुम उनके सामने सज-सँवर कर जाओगी तो वह शरीर की ही बात आपसे करेंगे। अगर आप स्वयं से थोड़ा भी प्रेम करती हैं तो अपने जीवन में सिर्फ़ शरीर केंद्रित होकर ही मत रह जाइये। अपने जीवन में उसको महत्व दो जो कोई आपसे छीन ना पाए अन्यथा आज जिस शरीर को दिखाकर आप किसी को लुभा लेती हैं वही शरीर जब कुछ वर्षों बाद ढल जाएगा, आकर्षक नहीं रह जाएगा, तब उसे देखकर तुम्हें पूछने वाला कोई नहीं होगा।

इसलिए शरीर को उतना ही महत्व दो जितना आवश्यक है और सही दिशा में स्वयं को काबिल बनाओ और ज़रूरी नहीं कि सिर्फ़ स्त्रियां शरीर के माध्यम से लोगों को लुभाती हैं, इसमें पुरुष भी होते हैं। लुभाने में भी कोई समस्या नहीं है, शरीर सुंदर हो तो इसमें बुराई क्या हो सकती है किन्तु मैं उन लोगों की बात कर रहा हूँ जिनका हो सकता है शरीर हष्ट-पुष्ट हो, सुंदर हो किन्तु अंदर से बिल्कुल टूटे और बिखरे हुए हैं, अशांत, परेशान और तनाव में हैं। बाहर रईसी है किन्तु अंदर से भिखारी बने हुए हैं। अगर ऐसी हालत है तो पहले अंदर से स्वयं को ठीक करो। जब आप अंदर से शांत होते हैं तो एक स्वाभाविक सौंदर्य अपने आप आता है।

शरीर महत्वपूर्ण है किन्तु इतना भी नहीं कि उसके गुलामहो जाएं और उसी के लिए जीने लगें।

12

जो मिल जाता है वही व्यर्थ हो जाता है फिर चाहे वह बड़ी से बड़ी उपलब्धियां ही क्यों न हो। जब तक नहीं मिलता है तब तक मन दिन-रात उनका ख्याल बुनता रहता है और कल्पना में तो हम कुछ भी सोच सकते हैं, किसी व्यर्थ चीज़ को भी बहुत अधिक मूल्य दे सकते हैं। लेकिन जैसे ही वो मिल जाती है तब मन कुछ और चाहने लग जाता है। क्यों? क्योंकि तब यथार्थ से तुम्हारा सामना होता है और यथार्थ तुम्हारी कल्पना से बिल्कुल भिन्न और एकदम नूतन होता है क्योंकि कल्पना तो स्मृति, जानकारी और अनुभवों पर आधारित होती है जो कि सीमित है और वह सब अतीत हो चुके हैं।

जब किसी वस्तु की कामना होती है तब वह हर समय तुम्हारे मन पर छाई रहती किन्तु जैसे ही तुम उसे पा लेते हो वह उतनी महत्वपूर्ण नहीं रह जाती है। क्योंकि वह तुम्हारी कामना थी जो उसे इतना महत्वपूर्ण बता रही थी और कामना सदैव सीमित ही होती है। यथार्थ तो असीम होता है इसलिए कामना टूटती है और दुःख होता है। तुम सोचना ही मत कि मन की प्यास जगत से कुछ पाकर बुझ जाएगी। पूरा संसार भी तुम्हें मिल जाए तो भी मन की प्यास नहीं बुझती है और जहां तुम्हें यह बात समझ आ जाती है, वहाँ प्यास बुझ जाती है।

जिसे पाने के लिए उसके पीछे दौड़ते हो और सोचते हो कि मिल गया तो सुख ही सुख होगा, जरा उन लोगों की ओर भी तो देख लो जिन्होंने तुमसे पहले वह सब हासिल कर लिया है।

जरा एक बार अपने ही जीवन को मुड़कर देख लो, तुम पाओगे कि आज तक जो बहुत कुछ चाहा था वह मिल भी गया तो भी कभी संतुष्ट नहीं हुए; तो फिर अब कैसे कुछ पाकर संतुष्टि मिल सकती है?

संतुष्टि कुछ पाने से नहीं बल्कि स्वयं को जानने से, आत्मज्ञान से मिलेगी, अपनी कामनाओं की व्यर्थता को जानकर मिलेगी।

13

वह शांति ही कैसी जो विपरीत स्थिति में गायब हो जाए। वह शांति तुम्हारी नहीं है जो किसी मंदिर, मस्जिद, गुरुद्वारे, नदी किनारे, ध्यान करके या पहाड़ी पर जाकर मिलती है। मंदिर की शांति मंदिर की है, जंगल की शांति जंगल की है। असली शांति वही है जो विकट अशांति के समय भी बनी रहे।

हवा न चल रही हो तो कागज का टुकड़ा भी शांत रह सकता है। हवा नहीं चल रही हो तो पेड़ के पीले पत्ते को भी यह भ्रम हो सकता है कि उसमें भी हरे पत्तों जितनी ताक़त है। अक्सर जिनके जीवन में कोई संघर्ष नहीं होता है, कोई बड़ी चुनौती नहीं होती है, कोई विरोध नहीं होता है उन्हें यह भ्रम हो जाता है कि वह बड़े शांत हैं। लेकिन जीवन में जब छोटी सी भी समस्या आ जाती है तो यह लोग उसमें भी सहज नहीं रह पाते हैं और काँच की तरह बिखर जाते हैं और हो सकता है कि फिर भी न स्वीकार करें कि हम कमज़ोर हैं।

यदि आपको लगता है कि आप बड़े शांत हैं, मजबूत और निर्भय हैं तो जरा बड़ी और सही चुनौतियाँ उठाओ और परखो ख़ुद को। शांति वही असली जो भीषण रण में भी बनी रहे। भ्रम तो अर्जुन को भी था कि वो बड़ा शूरवीर है लेकिन जब असली चुनौती आई तब क्या हुआ? जब अपने (अहं के) ही विरुद्ध जाने का समय आया, जब अपने मोह और ममता के विरुद्ध जाने का समय आया तब क्या हुआ? हाथ कांपने लगे, मन विचलित होने लगा, शरीर जलने लगा, गांडीव तक नहीं संभल रहा था।

यदि जानना है कि सचमुच शांत हो या नहीं तो अपने (अहं) के विरुद्ध जाओ, मान्यताओं और वृत्तियों के खिलाफ जाओ, मन की आदतों के विरुद्ध जाओ, संस्कारों के परे जाओ। अपनी कमज़ोरियों के विरुद्ध जाओ तब देखो शांति बचती है या नहीं।

जो अपनी मान्यताओं और विश्वासों को बिखरते हुए नहीं देख सकता, उसकी शांति झूठी है।

14

हमारी समस्या यह है कि हम छवियों में जीते हैं और छवियाँ हमारे विचारों और अनुभवों का ही परिणाम है किन्तु हमें यह समझना चाहिए कि अनुभव और विचार सीमित होते हैं इसलिए इनपर आधारित छवियाँ सत्य नहीं हो सकती। क्यों? क्योंकि विचार उठते हैं हमारी स्मृति से, हमारे अनुभवों और सीमित जानकारियों से, हमारे ज्ञान और प्रभावों से और यह सब सीमित ही हैं। सीमित जानकारी से उठा विचार भी सीमित ही होगा फिर उससे हम उस असीम यथार्थ की कल्पना कैसे कर सकते हैं जिसे सत्य कहा जाता है? मगर हम छवियों को सत्य का दर्जा दे देते हैं। सीमित जानकारी से असीम की कल्पना करते हैं।

इसी के आधार पर हम अपने दैनिक जीवन में भी हर समय किसी व्यक्ति के बारे में, अपने संबंधों के बारे में, अपने काम और पड़ोसियों के बारे में, अपने भविष्य इत्यादि के विषय में छवियां बनाते रहते हैं और उस छवि के अनुकूल परिणाम की उम्मीद करते हैं किन्तु जब वैसा नहीं होता है तो दुःख पाते हैं। किसी भी वस्तु, व्यक्ति इत्यादि के संबंध में आपको बहुत थोड़ा सा पता होता है और आप उसी को आखिरी मान लेते हैं, उससे उम्मीदें लगाते हैं और अंततः दुःख पाते हैं क्योंकि ना वह वस्तु वैसी थी जैसी आप उसे समझ रहे थे और ना ही आप स्वयं को जानते हैं कि वास्तव में आपको चाहिए क्या है।

हमें यह समझना चाहिए कि हमारा ज्ञान, जानकारी, अनुभव सब बहुत सीमित हैं और हमारा मन अनेक तरह से प्रभावित है इसलिए हमारे विचार भी सीमित और प्रभावित होते हैं। जब हम यह समझते हैं तो हम छवियों और कल्पनाओं में न जीकर यथार्थ में जीते हैं, 'जो है' उसके साथ होते हैं और सत्य के अधिक निकट होते हैं। किन्तु वह मन जो मुक्त (स्वतंत्र) नहीं है, वह सत्य का पता नहीं कर सकता।

सत्य का पता करने के लिए मन का हर तरह के प्रभावों, पूर्वाग्रहों, कल्पनाओं, छवियों और मान्यताओं से स्वतंत्र होना आवश्यक है।

15

घृणा से घृणा को समाप्त करने का प्रयत्न ठीक वैसा ही है जैसे कोई आग को बुझाने के लिए जल के स्थान पर मिट्टी के तेल का प्रयोग करे।

हिंसा के बदले जब आप हिंसा करते हो तब वह कम होने के स्थान पर दो गुनी हो जाती है। हिंसा हो या घृणा, यह तो क्षमा और प्रेम से ही खत्म हो सकती है। किन्तु क्षमा और प्रेम से तो मनुष्य ने जैसे संबंध ही खत्म कर लिया है और वह बदले की भावना से भरा हुआ है क्योंकि वह बोध से, प्रेम और करुणा से मुँह फेरे बैठा है। हर व्यक्ति को लगता है कि वह शोषित हुआ है और इसके बदले में वह माँग करता है कि पहले मेरा शोषण हुआ है तो अब मुझे भी शोषण करने का अधिकार मिलना चाहिए, पर क्या ऐसे समस्या खत्म हो जाएगी? नहीं। ऐसे तो यह समुद्र की लहरों की भाँति चलती ही रहेगी क्योंकि सबको यह भ्रम है कि वह शोषित है।

अगर सब शोषित हैं तो फिर शोषक कौन है? उत्तर है, जो शोषित है वही शोषक भी है। बिना शोषक हुए आप शोषित हो ही नहीं सकते। जहाँ आत्मबोध नहीं है वहाँ हर कोई अपने-अपने स्तर पर शोषण कर ही रहा है। क्योंकि वह इंसान नहीं राक्षस है, क्योंकि प्रेम, करुणा और शांति से उसने मुँह मोड़ लिया है। जो आज कमज़ोर है और शक्तिशाली को दोष देता है, वही जब ताक़तवर हो जाता है तो अपने से कमज़ोर का शोषण करता है।

इसलिए अधिकांश लोग शोषक हैं, फर्क नहीं पड़ता कि वह अमीर है या गरीब, स्त्री है या पुरुष। देखो अपने जीवन में, तुम भी अपने से कमज़ोर किसी जीव का शोषण ज़रूर कर रहे हो फिर चाहे वह इंसान हो, पशु, पक्षी, वन हो या कोई अन्य जीवित प्राणी। अपने स्वाद, स्वार्थ और शौक़ के लिए तुम अपने से कमज़ोर जीवों का शोषण करते हो इसलिए तुम भी शोषक हो। तुम्हारा मालिक तुम्हारा शोषण करता है और घर में तुम बच्चों के मालिक बनते हो, क्या यह शोषण नहीं है?

शोषण से मुक्ति पाने का एक ही उपाय है, तुम शोषण करना और शोषण सहना बंद कर दो। बोध, क्षमा, शांति और प्रेम को महत्व दो। भेदभाव छोड़ो क्योंकि शोषण करने के लिए सामने वाले को पराया मानना ज़रूरी होता है और यह अहंकार का द्योतक है

16

जब भी तुम किसी को मैला करने के उद्देश्य से कीचड़ फेंकते हो तब सबसे पहले तुम स्वयं को ही गंदा करते हो। उस व्यक्ति का तो केवल तन ही गंदा होता है किन्तु तुम्हारे गलत कर्म, गलत विचार और भाव तुम्हारे तन, मन और जीवन को ही मैला कर देते हैं। वह मैलापन तुम्हारे आंतरिक जगत को ठीक वैसे ही दुर्गंध से भर देता है जैसे गंदगी अपने आसपास के वातावरण को बदबू से भर देती है।

जब भी क्रोध, हिंसा, घृणा आदि का भाव उठे तब जानना कि तुम स्वयं को ही चोट पहुँचा रहे हो। आपके मन में हिंसा करने का जब विचार भी उठता है तब आपके मन की वह शांति, सजगता और संवेदनशीलता खत्म हो जाती है और मन जैसे आग में जलने लगता है। प्रेमपूर्ण होकर के तुम हिंसा नहीं कर सकते, हिंसा करने के लिए पहले तुम्हें स्वयं हिंसक होना पड़ेगा। यही तो कर्मों का फल है कि बुरा करने के लिए पहले तुम्हें ख़ुद बुरा होना पड़ता है फिर चाहे संसार को तुम्हारा बुरापन दिखाई दे अथवा नहीं किन्तु तुम तो जानते ही हो। चूंकि तुम जानते हो कि तुमने जो किया वह उचित नहीं था, इसलिए तुम तो अंदर ही अंदर पीड़ा पाते ही हो।

अधिकांश लोग जो कायर और कमज़ोर होते हैं उनका कहना होता है कि समाज में कई लोग ऐसे होते हैं जो गलत काम करते हैं, हिंसा करते हैं किन्तु फिर भी वो मज़े से जी रहे होते हैं। यह भ्रम है तुम्हारा कि वे मज़े में हैं। जिसका मन; घृणा, हिंसा, नफ़रत और ईर्ष्या की आग में जल रहा हो, जो इतना भयभीत हो कि उसे बार-बार हिंसा करके अपनी ताक़त दिखाना पड़ती हो, ऐसे व्यक्ति के जीवन में प्रेम, शांति और आनंद कैसे हो सकता है। गलत करने वाला हमेशा अपने किए के परिणाम को लेकर भयभीत रहता है इसमें कैसा मज़ा।

ऐसे कर्म करके स्वयं को मैला न करें। जो लोग स्वयं को भला इंसान भी कहते हैं वे भी भले हैं नहीं, बस वे कायर और कमज़ोर हैं, इसलिए गलत काम कर नहीं पाए तो ख़ुद को भला बोलते हैं।

भला इंसान होना, बोध और प्रेम की बात है, कायरता और कमज़ोरी की नहीं।

17

आप नववर्ष मनाते हैं, जन्मदिन मनाते हैं लेकिन किस बात के लिए? क्या नया किया आपने अपने जीवन में? रात को बारह बजे के पहले जो आप थे वही आज हो, एक तारीख बदल जाने से क्या नया हो गया आपके जीवन में, जो तुम इतने उछलते हो? शरीर बच्चा था अब जवान हो गया, इसमें कौनसी बात हो गई? शरीर तो किसी पागल का, जानवर का, चोर-लुटेरे का भी बड़ा हो जाता है।

मगर तुम इतने भी सजग नहीं हो तो तुमसे कहूंगा कि तुम्हारा जीवन वही है, न तन बदला, न मन बदला, न बदला तुम्हारा जीवन फिर किस बात के लिए तुम्हें बधाई दी जाए? कल तक तुम कमाते थे,खाते थे, सोते थे और ऐसे ही इस चक्र में घूमते रहते थे एक मशीन की भाँति और आज भी तुम वही मशीनी जीवन जी रहे हो तो इसमें नया क्या हुआ? कपड़े बदल लेने से या गाड़ी बदल लेने से कुछ नया नहीं होता। जब तक तुम वही हो जो आज से पहले थे, तब तक कोई नया वर्ष नहीं। तुम्हारा अहंकार वैसा का वैसा है, वो मिटा नहीं। तुम्हारी पीड़ा, अशांति, ईर्ष्या, भागदौड़, चिंताएँ, दुख, तनाव, लालच, भोगवाद सब वैसा ही जारी है। वही उठना, कमाना, खाना, सोना और ऐसे ही कट रही है जिंदगी। क्या है इसमें नया जो इतना खुश होते हो?

इन बाहरी और ऊपरी बदलावों का, इन शोर-शराबों इत्यादि का कोई महत्व नहीं है यदि तुम्हारी जिंदगी न बदले और जब तक आंतरिक रूपांतरण न हो तब तक कुछ नया नहीं है। नववर्ष या जन्मदिन मनाने में कोई समस्या नहीं है लेकिन वैसा कुछ होना भी तो चाहिए जिसमें कुछ मौलिकता हो, रचनात्मकता हो। इसी दुनिया में तुम्हारे जैसे लाखों लोग हर दिन पैदा हो रहे हैं और लाखों हर दिन मर भी रहे हैं, उन्हीं में से एक तुम हो। कीड़े-मकोड़े की तरह तो पैदा होते हो और उनसे भी बत्तर जिंदगी जी कर मर जाते हो और ऊपर से खुशी का ये नक़ली मुखौटा पहन लेते हो; क्या जरा भी शर्म नहीं आती, ऐसा झूठा जीवन जीने में।

जीवन में अगर कुछ असली चाहिए, तो यह नक़ली चेहरे उतारकर जियो, वह जो असली है; बेपरवाही, अपने आप आ जाएगी।

18

'तुम्हारी चाह ही तुम हो' और तुम्हारी चाह है बेपरवाही। यही चाहिए तुम्हें, बस तुम उसे स्वयं से दूर कहीं खोज रहे हो; कभी वस्तुओं में, तो कभी व्यक्तियों में और कभी ईश्वर में। यदि तुम अपनी चाह को देख पाओ तो सारा संघर्ष समाप्त हो जाए, सारी दौड़ थम जाए, समय खत्म हो जाए। मगर अफसोस, जिसे तुम अपनी चाह समझते हो वह तुम्हारी असली चाह है ही नहीं।

यदि धन ही तुम्हारी चाह है तो उसे खर्च क्यों करते हो? उसे अपने से दूर बैंक में क्यों रखते हो? यदि वस्तुएँ, स्त्री अथवा पुरुष ही तुम्हारी चाह है तो कुछ समय बाद उनसे तुम्हारा मन क्यों भर जाता है? क्यों तुम हर समय नई-नई चीज़ों और उपलब्धियों के पीछे भागते हो? यदि वही तुम्हारी असली चाह होती तो दूसरी चाह फिर क्यों उठती है?

तुम्हारी असली चाहत क्या है? यदि समझना है तो सुनो; स्वयं को कमज़ोर पाकर दुखी क्यों होते हो? क्योंकि बल तुम्हारा स्वभाव है। जब कोई तुम्हें बदसूरत कहे तो दुःख क्यों होता है? क्योंकि सौंदर्य तुम्हारा स्वभाव है। कोई झूठ बोले तो बुरा क्यों लगता है क्योंकि सत्य तुम्हारा स्वभाव है। सत्यम् शिवम् सुंदरम्। दूसरों पर निर्भरता और बंधन बुरे इसलिए लगते हैं क्योंकि तुम निरालंब हो और मुक्ति तुम्हारा स्वभाव है। कोई तुम्हें छोटा और सीमित कहे तो बुरा लगता है क्योंकि तुम विराट और असीम हो। मृत्यु के भय से भी इसीलिए तुम छूटना चाहते हो क्योंकि तुम वह हो जो कभी मर सकता नहीं, 'न हन्यते हन्यमाने शरीरे'।

अपनी चाहतों के मूल में जाओ, वहाँ तुम स्वयं को पाओगे और तुम उसे ही चाह रहे हो जो तुम स्वयं हो। जानो उसे। तुमने जब चाहा उसे ही चाहा है, जब तुमने कुछ माँगा उसे ही माँगा है। हर चीज़, हर कर्म, हर दुआ में तुमने सिर्फ़ उसे ही माँगा है। तुमने जब भी प्रेम किया है उसी से किया है, गुस्सा किया तो वह भी उसी के लिए। जीना भी चाहते हो तो उसी के लिए और मरना भी चाहते हो तो उसी के लिए। तुम्हारा सब कुछ उसी के लिए है, तुम उसी के लिए हो और वह तुम ही हो। लेकिन यह तुम्हें ख़ुद जानना है। जानो। "उत्तिष्ठत जाग्रत प्राप्य वरान्निबोधत" -उठो, जागो और श्रेष्ठ जनों के पास जाकर बोध ग्रहण करो" कठ उपनिषद्।

19

जीवन को यदि पूर्णरूप से जिया है, पूरी सजगता में जिया है, प्रेम, स्वतंत्रता और विवेक यदि तुम्हारे संबंध के आधार रहे हैं, तब मृत्यु का भय तुम्हें नहीं सताएगा। मृत्यु का भय केवल उसे ही सताता है जिसने मिला हुआ सारा समय बिना प्रेम और स्वतंत्रता के गँवाया हो। जो हमेशा व्यर्थ कामनाओं की पूर्ति हेतु ही दौड़ता रहा हो, जिसने सारा जीवन बस दूसरों से तुलना करने और उन्हें पीड़ा पहुंचाने में व्यर्थ किया हो और उसे एकत्रित करने में लगा रहा हो जो नश्वर है, अनित्य है, क्षणभंगुर है।

कपड़ों का उपयोग कर लिया है और अब वह फट गए हैं तो उनके चोरी हो जाने का न भय रहता है न दुःख होता है। "उस वस्तु के खो जाने का न तो कोई भय होता है न कोई दुःख होता है जिसका तुमने भरपूर सदुपयोग कर लिया हो और अब वह उपयोग करने योग्य नहीं बची हो"। किन्तु जिस वस्तु का तुमने उपयोग ही नहीं किया हो और वह खो जाए, टूट जाए या चोरी हो जाए तो बड़ा दुःख होता है। किसी भी कारण से यदि तुमने उस वस्तु का किसी ऐसे कार्य हेतु उपयोग नहीं किया जिसके लिए उपयोग करना था और अब 'समय और वस्तु' दोनों तुम्हारे पास न के बराबर हैं तो भय, दुःख और पछतावा दोनों होगा।

ठीक इसी तरह जीवन के रूप में यह शरीर, ऊर्जा, संबंध, समय, समझ, बुद्धि और यह संसार हमें मिला होता है ताकि हम प्रेमपूर्ण और आज़ाद रहकर जीवन को जी सकें। यदि आपने इसे व्यर्थ किया है तो दुःख होगा, भय लगेगा। यदि दुरुपयोग किया है तो पछतावा होगा ही। जो मिला ही हुआ है उसे देखो, जो जीवन बचा है उसका सदुपयोग करो और बेपरवाह जियो। फिर मृत्यु यदि सड़ा-गला छीन भी ले तो, भला हुआ मोरी गगरी फूटी, मैं पानी भरन से छूटी। यह तन तो गगरी है, अब यह जर-जर हो गया है तो इसका भला इसी में है कि यह किसी दिन फूट जाए। इसका क्या शोक करना, क्या भय करना।

अगर आपका जीवन नफ़रत, कामनाओं, भय, चिन्ता, तुलना, मान्यताओं और अज्ञान से भरा हुआ है तो आपके जीवन में बेपरवाही नहीं हो सकेगी।

20

हम जीवन की भागदौड़ में, नश्वर को पाने में कुछ ऐसे खो जाते हैं जैसे कभी मृत्यु होगी ही नहीं। हम भूल ही जाते हैं कि पहले दिन से ही उल्टी गिनती शुरू हो गई थी और वह किसी भी क्षण खत्म हो सकती है। फिर जब अंतिम घड़ी आती है तो पाते हैं कि हाथ खाली हैं। जो इकठ्ठा किया सब यहीं रह जाना है। कब बचपन और जवानी निकल गई पता ही न चला। बुढ़ापा आया और अब सामने मौत खड़ी है। ऐसे मत जीना वरना एक दिन बहुत पछताओगे।

तुम सुख-दुःख, पाने-खोने, मिलने-बिछड़ने में उलझना ही मत। तुम बेफिक्र जीना, बेपरवाह जीना। तुम मरना; किन्तु हर क्षण और तुम जीना भी हर क्षण। तुम मृत्यु और जन्म को अलग मानना ही मत क्योंकि दोनों एक ही हैं। उस सबके प्रति अभी मर जाओ जिसके प्रति शरीर के मरने पर मरना पड़ता है। जीवन को वर्षों, महीनों, दिनों में नहीं अपितु क्षणों में जियो। अंदर जाती हर स्वांस को जीवन और उसके बाहर जाने को मृत्यु जानकर जियो। उस सबके प्रति अनासक्त हो जाओ जो सब धरा रह जाना है। मुक्त करो उन सबको भी जिनके लिए तुम बंधन बने हुए हो।

जब तुम उन सबके प्रति अनासक्त हो जाते हो जिससे तुम जुड़े हुए हो तब भी तुम पाओगे कि तुम हो। तुम्हें होने के लिए किसी सहारे की आवश्यकता नहीं है। निरालंब हो तुम। खिले हुए फूल से जो आसक्त होगा वह थोड़ी ही देर बाद शोक में विलाप करेगा। जो जन्म में मृत्यु को देख लेता है वह जन्म में होने वाले सुख और मृत्यु के दुःख से परे हो जाता है। जो मिलन के सुख में विरह के दुख को देख ले, उसके लिए मिलन का सुख भी समाप्त हो जाता है और विरह का दुःख भी। सुख में दुख और दुख में सुख की सजगता जब बनी रहती है तब न सुख रहता है न दुख, जो रह जाता है वही तुम हो, उसे ही आनंद कहते हैं क्योंकि तुम सुख-दुःख से परे आनंद स्वरूप बोध हो।

सुख-दुख के झूठ को देख पाना ही सुख-दुःख से मुक्ति है।

21

बंधन, दुःख, गुलामी, शोषण, कमज़ोरी, हिंसा, ईर्ष्या ये कुछ भी न तुम्हारी नियति है न ही तुम्हारा स्वभाव है, यह सब तुम्हारे अपने चुनाव हैं, तुम्हारी अपनी मान्यताएं हैं और तुम ही यदि चाहो तो स्वयं को इनसे मुक्त कर सकते हो और तुम यदि ना चाहो तो कोई दूसरा कुछ नहीं कर सकता।

कोई तुम्हारा मालिक नहीं हो सकता, कोई तुम्हारा शोषण नहीं कर सकता यदि तुम्हें किसी बात का लालच और भय न हो। पहले तुम्हें सुख और आराम का लालच दिया जाता है, तुम्हें उसकी लत लगाई जाती है, फिर जिस सुख या आराम के लिए उसने तुम्हें गुलाम बनाया उसी सुख और आराम को छीन लेने का भय दिखाकर वह तुम्हारा मालिक बन बैठता है और तुम्हारा शोषण करता रहता है। लेकिन वो तुम्हें बीच में थोड़ा सुख और आराम देता रहता है ताकि तुम जिंदा रहो और तुम्हें यह भ्रम बना रहे कि तुम शोषण के बदले में कुछ प्राप्त भी तो कर रहे हो।

"आज़ाद जीने का एक ही तरीका है; यह जानो कि तुम आज़ाद हो और फिर किसी कीमत पर अपनी आज़ादी मत बेचो"। "सुख या आराम जहाँ आज़ादी बेच कर मिल रहा हो, वहाँ उसे नकार देना" यही बेपरवाही है अन्यथा शोषण के लिए तैयार रहना।

घर, परिवार, समाज, सरकार, काम, धर्म; जहाँ कहीं भी तुम्हारा शोषण होता है, ऐसी हर जगह तुम्हारा शोषण तुम्हारे स्वार्थ और भय पर ही आधारित होता है। स्वार्थ छोड़ दो तो भय नहीं रहेगा और जहाँ भय नहीं वहाँ कोई तुम्हारा शोषण नहीं कर सकता। ज़रूरतें इतनी नहीं होती हैं कि उनके लिए गुलामी करनी पड़े और अगर गुलामी करनी पड़ रही है तो तुम्हारी हालत एक चींटि से भी बुरी है क्योंकि वह अपनी ज़रूरतों के लिए इस तरह गुलामी नहीं करती।

तुम्हारी कामनाएं तुम्हें गुलाम बनाती हैं ना कि ज़रूरतें।

22

दुःख का कारण क्या है? इसे अनेक तरह से समझा जा सकता है उसी में से एक यह है कि; "दुःख का मूल कारण है असत्य को सत्य समझ लेना, अनित्य को नित्य समझ लेना और उसके प्रति आसक्त हो जाना"।

सत्य क्या है? वह जो शाश्वत है, नित्य है। जो कभी नष्ट नहीं होता। श्रीमद्भगवद्गीता और उपनिषद् इसके विषय में कहते हैं कि वह जिसे शस्त्र काट नहीं सकते, जिसे अग्नि जला नहीं सकती, पानी जिसे गीला नहीं कर सकता और वायु जिसे सुखा नहीं सकती वह सत्ता ही सत्य है, जिसे उपनिषदों के ऋषि और श्रीकृष्ण आत्मा (ब्रह्म) कह कर संबोधित करते हैं। इस तरह जो शाश्वत है, नित्य और अविनाशी है, जो समय और स्थान से मुक्त है वही सत्य है।

असत्य वह जो अनित्य और नाशवान है, जो बदलता है, जो स्वप्न की भाँति होता है। जो किसी समय शुरू होता है और किसी समय खत्म हो जाता है। किन्तु अज्ञान के कारण जब हम असत्य (नश्वर) को सत्य (शाश्वत) मान लेते हैं, अनित्य को नित्य मान लेते हैं और उसके प्रति आसक्त हो जाते हैं और अनित्य होने के कारण जब वह मरता है, नष्ट होता है या बदलता तो हमें दुःख होता है।

जैसे किसी छोटे बच्चे को आँगन के किसी छोटे से पौधे से और एक छोटे से कुत्ते से लगाव हो जाए किन्तु किसी कारण वह 5-7 वर्षों के लिए उनसे दूर हो जाए और वापस लौटने पर जब वह छोटे पौधे के स्थान पर बड़े वृक्ष को और कुत्ते के छोटे बच्चे के स्थान पर बड़े कुत्ते को पाए तो वह दुखी होगा क्योंकि सत्य से अनभिज्ञ होने के कारण वह असत्य (अनित्य) को सत्य (नित्य) मान रहा है और वह छोटे पेड़ और कुत्ते के प्रति आसक्त है।

तो दुःख का कारण है असत्य को सत्य मान लेना, अनित्य को नित्य मान लेना और दुःख से मुक्ति का उपाय है, "असत्य को असत्य, अनित्य को अनित्य की भांति जानना"।

23

कर्म में उतरने से पहले कर्म के परिणाम के विषय में सोचना ही भय पैदा करता है। हम शुरुआत करते नहीं हैं लेकिन परिणाम क्या होगा? इसकी कल्पना करने लग जाते हैं। जब भी तुम कुछ नया, कुछ सुंदर, बड़ा और क्रांतिकारी काम करने का निर्णय लोगे तब यह तुम्हारे अंदर भय पैदा करेगा जो कि इंसान होने के नाते प्राकृतिक बात है। क्योंकि समाज में एक निश्चित व्यवस्था है और जब कुछ नया होता है तो वह हमारे लिए बिल्कुल अनिश्चित होता है, तो निश्चितता से अनिश्चितता में प्रवेश ही भय को जन्म देता है। किन्तु महावीर वह नहीं होता जो कभी डरता नहीं है, महावीर तो वह है जो डर कर भाग नहीं जाता बल्कि डरते-डरते भी आगे ही बढ़ता है।

ध्यान रखना, डर केवल तभी तक है जब तक तुम कर्म में नहीं उतरे, जैसे ही कर्म में उतरोगे तब मन के पास विचार के लिए समय नहीं बचेगा और जब विचार ही नहीं रहेगा तो भय भी नहीं रहेगा क्योंकि भय केवल विचार ही तो है। यदि कल्पना यह कहती है कि परिणाम बुरा होगा तो हम इतने भयभीत हो जाते हैं कि शुरुआत ही नहीं करते और कल्पना यदि यह कहती है कि परिणाम अच्छा होगा तो कर्म के दौरान यह भय बना रहता है कि कहीं कुछ गड़बड़ न हो जाए। अतः परिणाम के विषय में कल्पना न करें अपितु कर्म को देखें कि वह उचित है अथवा नहीं? कर्म उचित है तो कूद पड़ो। कर्म का सही होना अपने आप में पुरस्कार है। सारी समस्या ही यह होती है कि हमारा कर्म ही ऐसा नहीं होता है कि उसके प्रेम में हम स्वयं से मुक्त हो पाएं इसलिए फिर उसके परिणाम के विषय में सोचते हैं। कर्म उचित होना चाहिए।

तुम चाहे सत्य को चुनो अथवा असत्य को; भय दोनों तरफ़ है, दुःख और संघर्ष दोनों तरफ़ है अंतर बस इतना है कि जब असत्य को चुनते हो तो भय, दुःख और संघर्ष बढ़ता जाता है और जब सत्य को चुनते हो (यानी असत्य को नहीं चुनते हो) तो यही सब बाधाएं तुम्हारे लिए ईंधन का काम करती हैं और तुम सत्य के प्रेम में जीते हो। चुनाव तुम्हारा है।

24

विचार से अधिक व्यक्ति के कर्मों का महत्व है। कोई व्यक्ति क्या कहता है? कोई व्यक्ति चाहे कितनी ही ज्ञान की बातें करता है किन्तु इन सबसे अधिक महत्वपूर्ण है कि उसके कर्मों में, उसके व्यवहारों में वह ज्ञान दिखता है अथवा नहीं।

कबीर साहब कहते हैं ना कि 'बुरा जो देखन मैं चला, बुरा न मिलिया कोय। जो मन खोजा आपना, मुझसे बुरा न कोय।। मन से बुरा और क्या हो सकता है? मन ही तो सारी समस्याओं की जड़ है। इसे तुम ऐसे भी देख सकते हो कि बुरा अगर खोजने निकलोगे तो तुम पाओगे कि यहाँ तो हर घर, हर परिवार, हर व्यक्ति भलाई की ही बातें कर रहा है और तुम्हें यही दिखेगा कि शायद मुझसे बुरा यहाँ कोई नहीं।

तो अच्छी-अच्छी बातें करने वाले तो तुम्हें हर घर, हर गली-मोहल्ले में मिलेंगे लेकिन हर व्यक्ति यदि अच्छा ही होता तो उसके कर्मों के परिणाम स्वरूप संसार की यह दुर्दशा नहीं होती। कोई व्यक्ति ज्ञान, सद्‌गुण, सद्-व्यवहार आदि की बातें करे और स्वयं उसका पालन न करे, तब ऐसा व्यक्ति पाखंडी है। ऐसे लोगों को अपनी तरफ़ से किसी भी तरह का समर्थन आपको नहीं करना चाहिए।

अधिकांश नेता, अभिनेता, प्रवचन देने वाले गुरु सब बोलते तो यही हैं कि फलानी बात सही है, फलानी बात गलत है किन्तु मुश्किल से ही कोई होता है जो सचमुच जैसा कहता है, वैसा करता है और जीता है।

तुम्हारे लिए उन विचारों का, ज्ञान का और जानकारियों का कोई महत्व नहीं जो तुम्हारे जीवन को सरल और सहज बनाने में सहायक न हो। जो ज्ञान अथवा विचार; बोध, प्रेम और मुक्ति में बंधन बने वह व्यर्थ है। विचार तो गूगल और यूट्यूब को भी पता हैं और वह भी तुमसे ज्यादा और बेहतर तरीके से किन्तु इससे वह ज्ञानी नहीं हो जाते हैं।

अगर जानते हो कि कुछ सही है तो उसे कह कर नहीं बल्कि जी कर दिखाओ। अंदर बोध है तो बाहर वह कर्म और व्यवहार बनेगा ही अगर नहीं बन रहा है तो बोध झूठा है।

25

अधिकांश लोग दफ्तर और परिवार के बीच संतुलन करने की कोशिश करते हैं किन्तु संतुलन करना कोई समझदारी की बात नहीं है। क्यों? क्योंकि जब तक आपका काम ऐसा है जो दफ्तर तक ही सीमित है अर्थात् समय में बंधा हुआ है, जहाँ हर समय आपको इसी बात का इंतजार होता है कि कब शाम हो और निकलूँ दफ्तर से, तब तक आप तनाव से मुक्त नहीं हो सकते हैं क्योंकि द्वंद ही तनाव को जन्म देता है। अगर आपका काम ऐसा है तो इसका अर्थ है कि आपको काम से कोई प्रेम नहीं है बस किसी अन्य कारण से आप उसे कर रहे हैं फिर वह कारण कुछ भी हो सकता है।

असली काम वह है जिसे आप 24 घंटे करने के लिए तैयार हो और सिर्फ़ इसलिए नहीं क्योंकि आप किसी तरह के दबाव में हैं या उससे आपको किसी प्रकार की आर्थिक अथवा सामाजिक सहायता मिलती है बल्कि इसलिए क्योंकि वह काम सही है, ज़रूरी है और आपको इतना प्यारा है कि उसको करने के बदले अगर आपको कुछ न मिले तो भी आप उसे करना चाहेंगे। यहाँ तक कि उसे करने के लिए यदि आपको कीमत चुकानी पड़े तो आप वह भी करने को तैयार हो जाते हैं।

इसका अर्थ यह बिल्कुल नहीं है कि आप उसी काम को चौबीस घंटे करने लग जाएँ जो अभी आप कर रहे हैं। अभी आप जो काम कर रहे हैं यदि वह काम ही गलत है और उस गलत काम को ही अगर आप चौबीस घंटे करने लगेंगे तो आप स्वयं के साथ-साथ पूरे समाज का नुकसान करेंगे।

इसलिए सबसे पहले तो सही काम चुनें, ऐसा काम जो सबसे पहले तो सही और ज़रूरी हो, जिसमें सबका भला हो और उससे आपको प्रेम हो। फिर अपने काम को ही जीवन बना लो और दफ्तर को घर या घर को दफ्तर बना लो और जो साथ चलने को तैयार हों उन्हें ही परिवार बना लो। क्योंकि कर्म ही जीवन है।

26

किसी भी जवान से यदि पूछा जाए तो अधिकांश यही कहेंगे कि वे कुछ ऐसा करना चाहते हैं जिसमें उनका स्वयं का भला हो और दुनिया का भला हो। लेकिन ऐसा कहते तो बहुत हैं किन्तु फिर कोई करता क्यों नहीं? क्योंकि स्वयं का और संसार का भला करने के लिए जो काम वे चुनते हैं वही गड़बड़ होता है। क्योंकि एक तरफ़ तो वह काम उनके अहंकार (अपूर्णता) से निकला होता है और दूसरी तरफ़ जो काम चुना है उसमें व्यक्ति स्वयं अपनी ही आज़ादी खोता जाता है फिर वह कैसे किसी अन्य को मुक्त कर पाएगा? ऐसे ही तो होते हैं ना आपके काम जहाँ आप स्वयं ही बंधन में हो? तो उचित कर्म कैसे चुना जाए?

यदि सचमुच तुम कुछ काम करके अपना और संसार का भला करना चाहते हो तो ऐसा काम चुनने के दो तरीके हैं। पहला यह कि तुम ध्यान से देखो और समझो कि आज 'संसार' की जो स्थिति है उसमें 'संसार' के भले के लिए सबसे "महत्वपूर्ण और सही काम" क्या है? उसे करो। इसी को उचित कर्म कहते हैं और यही तुम्हारा धर्म है। क्योंकि सही काम तो बहुत हैं किन्तु छोटे-छोटे मुद्दों में न उलझकर यह भी देखो कि उनमें सबसे अधिक महत्वपूर्ण कौन सा है? यहाँ पर आप इस बात की बिल्कुल परवाह नहीं कर रहे हैं कि उससे मुझे क्या मिलेगा या वह काम मुझे पसंद है अथवा नहीं? आप बस इतना देख रहे हैं कि वह काम सही है और ज़रूरी है इसलिए किया जाना चाहिए। ऐसा काम करने वाले अक्सर क्रांतिकारी, ऋषि, संत और अवतार कहलाए हैं। इसके लिए आत्मज्ञान होना बहुत ज़रूरी है अन्यथा जो स्वयं को ही नहीं समझता उसे यह भी नहीं समझ आएगा कि कौनसा काम दूसरों के लिए ज़रूरी है या कैसे किसी अन्य का भला होगा?

दूसरा उपाय है कि ऐसा काम करो जो "सही हो, जिसमें सौन्दर्य हो, तुम्हारे लिए हितकर हो और उसमें किसी का अहित न हो अर्थात् हिंसा पर आधारित न हो"। जैसे खेल, कला, साहित्य, विज्ञान, कविता, संगीत, नृत्य आदि।

27

इस संसार में महान लोगों को खोजना बड़ा मुश्किल है क्योंकि एक तरफ़ तो ऐसे लोग होते बहुत कम हैं, दूसरी तरफ़ जिनको हम जानते भी हैं उनके साथ अक्सर जादुई कहानियाँ जोड़ दी जाती हैं, उनको आसमान से उतरा हुआ मान लिया जाता है इसलिए उनकी तरह हो जाने का तो हम सोचते ही नहीं हैं और तीसरा यह कि हमारी ही आँखे अक्सर इतनी साफ़ नहीं होती कि सही-गलत का भेद कर पाए।

इसलिए मैं यह समझता हूँ कि सही लोगों की तलाश मत करो, तुम स्वयं सही हो जाओ और सही काम में स्वयं को पूरी तरह समर्पित कर दो फिर सही लोग ख़ुद तुम्हें मिलते जाएँगे और तुमसे जुड़ते जाएँगे। क्योंकि तुम्हारे पास यदि सही काम नहीं है और तुम सही लोगों को अगर खोज भी लोगे तो उन्हें क्या दोगे? किन्तु जब तुम्हारे पास सही काम होगा, ज़रूरी और ऊँचा उद्देश्य होगा तब सही लोग उस ऊँचे उद्देश्य की प्राप्ति में तुम्हारा बल बन जाएँगे।

जिन्हें तुम महान कहते हो, अवतार कहते हो, क्रांतिकारी और समाज सुधारक आदि कहते हो वे सब कहीं आसमान से नहीं आए थे वे भी तुम्हारी ही तरह जन्में थे बल्कि कई तो तुमसे भी बुरी स्थिति में जन्में और पले-बड़े थे। तुममें और उनमें सिर्फ़ इतना अंतर है कि वे जिसे पूजते थे उसके जैसा बन जाने का पूरा प्रयास करते थे और तुम जिन्हें पूजते हो उन्हें सिर्फ़ पूजते ही रहते हो। स्वयं को महान बनाओ, तुम महान बनने के लिए ही हो क्योंकि तुम महान हो ही बस स्वयं को तुच्छ माने बैठे हो। अपनी महानता को बाहर आने दो।

तुम इतने महान बनो कि स्वयं को पूज सको फिर तुम्हें बाहर किसी अच्छे इंसान की तलाश करने की आवश्यकता नहीं पड़ेगी। तुम्हारा ही जीवन तुम्हारी प्रेरणा बने। संसार का भला करने का यही एक मार्ग है कि तुम स्वयं को महान बनाओ फिर तुमसे महानता ही बँटेगी। तुम्हारे होने मात्र से तुम्हारी महानता ठीक वैसे ही चारों ओर बिखरेगी जैसे फूल से खुशबू।

तो अपने जीवन में जैसे लोगों को तुम खोज रहे हो, तुम स्वयं वैसे हो जाओ क्योंकि बुराई, बुराई को आकर्षित करती है और अच्छाई, अच्छाई को। तुम जैसे रहोगे वैसे ही लोग तुम्हें मिलते जाएंगे।

28

हमारे अधिकांश संबंध कामनाओं, मान्यताओं, जन्म, और स्वार्थों पर आधारित होते हैं और जब तक उन स्वार्थों की आपूर्ति होती रहती है तब तक संबंध आराम से चलता रहता है किन्तु जैसे ही दोनों में से किसी एक पक्ष के भी स्वार्थों की आपूर्ति होना बंद होती है अथवा दूसरे पक्ष से उसकी उम्मीद खत्म हो जाती है वैसे ही वह संबंध से मुक्त होने का प्रयास करने लगता है। किन्तु दूसरा पक्ष अभी नहीं चाहता कि संबंध खत्म हो इसलिए फिर संबंधों में समस्याएं पैदा होती हैं।

यदि किसी व्यक्ति से तुम सिर्फ़ इसलिए जुड़ रहे हो क्योंकि उससे तुम्हें अपनी किसी प्रकार की कामना पूर्ति की उम्मीद है जैसे (आर्थिक, शारीरिक, मानसिक, भावनात्मक इत्यादि) तो वह एक स्वस्थ संबंध नहीं है। किसी भी प्रकार के स्वार्थ पर आधारित संबंध में प्रेम नहीं हो सकता। समस्या तब बढ़ जाती है जब संबंध का आधार होता है स्वार्थ या कामना और उसे नाम दे दिया जाता है प्रेम का। जब तक वह सब कुछ आपके संबंधों का आधार हैं जो प्रेम नहीं हैं, तब तक आपके जीवन में प्रेम या बेपरवाही का आविर्भाव नहीं हो सकता।

क्या आपके भी सारे संबंध सिर्फ़ किसी प्रकार के स्वार्थ पर आधारित नहीं हैं? सामने वाले व्यक्ति से जो भी तुम्हें मिल रहा है अगर वह मिलना बंद हो जाए, क्या तब भी आपका संबंध प्रेमपूर्ण बना रहेगा? क्या तब भी आप उसका भला चाहेंगे? अगर नहीं तो यह प्रेम पर आधारित संबंध नहीं है इसीलिए इसमें दुःख, तनाव, भय, शक, संदेह, कलह और क्लेश आदि होंगे ही। इसका अर्थ यह बिल्कुल भी नहीं है कि आप किसी को भी अपने जीवन में ले आए। इसका अर्थ यह है कि आप किसी के भी प्रति सिर्फ़ इसलिए प्रेमपूर्ण मत बने रहिए क्योंकि वह आपकी कुछ कामनाओं की पूर्ति का स्रोत है अपितु इसलिए प्रेमपूर्ण रहिए क्योंकि यही आपका स्वभाव है।

इस तरह जिए कि आप स्वयं किसी तरह से किसी अन्य पर निर्भर न रहें, स्वयं मुक्त रहें और किसी अन्य के लिए बंधन न बने और साथ ही कोई अन्य व्यक्ति भी आपके लिए बंधन न बनने पाए। तब संबंधों में प्रेम होता है।

ऐसे रहें कि ना आप किसी से उम्मीद रखे ना कोई आपसे उम्मीद रखे

29

शुरुआत किसी भी महान कार्य का सबसे महत्वपूर्ण हिस्सा है। हो सकता है कि आप बहुत कुछ ऊँचा और महान कर पाने में समर्थ हो, आपमें अपार संभावना हो और होती भी है किन्तु आप शुरुआत ही न कर पाए तो उन सबका कोई अर्थ नहीं रह जाता है।

हम शुरुआत में ही अंत को देखने का प्रयास करते हैं किन्तु जिस अंत को आप पहले ही जानते हैं उसमें नया क्या रहा? एक ही फिल्म को बार-बार देखने में कैसा रस? यह कभी नहीं होगा कि आप कुछ करना चाहें और उसके भविष्य के बारे में सब कुछ आपको पहले ही पता हो और ना ही ऐसा होगा कि वह काम करने के लिए सारी सुविधाएं आपको उपलब्ध हों।

आज, अभी और इसी क्षण आप जहाँ हो, जिस भी स्थिति में हो, उसी स्थिति में अपनी अधिकतम समझ से एक सही काम उठाओ और अपनी पूरी सामर्थ्य के साथ उसे समर्पित हो जाओ। यदि आप इस बात का इंतजार करोगे कि पहला कदम भी तब ही उठाऊँगा जब पूरी तरह यह निश्चित हो जाए कि मैं सफल हो ही जाऊँगा तब तो तुम कुछ भी करने से रहे। लेकिन जो व्यक्ति पहला कदम उठाता है वह पाता है कि जैसे-जैसे वह आगे बढ़ रहा है वैसे-वैसे उसकी समझ, सामर्थ्य और साहस भी बढ़ता जा रहा है। तुम्हें शुरुआत तो उसी से करनी होगी जो तुम्हारे पास है।

मार्ग पर आगे बढ़ने के लिए छोटा सा दीपक ही काफ़ी होता है क्योंकि तुम्हें पूरे मार्ग को प्रकाशित नहीं करना है, तुम्हें बस इतना प्रकाश चाहिए कि तुम अपना अगला कदम कहाँ रखो उसके लिए जगह देख पाओ और उतना प्रकाश सबके पास होता है। चाहे उस एक दीपक की रोशनी 100 मीटर दूर तक न जाती हो लेकिन अगले कदम के लिए मार्ग को ज़रूर प्रकाशित कर देती है और जैसे ही तुम एक कदम बढ़ाते हो तुम पाते हो कि अगले कदम के लिए भी जगह दिखाई पड़ रही है।

सही दिशा में चाहे एक-एक कदम बढ़ो, किन्तु उठो और आगे बढ़ो। सही काम करो और उसी से अपनी आवश्यकताओं की पूर्ति भी करो।

30

हमें किसी प्रकार की हानि, दुःख या पीड़ा पहुंचाने के लिए किसी दूसरे की आवश्यकता नहीं है, अपना अहित करने के लिए हम स्वयं पर्याप्त हैं। हमें किसी अन्य से नहीं बल्कि स्वयं से ख़तरा है। हमारा असली दुश्मन हमारे बाहर नहीं बल्कि हमारे अंदर ही है और वह है हमारा अपना अहंकार। उसी दुश्मन को जानने और उससे मुक्ति पाने का जो मार्ग है उसे ही धर्म (अध्यात्म) कहते हैं। नारेबाजी, कर्मकांड, बलि, त्योहार इत्यादि से धर्म का कोई संबंध नहीं है। जिन ऋषियों, अवतारों, संतों, महापुरुषों, समाज सुधारकों आदि के नाम पर समाज में जो ये सारी मूर्खताएं हो रही हैं, क्या उन्होंने स्वयं ऐसा कुछ किया था? उनके जीवन में अगर थोड़ा झांकोगे तो पाओगे कि वे जीवन भर सत्य के लिए, धर्म के लिए संघर्ष करते रहे, तपस्या की, जो व्यर्थ था उसका त्याग किया, कष्ट पाए, ज्ञान हासिल किया लेकिन आज धर्म के नाम पर जो लोग मूर्खताएं करते हैं उनका ज्ञान से, सत्य से, त्याग से, धर्म और संघर्ष से कोई सरोकार ही नहीं है। उनका संबंध है नारेबाजी से, भोग से, हिंसा और भेदभाव से, लड़ाई-झगड़े इत्यादि से।

क्या तुम नहीं चाहते कि तुम्हारे जीवन में शांति हो, आनंद हो? संतुष्टि हो? तुम्हारा दुःख मिटे? क्या तुम नहीं चाहते कि तुम स्वतंत्र जियो? क्या तुम नहीं चाहते कि तुम्हें झूठ के सामने झुकना न पड़े? धर्म के नाम पर जो पाखंड चलता है उसका धर्म से तो कोई संबंध होता ही नहीं है। धर्म (अध्यात्म) का संबंध स्वयं को जानने से, बोध से, प्रेम से करुणा से और दुःख से मुक्ति से होता है। ऐसा धर्म कैसे किसी के लिए बुरा हो सकता है? इसलिए धर्म के नाम पर जो कुछ आसपास पाखण्ड चलता है उसे देखकर असली धर्म या अध्यात्म से दूर मत हो जाना अन्यथा मुक्ति का जो एकमात्र साधन है तुम उससे भी वंचित हो जाओगे, क्योंकि दरवाजा यदि बाहर से बंद हो तो दूसरा व्यक्ति खोल सकता है किन्तु जिसने स्वयं अंदर से दरवाजा बंद कर लिया हो उसके लिए कुछ नहीं किया जा सकता।

जिन्होंने भी धर्म को गाली दी है, या तो उन्होंने धर्म को जाना ही नहीं अथवा वही सच्चे धार्मिक थे और उन्होंने उस धार्मिकता (अंधविश्वास) को गालियां दी है जो कि 'धर्म के नाम पर' चलती है न कि असली धर्म को। जिसने भी स्वयं के, समाज, संसार, मनुष्य और समस्त जीवों आदि के कल्याण के लिए सच्चे हृदय से स्वयं को समर्पित किया है केवल वही धार्मिक है अन्य सब पाखंडी और सांस्कृतिक व्यापारी भर हैं।

31

जितना जल्दी हो सके अकेले चलना सीख लो क्योंकि वास्तव में तुम अकेले ही हो। जीवन में भीड़ के होने से तुम्हारा अकेलापन खत्म नहीं हो जाता लेकिन हमारी समस्या ही यही है कि हम जीवन भर उसी अकेलेपन को वस्तुओं और व्यक्तियों से भरने की कोशिश में भटकते रहते हैं। यह बात जितना जल्दी समझ लो उतना अच्छा है; कि इंसान का इंसान से संबंध बिना किसी स्वार्थ के हो ही नहीं सकता। स्वार्थ छोटा या बड़ा हो सकता है, प्रकट और अप्रकट हो सकता है किन्तु होता ज़रूर है।

वो बहुत ऊँचे लोग होते हैं जो सचमुच निष्काम या निस्वार्थ होते हैं किन्तु ऐसे लोगों का आपके जीवन में होना उतना ही मुश्किल है जितना समंदर का अपने हाथों में समाना। अतः कोई भी हमेशा के लिए तुम्हारे साथ नहीं रहने वाला। तो अगर तुम्हें लगता है कि तुम्हारा बहुत बड़ा परिवार है, दोस्त हैं और इसलिए तुम अकेले नहीं हो तो तुम भ्रम में हो। यहाँ कोई किसी का नहीं है, सब अपनी ही दुनिया में व्यस्त हैं। यहाँ सब स्वार्थ से जुड़े हुए हैं, जिस दिन स्वार्थ नहीं रहेगा उस दिन कोई नज़र नहीं आएगा।

सब गुड़ की मक्खियाँ हैं, जब तक गुड़ है तब तक मक्खियाँ होंगी। इसे तुम प्रेम मत समझ लेना क्योंकि जिसने प्रेम जान लिया होता है फिर उसका कोई विशेष घर या परिवार नहीं रहता, पूरा संसार उसका परिवार हो जाता है। उसका प्रेम कुछ लोगों तक ही सीमित नहीं रहता अपितु सारे संसार के लिए उसके हृदय के द्वार खुल जाते हैं। उसका प्रेम सिर्फ़ मनुष्य तक ही नहीं अपितु पेड़-पौधों, नदी-पहाड़, पशु-पक्षियों सबके लिए होता है। लेकिन कौन है तुम्हारे संबंधों में ऐसा जो आज पशु-पक्षी और प्रकृति की परवाह भी करता हो? और अगर करता भी है तो सिर्फ़ इसलिए क्योंकि वहाँ भी उसका कोई स्वार्थ है। अन्यथा देखो मां(मां, बहन, बहू, बेटी), गंगा(नदियाँ), गाय(पशुओं) और पृथ्वी(प्रकृति) की हालत, उनको हमने माँ कहा, देवी कहा और कितना उनका शोषण किया है। ये है हमारा प्रेम और प्रेम की हकीकत (भोग और शोषण)। बच्चा अगर माँ की ओर खींचा चला जाता है तो इसका अर्थ यह नहीं है कि उसे माँ से बड़ा प्रेम है, उसे दूध पीना है बस।

जैसे एक बच्चा माँ के स्तनों को चूसता है वैसे ही हम प्रेम के नाम पर उसे चूसते हैं जिससे हम प्रेम (उम्मीदें) करते हैं।

32

तुम पूछते हो क्या करें? तो तुम्हारा यह सवाल ही बता रहा है कि अभी तुम मुक्त नहीं हो। जो मुक्त है उसे यह सवाल कभी नहीं उठता। इसलिए तुम बस एक काम करो कि मुक्त हो जाओ फिर जो होना है वह होगा। फिर तुम्हारा होना ही काफ़ी होगा बहुत कुछ शुभ घटनाएं घटने के लिए। जैसे सुबह सूर्य का उदय होना। उसके प्रकाशित होने मात्र से ही संसार में न जाने कितना कुछ शुरू हो जाता है। फूल खिलते हैं, पशु-पक्षी कलरव करने लगते हैं, तुम जागते हो और बहुत कुछ। बस तुम अपने बंधनों को पहचानो ताकि मुक्त हो सको फिर जो भी होना है वह उस मुक्ति से ही उठेगा। क्योंकि "जीवन यदि मुक्त नहीं तो वह जीवन नहीं जेल है"।

यह भी कोई जीना है जिसमे न मन की आज़ादी और न तन की। जहाँ समाज, घटिया फिल्में और अभिनेता, मोटिवेटर, झूठे नेता और रिश्तेदार तुम्हारे मन पर छाए रहते हैं और तुम्हें दौड़ाते हैं। तुम्हारे मन पर सदा ही समाज के नियम-कायदे, घिसी-पिटी परंपराएं और मान्यताएं, नैतिकता के नाम पर व्यर्थ के संस्कार छाए रहते हैं; जिनका पालन करके पूरे समाज को कुछ नहीं मिला उनका पालन अगर तुमने पूरी ईमानदारी से कर भी लिया तो तुम क्या पाओगे? सिवाय गुलामी के। इसके अलावा और कुछ नहीं मिलेगा। सड़क का कूड़ादान हो क्या तुम? जो की कोई भी आए और अपनी बकवास तुम्हारे खोपड़े में डाल कर चला जाए?

क्या सिर्फ़ इसलिए इन सब लोगों का सम्मान करें क्योंकि ये उम्र में बड़े हैं? जिंदगी में कुछ ऊँचा नहीं किया बस कमाया, खाया, बच्चे पैदा किए और सोए। ऐसे तो गधा भी कर लेता है। "अगर यह व्यक्ति सचमुच सम्मान का पात्र होता तो पहली बात यह सम्मान की भीख नहीं माँगता, यह भीख माँगता है सम्मान की यही इस बात का प्रमाण है कि यह सम्मान के योग्य नहीं और यदि यह सम्मान के योग्य होता तो समाज और संसार में इसके कर्म का प्रभाव भी दिखता।" सम्मान सिर्फ़ उसका करो जो सम्मान के पात्र हैं, जो संसार के भले के लिए जीता है, जिसमें समझ हो, विवेक हो। जो प्रेम, करुणा और ज्ञान से भरा हो वही सम्मान का पात्र है, बाक़ी सबके प्रति सहयोग और करुणा का भाव रखो।

मन और तन दोनों के बंधनों से स्वयं को आज़ाद करो, यही पहला और असली काम है

33

तुम व्यक्ति को व्यक्ति की भांति नहीं देखते इसीलिए धोखे खा जाते हो। तुम छवियों में जीते हो। तुम व्यक्ति को देखते हो माता, पिता, भाई, दोस्त, बहन, रिश्तेदार, नेताजी, गुरुजी इत्यादि की तरह। फिर ये लोग माता-पिता बन कर, रिश्तेदार, नेताजी, गुरुजी और अभिनेता जी बन-बन कर तुम्हारे ऊपर चढ़ते हैं और तुम्हें सिखाया गया है कि बड़ों का सम्मान करना होता है तो ये तुम्हें अपनी उंगली पर नचाते रहते हैं और तुम मजबूर होकर ना चाहते हुए भी नाचते हो।

ईमानदारी से ख़ुद से पूछो कि अगर यह व्यक्ति मेरा पिता, माता या रिश्तेदार नहीं होता या ये इतना प्रसिद्ध नहीं होता, इतना धन उसके पास नहीं होता तो क्या तब भी मैं उनकी यह बकवास सुनता? क्या तब भी मैं इसे इतना महत्व देता? क्या इसका इतना सम्मान करता? क्या उनके बताए अनुसार जीवन के निर्णय लेता? दो-कौड़ी की, अश्लील, हिंसा और भेदभाव को बढ़ाने वाली, गाली-गलौच से भरी हुई और समाज को गंदा करने वाली फिल्में बनाने वाले, झूठे, भ्रष्टाचारी और मक्कार नेता और अभिनेता; क्या ये तुम्हें जीना सिखाएंगे? माता-पिता, पति-पत्नी या रिश्तेदारों के नाम पर जिन लोगों से तुम डरते हो और उनके बताए संस्कारों से जीते चले जाते हो तो याद रखना; तुम्हारी जिंदगी का भी वही अंजाम होगा जो उनका हुआ है।

जिस ज्ञान, समझ और मान्यताओं के आधार पर जीवन जीकर तुम्हारे माता-पिता, समाज और रिश्तेदार कुछ नहीं कर पाए, तुम्हें क्यों लगता है कि उन्हीं सब आधारों पर जीकर तुम कुछ कर पाओगे? व्यक्ति को व्यक्ति की भांति देखना सीखो। जवान हो तो जवान की तरह जियो और कुछ सही बात अगर समझ में आई है लेकिन अभिभावक, पति या परिवार ही दुश्मन बन कर सामने खड़े हो गए हैं तो उनकी हस्ती को देखो, ये प्रमाण है उनकी समझदारी का। उनके अनुसार चलकर तुम भी यहीं पहुँचोगे जहाँ वो खड़े हैं। अगर उनका भी भला चाहते हो तो भी वह करो जो सचमुच सही हो, ज़रूरी हो और जो तुम्हारे हृदय से उठे।

और याद रहे, "पागल का इलाज, पागल द्वारा सुझाई गई विधि से नहीं किया जाता है"। पागल का इलाज करना है तो पागल के हिसाब से नहीं,अपने बोध से चलो। सब पीछे-पीछे आएंगे, बस तुम सही राह चुनो और जो न आए, उन्हें विदा दो।

34

यह जो अस्तित्व का विराट सागर है इसमें अपनी व्यक्तिगत सत्ता को खो देना ही मुक्ति है। इसी को बुद्ध ने निर्वाण कहा है। जिसकी अपनी कोई निजी सत्ता है ही नहीं, वह स्वयं को यदि पृथक समझता है तो यह उसका अज्ञान है, यही अहंकार है। तुम यदि कुछ होकर के जियोगे तो ख़ुद को सीमित ही करोगे। जिसने भी स्वयं को किसी जाति, धर्म, संघटन, राष्ट्रीयता, लिंग, मान्यता इत्यादि में बाँधा है वो भले ही दुनिया का राजा बन जाए किन्तु है अभी भी वह गुलाम और सीमित ही।

जब तुम स्वयं को किसी लिंग में बांध देते हो तब तुम संसार की आधी आबादी को पराया घोषित कर देते हो। जब तुम स्वयं को किसी धर्म, जाति या राष्ट्र से जोड़ देते हो तब तुम उस जाति, धर्म या राष्ट्र तक ही सीमित हो जाते हो और बाक़ी दुनिया तुम्हारे लिए पराई हो जाती है। अपने-पराए का यह द्वैत बना रहता है और जब तक द्वैत है तब तक प्रेम नहीं हो सकता, शांति नहीं हो सकती। द्वैत से ही सारे संघर्ष, हिंसा, अलगाव, शोषण और अन्य तरह के विकार पैदा होते हैं। एक सैनिक भी अपने देश की सेना पर हमला नहीं करता है, क्यों? क्योंकि वह उन्हें अपना मानता है अर्थात हिंसा करने के लिए भी सामने वाले को पहले दूसरा यानी पराया घोषित करना पड़ता है। किसी को भी दूसरा कहे बिना तुम उसके साथ कुछ भी अनुचित नहीं कर सकते फिर चाहे वह इंसान हो या पशु-पक्षी। इस 'मैं' के साथ जो कुछ भी तुमने जोड़ रखा है वही तुम्हारा व्यक्तित्व है, वही दुःख है, वही द्वैत है और उसी से तुम्हें मुक्त होना है।

इस मैं को विस्तार दो जिसका अर्थ है इसको सीमाओं से आज़ाद करो। यह सारे भेद जो समाज, शिक्षा, संस्कार, वातावरण, देश, काल, और संसार ने तुम पर थोप दिए हैं, तुम इन्हें उतार फेंको फिर जब निर्दोष और निर्मल दृष्टि से तुम संसार को देखोगे तब तुम पाओगे कि कोई भी तुमसे अलग नहीं, कोई अपना या पराया नहीं केवल तुम ही हो। किसी भी तरह कोई भी तुमसे भिन्न नहीं। यही मुक्ति है।

मैं को विस्तार देने का अर्थ उसमें कुछ और जोड़ना नहीं है अपितु इस "मैं" के साथ जो भी पहचान जोड़ रखी है तुम उस सबसे मुक्त हो जाओ, क्योंकि यही तुम्हारे बंधन हैं, यही तुम्हें सीमित करता है।

35

दो ही चीज़ें तो हैं जहाँ नींद के अलावा हमारा समय जाता है, जिनके साथ हमारा जीवन बीतता है; एक हमारा काम और दूसरा हमारे संबंध। तो किसी भी काम या रिश्ते को जीवन में प्रवेश देने से पहले दो बातें अच्छे से पता कर लेना। पहली बात; क्या तुम्हें सचमुच उस काम अथवा व्यक्ति से प्रेम है? अगर हाँ तो उसे स्वीकार करना अन्यथा नहीं। क्योंकि जिस संबंध का आधार प्रेम न हो और जिस काम से तुम्हें प्रेम न हो अथवा जिस काम को तुम प्रेम न कर सको, उससे दुःख, तनाव, भय, शोषण, कलह और क्लेश आदि के सिवा और कुछ नहीं मिलता।

और दूसरी बात; क्या उस संबंध या काम में आज़ादी रहेगी? यदि हाँ, तो ही उसे स्वीकार करना अन्यथा चाहे कारण कुछ भी हो, कितनी ही विपरीत स्थिति हो, चाहे पूरी दुनिया कहती हो कि यह तुम्हारे लिए सही है किन्तु तुम उसे मना कर देना। क्योंकि दो ही चीज़ें तो हैं जो मनुष्य होने का प्रमाण देती हैं, जो बेपरवाही के लिए चाहिए और वह है प्रेम और आज़ादी और जो आज़ाद ही नहीं है वह प्रेम भी कैसे करेगा? बिना प्रेम और आज़ादी के आप इंसान ही नहीं बन सकते। प्रेम ही इंसान होने का प्रमाण है और आज़ादी, जिसमें आप चुन सकें अन्यथा आप पशु भी नहीं अपितु एक मशीन हैं जो किसी अन्य के द्वारा संचालित है।

जो सम्बन्ध अथवा काम तुम्हारी आज़ादी (और शांति) छीन ले और जिससे तुम्हें प्रेम भी न हो, उसमें केवल शोषण है, कलह और क्लेश है, अशांति, ईर्ष्या और दोषारोपण है और जीवन की बर्बादी है। ऐसे संबंध से बेहतर है अकेले रह जाना और ऐसे काम से बेहतर है छोटा सा ही सही; पर अपना कोई सही काम शुरू कर लेना। यही है जो प्रत्येक मनुष्य को चाहिए; प्रेम और आज़ादी, इसी से आती है बेपरवाही। हर तरह की आज़ादी; शारीरिक, आर्थिक, मानसिक, भावनात्मक और सबसे महत्वपूर्ण अहं से मुक्ति, संस्कार, भ्रम और सामाजिकता से मुक्ति।

अहंकार, संस्कार, संयोग, प्रकृति, शरीर की रासायनिक क्रियाएँ इत्यादि ही हमें दौड़ते रहते हैं और हम सोचते हैं कि मैं दौड़ रहा हूँ। इनमें मत फँसना।

36

सोचते रहना समय और ऊर्जा की बर्बादी का बहुत बड़ा कारण है किन्तु फिर भी हम सोचते रहने से बाज़ नहीं आते। इसकी व्यर्थता को जानकर ही आप इससे मुक्त हो सकते हैं। अभी तुम जहाँ हो वहीं रहकर यदि परिणाम के बारे में सोचते रहोगे तो इससे केवल भय पैदा होगा जो तुम्हें आगे बढ़ने से रोकेगा। क्योंकि अभी तुम जो हो, जैसे हो और जहाँ हो वही सब बने रहकर उसे नियंत्रित करने का प्रयास कर रहे हो, जिस पर तुम्हारा कोई बस नहीं चलता।

तुम्हारे हिसाब से यहां कभी भी कुछ हुआ है क्या? रोज धोखे खाते हो लेकिन फिर भी तुम्हारी कोशिश यही होती है कि जो कुछ बाहर प्रकृति में घट रहा है, समाज में हो रहा है उसे नियंत्रित कर लूँ। स्वयं को बदले बिना, स्वयं को जाने बिना तुम बाहर कुछ ठीक नहीं कर पाओगे। लेकिन जो स्वयं ठीक हो जाता है फिर उसके होने मात्र से बाहर सही बदलाव होने लगते हैं, तुम्हारे बदलते ही संसार के लिए तुम और तुम्हारे लिए संसार बदल जाता है। जो करना है स्वयं के साथ करो। तुम ही देखो न, आज तक कुछ भी वैसा नहीं हुआ जैसा तुमने सोचा तो फिर क्यों सोंच-सोंच कर समय और ऊर्जा बर्बाद कर रहे हो? डरो नहीं, जहाँ हो वहीं से शुरुआत करो और जल्दी करो। एकदम से आसमान छू लोगे ऐसा मत सोचना, एक-एक कदम बढ़ाओ, धीरे-धीरे गति भी अपने आप बढ़ने लगेगी।

समय सीमित है, जानना बहुत है और देखो यह समय लगातार हाथों से रेत की भाँति फिसलता जा रहा है और एक दिन यह तुम्हारे लिए खत्म हो जाएगा। इसलिए जितना अच्छे से, जितना सुंदर तरीके से जी सकते हो आज ही जी लो इंतजार मत करो। जवान हो तो जवान की तरह जियो, बेपरवाह जियो ऐसे लुचुर-पुचुर नहीं। सीना तान के और सिर उठा के जियो। गलत के सामने कभी मत झुको और जहाँ सौंदर्य है, प्रेम है, सच्चाई है वहाँ पूरे हृदय से झुक जाओ।

ऐसा सिर जो सच के सामने भी झुके और झूठ के सामने भी झुके, उस सिर का कोई मूल्य नहीं। जो सिर राम के सामने झुके फिर रावण के सामने झुकना उसे शोभा नहीं देता।

37

कोई भी वस्तु अपने आप में न अच्छी होती है और न बुरी होती है। एक ही वस्तु किसी के लिए अच्छी तो किसी के लिए बुरी हो सकती है। तुम कौन हो और उस वस्तु से तुम्हारा संबंध कैसा है इसी से यह तय हो जाता है कि अब वह वस्तु तुम्हारे लिए अच्छी है अथवा बुरी।

चाकू से तुम फल और सब्जियां भी काट सकते हो और चाहो तो किसी की गर्दन भी काट सकते हो। तुम जो बने बैठे हो उसी के अनुसार तुम्हारे चुनाव और संबंध होंगे। आगे की बात भी जान लो, वस्तु के साथ तुम्हारा संबंध कैसा होगा यह इस पर भी निर्भर करता है कि तुम काम क्या कर रहे हो? मेरे पास अगर मोबाइल है, लैपटॉप है, कलम और किताब है, धन है, ज्ञान है, गाड़ी है और ऐसी ही अनेक चीज़ें हैं और मैं काम करता हूँ लोगों तक सही बातें, सही सूचनाएँ और सही ज्ञान पहुंचाने का तो इन सारी वस्तुओं का उपयोग मैं अपने काम को और बेहतर तरीके से करने के लिए ही तो करूँगा न। और यदि मैं काम करता हूँ हथियार बेचने का, ड्रग्स निर्यात करने का, लोगों में गलत जानकारी प्रसारित करके उन्हें भड़काने का तो इस मोबाइल, लैपटॉप और धन आदि का उपयोग भी में इसी काम में तो करूँगा।

इसलिए किसी भी वस्तु, व्यक्ति, विचार अथवा स्थिति आदि को दोष देने से पहले, उन्हें अच्छा या बुरा कहने से पहले जरा स्वयं को देख लें। रक्षक हो तो तलवार का उपयोग रक्षा हेतु करोगे और भक्षक हो तो हत्या के लिए करोगे।

इस संसार में कुछ भी न अच्छा है और न ही बुरा है, सब तुम पर निर्भर करता है। तुम जो हो? जैसे हो? यह संसार तुम्हारे लिए वैसा ही है। तो आपके लिए बहुत ज़रूरी हो जाता है कि आप सबसे पहले तो यह देखें कि आप क्या बने बैठे हैं और आप करते क्या हैं? फिर कौनसी वस्तु की क्या और कितनी उपयोगिता होगी वह स्वतः ही निर्धारित हो जाएगी। फिर वस्तु अच्छी होगी या बुरी यह वस्तु नहीं बल्कि आप और आपका काम तय करेगा।

38

मैंने कुछ कह दिया या तुमने ही कहीं किसी किताब में पढ़ लिया या किसी गुरु से तुमने सुन लिया कि 'स्वयं को जानो कि तुम कौन हो? बस इसलिए स्वयं को जानने मत निकल पढ़ना। तुम ही ख़ुद से पूछो कि यह जो हर समय अंदर से "मैं-मैं" की आवाज़ आती रहती है, जिसकी कामना पूर्ति में यह तन और मन हर समय लगा रहता है, जिसके लिए दर-दर की ठोकरें खाते हो, क्या है यह? जो सुख के पीछे और दुःख से दूर भागता है, जो चाहो वह मिल जाए फिर भी जिसकी प्यास बुझती नहीं, जो सदा भयभीत रहता है; आखिर यह है कौन? यह 'मैं' है क्या चीज़? ख़ुद ही देखो कि तुम्हें जो वस्तु, व्यक्ति, विचार, संस्कार, पहचानें, उद्देश्य इत्यादि मिले हैं वह सब तो इसी दुनिया से मिले हैं, सब कुछ तो बाहर से थोपा गया है और उन्हें यदि हटा दूँ तो मेरे पास बचता ही क्या है? जो कुछ भी दुनिया से मिला है यदि उसे लौटा दूं तो मेरी पहचान क्या होगी?

जब सचमुच यह गहरी जिज्ञासा तुममें उठती है कि मैं हूँ कौन? तब तुम बाक़ी सारे काम छोड़कर, अन्य सब बातों की परवाह छोड़कर इसे जानने में लग जाते हो। फिर तुम यह मूर्खतापूर्ण वक्तव्य नहीं देते हो कि मैं सुबह और शाम को दो-दो घंटे ध्यान करता हूँ, रोज किसी पुस्तक के बीस पन्ने पढ़ता हूँ, पूजा-पाठ करता हूँ और ऐसी ही अन्य बातें। जिसे यह समझ आ गया कि और सब तो मुझे दुनिया से ही मिला है लेकिन यहां मेरा अपना तो कुछ है नहीं और जो दुनिया ने दिया वह वापस छीना भी जा सकता है। जिसे यह बात समझ में आ गई कि स्वयं को जाने बिना सारा संसार भी मिल जाए तो भी कुछ मिला नहीं, वह कैसे सिर्फ़ कुछ घंटे ही स्वयं को जानने में लगाएगा? उसका सारा समय, ऊर्जा, संसाधन, उसका तन-मन सब कुछ फिर स्वयं को जानने में लग जाएगा।

स्वयं को जानने की सच्ची जिज्ञासा रखने वाला व्यक्ति यह नहीं कर सकता कि कुछ समय जानने में लगा दिया और बाक़ी सब जीवन में वैसे ही चल रहा है जैसे आज तक चला आ रहा है। आपको पूरा ही डूब जाना होता है। फिर जानना और जीना दो अलग बात नहीं रह जाती है। इसलिए जब तुम्हें समझ आ जाए कि स्वयं को जानना-समझना ज़रूरी है तब स्वयं को जानने की बात करना अन्यथा घर के रहे न घाट के। माया मिली न राम। जगत जिसके लिए है, पहले उसे जानो अन्यथा जगत में बहुत भटकोगे और दुःख पाओगे।

39

विद्यार्थी की पढ़ाई पर सबसे ज्यादा ध्यान तब दिया जाना चाहिए जब वह छोटी कक्षा में हैं। छोटे बच्चों को ज्यादा बेहतर शिक्षकों की आवश्यकता होती है। जब बच्चा छोटा होता है तब उसके मन का निर्माण हो रहा होता है और 8 से 10 वर्ष की उम्र तक उसने जो कुछ भी सीख लिया है अथवा मान लिया है, वह हमेशा के लिए उसके मन में बैठ जाएगा।

अधिकांश बच्चों का बचपन ही यह तय कर देता है कि वह भविष्य में क्या हो सकेगा? क्योंकि एक बार बच्चे ने जो बात सीख ली फिर वह उसे ही अलग-अलग ढंग से दोहराता रहता है और फिर कुछ नया नहीं सीख पाता क्योंकि दोहराने का ही तो प्रशिक्षण बच्चों को दिया जाता है। वही दोहराव जीवन भर चलता रहता है।

छोटी कक्षा में अधिक समझदार शिक्षकों की आवश्यकता होती है और हमारी शिक्षा व्यवस्था इसके एकदम उल्टा चल रही है। माता-पिता और शिक्षकों को लगता है कि छोटे बच्चे को कुछ समझ नहीं आता, मैं समझता हूँ कि बस छोटे बच्चे को ही समझ आता है बाक़ी बड़े बच्चे तो अब मशीन बन गए हैं। अगर आप अपने छोटे बच्चों, भाई-बहन आदि का भला चाहते हैं तो वो जितने छोटे हैं उन्हें उतने ही अच्छे विद्यालय और शिक्षकों के पास अध्ययन के लिए भेजिए।

अगर बीज सही लगाया, पौधे की जड़ें अगर मजबूत होंगी तो कुछ समय के बाद वह अपनी देखभाल ख़ुद कर लेगा। जब तक वह छोटा है तभी तक तो उसको आवश्यकता है देखभाल की। बड़ा होने के बाद तो वह अपने निर्णय ख़ुद लेगा, फिर चाहे वह समझदार हो या नासमझ। क्योंकि जो नासमझ होगा वह तुम्हारी बात सुनेगा नहीं और समझदार को सुनने-सुनाने की आवश्यकता नहीं और अगर ऐसा करने में आप असमर्थ हैं तो कृपा करके किसी बच्चे को जबरन पैदा करके उसका जीवन नर्क न बनाएँ।

इस पूरी चर्चा का यह अर्थ बिल्कुल नहीं है कि कोई बच्चा यदि बड़ा हो गया है तो उसे अच्छी और ऊँची शिक्षा से वंचित कर दिया जाए। बच्चों को सही और ऊँची शिक्षा दिलाना हर माता-पिता की ज़िम्मेदारी है, अपनी ज़िम्मेदारी को आप बच्चों पर एहसान की तरह न थोपें। आपने बच्चों से पूछकर उन्हें पैदा नहीं किया था, पैदा तुमने किया है। मैं समझता हूँ कि बच्चों का नहीं अपितु माता-पिता का धर्म है कि वह बच्चों की सेवा करें ताकि उनका जीवन नर्क न बने। पेड़ सही होगा तो फल माँगना नहीं पड़ेगा, अपने आप मिलेगा। तुम

बस पेड़ की सही देखभाल करो। जैसे-जैसे बच्चे बड़े होते हैं वह मुक्त होना चाहते हैं लेकिन अभिभावकों को बड़ा बुरा लगता है कि कल तक यह हमसे पूछे बिना भोजन भी नहीं करता था आज भविष्य के निर्णय ख़ुद ले रहा है। इसलिए जितना हो सके अपने अहंकार को पीछे रखें क्योंकि तुम्हें बड़ा बुरा लगता है जब तुम्हारा बच्चा अपने निर्णय ख़ुद लेने लगता है।

तुम कहते हो कि अब तो वह हमसे पूछता ही नहीं। वो बालक थे तब तक तुमसे पूछते थे और अब भी अगर वो अपने निर्णय ख़ुद नहीं ले पा रहे हैं तो इसका अर्थ है कि वो अभी भी बच्चे हैं और तुम मूढ़ अभिभावक हो जो कि उसके निर्णय ख़ुद लेकर, उसको अपने कंधों पर बिठा कर तुम उसे लंगड़ा कर रहे हो।

लड़का हो या लड़की, जितना जल्दी हो सके उसे अपने पैरों से चलना सीखने दो और उसकी सहायता करो ताकि तुम्हारा भी बोझ उतरे और वह पर-निर्भरता से मुक्त हो जाए। चाहे कोई भी निर्णय हो; विवाह, पढ़ाई, काम या कोई अन्य; उनके किसी भी मामले में मत घुसो और उन्हें अपने हिसाब से आगे बढ़ने दो और बस देखते रहो कि कहीं वह एकदम ही गलत राह तो नहीं चुन रहे हैं। हाँ, यदि वह तुमसे कुछ पूछे तो तब उनसे ज़रूर बात करो और जितना समझते हो उतना ही उनको बताओ।

अभिभावक होने के नाते यदि तुम उनका थोड़ा भी भला चाहते हो तो इसका एक ही उपाय है, वो यह कि तुम अपना भला कर लो। तुम ख़ुद ऐसा जीवन जियो कि तुम्हारी जिंदगी ही उसे बहुत कुछ सिखा दे और बता दे।

अगर तुमने अपने ही जीवन को नर्क बना रखा है, तुम ही यदि अपना भला नहीं कर पाए; तो उसका क्या ख़ाक भला करोगे? बच्चे तुम्हारे कहने से कम सीखते हैं, तुम्हें सुनकर और देखकर बहुत ज्यादा सीखते हैं। तुम्हारे ही जीवन में डर, झूठ, लालच, क्रोध, ईर्ष्या, तुलना, नशा आदि सब यदि भरे हुए हैं तो वह भी तुमसे यही सब सीखेगा और तुमने यदि सचमुच एक सही और ऊँचा जीवन जिया है तो तुम्हें बच्चों से बहुत कुछ कहना ही नहीं पड़ेगा क्योंकि तुम्हारा जीवन ही उन्हें सिखा देगा। इसलिए स्वयं को सुधारो, ख़ुद एक सही और ईमानदार जीवन जियो।

बच्चों को पढ़ने का बोलो नहीं बल्कि खुद पढ़ो, उनसे मोबाइल छीनो नहीं बल्कि तुम ख़ुदमोबाइल में घुसे रहना कम करो, तुम खेलो तो वे भी खेलेंगे, घूमो, जानो और वे तुमसे सब सीखेंगे। यदि तुमने अपना जीवन ही सही नहीं जिया है तो तुम्हें तो फिर कोई अधिकार ही नहीं की बच्चों को किसी तरह की सलाह भी दो। तुम्हारी समझ यदि तुम्हारे ख़ुद के ही काम नहीं आई तो उसके क्या ख़ाक काम आएगी?

40

मुक्ति से पहले मुक्ति की गहन प्यास का होना बहुत ज़रूरी है। जिसे प्यास ही नहीं वो मुक्ति तो छोड़ो पानी की भी खोज क्यों करेगा? पहले मुक्ति की प्यास चाहिए और प्यास तब जागती है जब तुम अपनी वर्तमान हालत को यानी अपने बंधनों को, सीमाओं, कमजोरियों, दुःख को और अपने साथ हो रहे अन्याय को साफ़-साफ़ देख पाते हो।

जब तुम पाते हो कि तुम हर तरफ़ से केवल बेड़ियों में जकड़े हुए हो और एक मशीन की भाँति दूसरों के इशारों पर दौड़े चले जा रहे हो किन्तु यह तुम्हारा न स्वभाव है और न ही संभावना। जब तुम देख पाते हो कि किस तरह यह समाज, शिक्षा, संस्कार, संस्कृति और अनेक प्रभाव तुम्हारे मन पर चढ़े हुए हैं और यह हकीकत है तुम्हारी कि तुम बंधन में हो, जो कुछ भी तुम कर रहे हो उसे करने के लिए अधिकांशतः संस्कारित हो; जिस क्षण तुमने अपनी इस हकीकत को सचमुच जान लिया उस दिन से तुम्हें ऐसी बेचैनी, एक ऐसी तड़प उठेगी कि उसके बाद तुम्हारे लिए वैसे ही जीते जाना सम्भव नहीं होगा। यह भी हो सकता है कि तुम रोने लगो क्योंकि आज तक तुम इस भ्रम में जीते आए हो कि तुम मुक्त हो लेकिन तुम्हारी वर्तमान हालत, तुम्हारी हस्ती चीख-चीख कर तुम्हें बताएगी कि तुम बंधनों में जकड़े हुए हो, कितनी गहरी गुलामी में जी रहे हो। फिर तुम्हारे पास इन बंधनों को काटने के अलावा अन्य कोई मार्ग शेष नहीं रह जाएगा।

"मुक्ति कोई सस्ती चीज़ नहीं है, यह बहुत भारी कीमत माँगती है। यह तुमसे तुम्हें ही माँग लेती है"। यह तुम्हारा मिटना माँगती है और जो मिटने से डरता है ऐसों के लिए बहुत तरह के नशे हैं समाज में, वहाँ भी मिलती है सस्ती शांति। सच्ची मुक्ति चाहिए तो देखो कि क्या कर रहे हो? क्यों कर रहे हो? उससे क्या मिलेगा? और जो मिलेगा क्या वह सचमुच तुम्हारी ज़रूरत है या बस यूं ही उसके पीछे दौड़ रहे हो और जिन्होंने वो पहले ही पा लिया है क्या वे उसे पाकर संतुष्ट हुए हैं? अगर वे भी उसे पाकर संतुष्ट नहीं हुए हैं तो तुम्हें उसे पाकर क्या मिल जाएगा?

पूछो कि जिसके पीछे जिंदगी बर्बाद किए जा रहे हो, उसके पीछे तुम स्वयं जा रहे हो या यह समाज, परिवार, प्रकृति, संस्कार और बाजार तुम्हें दौड़ा रहे हैं। जागो और बंधनों को पहचान कर उन्हें काटो। अपने बंधनों को काटना ही तुम्हारा स्वधर्म है और यही मुक्ति से प्रेम भी है। जिसे बंधनों से ही लगाव हो गया है, उसे मुक्ति भी जहर समान ही लगेगी

41

तुम जो होना चाहते हो सबसे पहले तो उसका एलान करो, उदघोष करो, घोषणा करना बहुत ज़रूरी है क्योंकि तुम वही हो जो तुम स्वयं को मानते हो। ह्रदय से तुम स्वयं को यदि मुक्त मानो तो तुम पाओगे कि तुम मुक्त ही हो अन्यथा यह घोषणा भी कैसे कर पाते? तुम स्वयं को यदि बद्ध (गुलाम) मानो तो तुम पाओगे कि तुम बद्ध ही हो। तुम कमज़ोर थे नहीं किन्तु कमज़ोर लोगों के बीच रहकर और उनकी आँखों में झाँक-झाँक कर तुमने स्वयं को कमज़ोर पाया, उन्होंने तुम्हें कमज़ोर कहा और तुमने उसे मान लिया, इसीलिए तुम कमज़ोर हो। तुम आज घोषणा कर दो कि तुम कमज़ोर नहीं हो, जान लो इस बात को, तो तुम स्वयं में अनंत संभावनाओं को देखोगे।

तुम भूल ही जाते हो कि एक ही फूल किसी को पसंद और किसी को नापसंद होता है, इससे उन लोगों की पसंद और नापसंद के बारे में पता चलता है न कि फूल के बारे में। फूल तो जो भी है, जैसा भी है अपनी जगह है। अपनी हकीकत जानना है तो लोगों की नज़रों में झांकना बंद करो। अगर उनके दिए सम्मान में सुख पाओगे तो उनके दिए अपमान में दुःखी भी होना पड़ेगा। स्वयं को देखने के लिए अपनी आँख चाहिए जो कि तुम्हें उपलब्ध ही हैं, तुम्हें बस उन आँखों को उतार फेंकना है जो परिवार, समाज, शिक्षा, धर्म, संस्कृति आदि ने तुम्हें पहना दी हैं।

सारी पहचानों, मान्यताओं, धारणाओं, परंपराओं, अनुभवों और संस्कारों को उतार फेंको क्योंकि यही हैं वो आँखें जो तुम्हें दूसरों से मिली हैं और जब तक इनसे तुम स्वयं को और संसार को देखोगे तो सत्य को कभी नहीं जान पाओगे। इनके उतरते ही तुम्हें संसार का यथार्थ नज़र आने लगेगा। कुछ भी संभव नहीं है यदि आपका मन प्रभावों से मुक्त नहीं है। सौंदर्य, प्रेम, आनंद, शांति, सत्य सबकी शुरुआत होती है एक शांत, सजग और स्वतंत्र मन से। कुछ भी ऐसा मत करना जो मजबूरी में अथवा संस्कारवश कर रहे हो, न किसी का सम्मान और न किसी का अपमान।

जहाँ झुकते हो वहाँ जरा झुकना बंद करो और जहाँ अकड़ते हो जरा देखो तो कि अकड़ने की ज़रूरत है भी या नहीं? एक बेपरवाही लाओ जीवन में। "मुक्ताभिमानी मुक्तो हि, बद्धो बद्धाभिमान्यपि" ~अष्टावक्र गीता

42

सत्य का कोई पथ नहीं है। सत्य स्वयं अपना पथ है। सत्य और धर्म के पथ पर स्वयं सत्य और धर्म होकर ही चला जा सकता है। तुम स्वयं पथ हो और तुम जैसे हो, वैसा ही तुम्हारा पथ होगा। पथिक से ही पथ का मान है। तुम अमृत हो; जहर के घूँट पीते न रह जाना, बेड़ियों में बंधे मत रह जाना। देखो स्वयं को क्या हो और क्या बने बैठे हो?

क्या कोई नहीं तुम्हारी स्मृति में जिसे देखकर कह सको कि जीवन वैसा भी हो सकता है? क्या अभी जैसे हो उससे बेहतर नहीं हुआ जा सकता है? और अगर हुआ जा सकता है तो डरो मत और आगे बढ़ो। अपना मार्ग तुम स्वयं हो, चाहो तो जहाँ हो वहीं रुक जाओ और गाड़ दो झंडा और नहीं तो कदम आगे बढ़ाओ। संसार को विरासत में क्या देकर जाना है, उसका निर्माण करो। तुम्हें पूर्वजों से क्या मिला और क्या नहीं? इसकी शिकायत मत करो, ध्यान इस पर दो कि तुम आने वाली पीढ़ियों को क्या देकर जा रहे हो?

तुम्हारी जिन्दगी यदि झूठ, कमजोरियों और दुःख से भरी पड़ी है तो वह तुम्हारा चुनाव है। आवारा, क्रूर, गँवार, लुच्चे-लफंगे और अन्य झूठे लोग यदि तुम्हारे आदर्श बने बैठे हैं, वही तुम्हारे तन-मन, मोबाइल और जीवन पर छाए हुए हैं तो यह तुम्हारा अपना चुनाव है। जब तक तुम्हारा जीवन इस तरह के लोगों से भरा हुआ है तब तक हकीकत तुम्हें नज़र नहीं आएगी क्योंकि ये लोग ही तुम्हें हकीकत से दूर करते रहेंगे क्योंकि तुम्हें यदि सत्य दिख गया तो न ये लोग रहेंगे न उनकी ये दुकानें।

तुम सत्य में जी रहे हो या नहीं? इसका प्रमाण तुम्हारा अपना मन और जीवन है। यदि तुम्हारा जीवन दुःख, तनाव, बेचैनी, ईर्ष्या, भय, हताशा, कलह और क्लेश आदि से भरा हुआ है, तुम्हारा मन अशांत और परेशान है, यदि तुम्हें नशे करने पड़ते हैं, मनोरंजन के पीछे भागना पड़ता है तो यह प्रमाण है कि तुम सत्य से दूर हो। तुम्हारे अलावा और कोई तुम्हारी मदद नहीं कर सकता, तुम्हें ही जागना होगा और तुम्हें ही अकेले आगे बढ़ना होगा। तुम्हारे लिए कोई नहीं चल सकता, इस मार्ग पर तुम अकेले हो। जो लोग आगे पहुंचे हैं वह मार्ग के दिशा सूचक की भाँति हैं, वे केवल दिशा बता सकते हैं। उनसे उम्मीद मत रखना कि वे आएँगे और तुम्हें आशीर्वाद देंगे और तुम्हारे सारे काम बन जाएंगे। ये सब मूर्खताएं हैं। उनका जीवन और ज्ञान ही आशीर्वाद है उससे दिशा लो, सीखो और आगे बढ़ो।

43

तुमने न जाने कितनी ही ऊंची और बड़ी-बड़ी बातें पढ़ी और सुनी होंगी किन्तु फिर भी यदि तुम पाते हो कि किसी तरह की बेहतरी तुम्हारे जीवन में नहीं आई, तो किसी दूसरे को दोष मत देना क्योंकि गलती तुम्हारी है। तुम चाहे कितना ही पढ़ और सुन लो किन्तु जो बात समझ आ गई अगर वह तुम्हारे कर्म में नहीं दिखाई देती, अगर तुमने उसे जिया नहीं तो कोई लाभ नहीं होगा। जिसने हजारों पुस्तकें पढ़ी, हजारों ज्ञान की ऊँची बातें जानी किन्तु जीवन में एक भी न उतरी; तो उसका कोई महत्व नहीं और यह सिर्फ़ समय, संसाधन और जीवन की बर्बादी मात्र है।

इसके विपरीत जिसने एक भी सही बात जानी और उसे जीवन में पूरी तरह से जिया तो उसका जीवन रूपांतरण होना निश्चित है और जो व्यक्ति एक बात को गहराई से समझता और उसे जीता है, वह फिर एक तक सीमित नहीं रह जाता है। आज और अभी ही तुम देखो कि वह कौनसी बात है जो तुम्हें स्पष्ट रूप से समझ आ गई है किन्तु फिर भी तुम उसे जी नहीं रहे हो। उसे जीना शुरू करो और उसकी जो भी कीमत हो वह चुकाओ। आज़ादी तो सबसे बड़ी कीमत माँगती है क्योंकि मुक्ति का याचक यहाँ हर इंसान है, माँग ज्यादा है तो कीमत भी ज्यादा ही होगी।

यहाँ कौन है जो अपने दुःख और बंधनों से मुक्त नहीं होना चाहता? हर व्यक्ति दौड़ ही इसीलिए रहा है क्योंकि वो जो है उसमें चैन नहीं पा रहा है। तो अभी ही पहला कदम बढ़ाओ। "ज्ञान की बातें सुनने या पढ़ने भर से सिर्फ़ उतनी ही देर शांति मिलती है और अच्छी लगती है जितनी देर सुन रहे हो, बाद में तुम ही उन्हें यह कहकर ठुकरा देते हो कि यह सब किताबी बातें हैं। लेकिन जो उन्हें अपने कर्म में, अपने जीवन में उतार लेता है उसके लिए वह किताबी बातें भर नहीं रहती हैं अपितु उसके लिए वह शांति शाश्वत हो जाती है"। बहुत जोर की प्यास लगी है और पानी तुम्हारे सामने रखा हो लेकिन तुम लगे हुए हो पानी के बारे में जानकारी एकत्रित करने में और कह रहे हो कि इतना जानने के बाद भी प्यास मिटती क्यों नहीं? तो प्यास तब मिटती है जब पानी पीते हो।

बीमारी के बारे में जानने भर से वह ठीक नहीं होगी, समय पर, उचित मात्रा में, चिकित्सक के निर्देशानुसार दवाई की खुराक लेनी पड़ती है।

44

तुम स्वयं को इंसान कहते हो न? अन्य जीवों से ऊपर और समझदार स्वयं को मानते हो ना? तुम ही कहते हो ना कि तुम्हें अपने बच्चों, माता-पिता, पति-पत्नी, परिवार, देश आदि से प्रेम है? किन्तु क्या सचमुच यही प्रेम है? नहीं। मेरी जाति, मेरी प्रजाति, मेरे बच्चे, मेरा देश और ऐसे ही अपने जैसों के प्रति तो एक पशु भी मोह, ममता और लगाव रखता है। यह तो प्रेम नहीं हुआ।

तुम यदि सचमुच; बड़े और समझदार हो तो तुम्हारी तो यह ज़िम्मेदारी होना चाहिए न कि तुम अपने से कमज़ोर और मासूम जीवों की देखभाल करो, उनकी रक्षा करो। पर क्या तुम करते हो? तुम जिस जानवर का दूध पीते हो क्या कभी तुमने उस पशु और उसके बच्चे को इंसान के बच्चे और उसकी माँ की तरह समझा है?

इंसान का बच्चा खुला रहता है, दिन में जब भूख लगती है और जितनी बार लगती वह अपनी माँ का दूध पीता है। क्या कभी उस पशु और उसके बच्चे का ख्याल किया है कि उनको कैसा लगता होगा जिनके हिस्से का दूध; तुम पी जाते हैं? पशु के बच्चे के हिस्से का दूध तो तुम यह कह कर चुरा लेते हो कि बच्चा अगर ज्यादा दूध पियेगा तो बीमार हो जाएगा और हमने दूध नहीं लिया तो गाय को कैंसर हो जाएगा।

ऐसे ही कभी धर्म का तर्क देकर, कभी कृष्ण का, कभी सेहत तो कभी प्रोटीन के नाम पर आप उस जीव से दूध छीनते हैं? क्या यही तुम्हारा प्रेम है? कृष्ण या महादेव के नाम पर दूध, दही, मक्खन, पनीर आदि खाने-पीने से पहले जरा अपनी सकल भी देख लेना और पूछना की क्या है तुममें श्री कृष्ण और महादेव जैसा? पहले उनके जैसा ज्ञान, कला, साहित्य और बल लाओ, फिर उनके जैसा भोग करना अन्यथा उनके नाम पर बेगुनाह जीवों का शोषण करना बंद करो।

अगर तुम सही कह रहे हो तो जंगल के जानवर और उनके बच्चों को क्यों कैंसर और बीमारी जैसा कुछ नहीं होता है? जबकि देखा जाए तो जंगली जानवर तुम्हारे पालतू पशुओं से भी ज्यादा हष्ट-पुष्ट होते हैं। क्यों? क्योंकि वह मुक्त हैं।

एक बात अच्छे से समझ लेना, "जो व्यक्ति किसी भी अन्य प्रजाति के चलते-फिरते जीवित जीव के प्रति प्रेमपूर्ण नहीं है, जो मांसाहार करता है और आज जो अपनी जननी के अतिरिक्त किसी अन्य जीव का दूध पीता है; वह व्यक्ति प्रेम जानता ही नहीं।" ऐसा व्यक्ति

किसी से भी प्रेम नहीं कर सकता, न अपने परिवार में किसी से प्रेम कर सकता है, न समाज से और न स्वयं से।

"जो कोई भी अपने से कमज़ोर के प्रति हिंसक है, वह किसी से भी प्रेम नहीं कर सकता"। इंसान केवल वह है जो सिर्फ़ मनुष्य के ही नहीं अपितु प्रकृति और उसके अन्य सभी जीवों के प्रति भी प्रेमपूर्ण रहे, अन्यथा वह इंसान के भेस में राक्षस हैं।

जो सूख चुके हैं (बूढ़े लोग) उनसे मुझे कोई आशा नहीं, पर तुम तो जवान हो; कम से कम तुम तो इस मूर्खता से बाहर आओ, जवान होकर भी तुम्हें दूध चाहिए और वो भी इंसान होकर जानवर का दूध। थू है तुम्हारी ऐसी जवानी पर जो 'अभी तक' दूध पीती है, वो भी जानवर का। पशु दूध पीकर तुम्हारे भीतर पशु वृत्ति ही बढ़ेगी।

45

इंसान होने के नाते तुम जितना सभ्य और सुसंस्कृत स्वयं को समझते हो, उतने तुम हो नहीं। अगर पशुओं और इंसान की तुलना की जाए तो पशु तुमसे बहुत आगे होंगे। तुम इतने अधिक क्रूर, हिंसक, ईर्ष्यालु, झगड़ालू और असभ्य हो, तुम ऐसे चोर, लुटेरे, झूठे, हत्यारे और बलात्कारी हो कि तुम्हारे लिए पुलिस और सिपाही रखने पड़ते हैं, तुम्हारे लिए जेल और अदालत बनानी पड़ती है। क्या यह इस बात का प्रमाण नहीं है कि तुम जानवरों से भी नीचे गिर चुके हो? क्या कोई भी अन्य पशु या पक्षी ऐसी मूढ़ताएँ करता है जैसी तुम करते हो? क्या कभी देखा है कि कोई जानवर कल की फिक्र में उदास बैठा हो? बल्कि आंधी, तूफान और बरसात के कारण न जाने कितने जीव-जंतु मर जाते हैं, जाने कितनों का पूरा घर-घोसला खत्म हो जाता है लेकिन फिर भी वो मस्त रहते हैं और इंसान को अगर देखें तो खाने-पीने के लिए उसके कोठे भरे होंगे, कई महीनों का पूरा इंतजाम होगा, बड़ा सा महल होगा किन्तु फिर भी हर समय चिंता, तुलना, तनाव, ईर्ष्या और कल की फिक्र में डूबा रहेगा। थोड़ा तो बाज़ आओ, यह क्या लगा रखा है? एक चींटी भी भूखी नहीं मरती, अस्तित्व में उसके भी भोजन की व्यवस्था है। जानवर से भी नीचे गिर गए तुम। एक-दूसरे को ही लूटने में लगे हुए हो। जंगल में कोई जेल, अदालत या पुलिस नहीं है। कुछ तो सीखो इनसे। अरे, जब तुम अपने समाज की गंदगी और शोर से परेशान हो जाते हो तो तुम पशुओं की दुनिया (जंगल नदी पहाड़) में घूमने जाते हो। कितने गंदे ढंग से रहते हो तुम अपनी दुनिया में, छी! तुम इतने गंदे हो कि तुम उनकी दुनिया में जाते हो तो उसे भी बर्बाद कर देते हो। किसी पशु या पक्षी ने कभी प्रकृति का शोषण नहीं किया मगर इंसान करता है। फिर सवाल उठता है कि मनुष्य को अपने श्रेष्ठ होने का यह भ्रम कैसे पैदा हो गया? तो ऐसा इसलिए हुआ क्योंकि इनके बीच से ही कभी-कभी कोई बुद्ध, कोई कृष्ण तो कोई कबीर पैदा हो जाते हैं। अब इनके ही बीच से अगर महावीर, नानक, मीरा, जीसस और मोहम्मद निकले हैं तो संभावना तो इन सब में भी है, लेकिन अहंकार को ये छोड़ना नहीं चाहते। ये अपने चोर, लुटेरेपन को भी बरकरार रखना चाहते हैं और बुद्ध भी हो जाना चाहते हैं, जो कि संभव नहीं। तो तुम अपने भ्रम से बाहर आओ और अपनी हकीकत को स्वीकार करो और इन राक्षसी वृत्तियों से आगे बढ़कर अपनी संभावना की ओर भी देखो, जो कि बुद्ध हो जाने की है। तुम्हें भगवान होने की नहीं, पहले तो पशु और फिर इंसान होने की ज़रूरत है क्योंकि हम मनुष्य; पशुओं से भी नीचे गिर गए हैं।

46

आपका मन सदा ही कामनाओं और शिकायतों से भरा रहता है। मन जब कामनाओं से खाली हो जाता है तो मन की सारी दौड़, सारा संघर्ष थम जाता है और मन उसी तरह मिट जाता है जैसे तूफान के थमने पर लहरें शांत हो जाती हैं और अस्तित्व के प्रति जब आपकी शिकायतें मिट जाती हैं तब शिकायत कर्ता भी नहीं रहता और तब जो शेष रह जाता है वही आपका स्वभाव है, उसे ही आत्मा कहते है। उसी में एक बेपरवाही है।

किन्तु आत्मा (अहं शून्य) हुए बिना आप उसकी कल्पना नहीं कर सकते हैं क्योंकि अभी जो कल्पना कर रहा है वह मन है और जब आत्मा (अहं शून्यता) होती है तब मन जैसी कोई चीज़ नहीं रह जाती क्योंकि मन तो स्मृति का परिणाम है। स्मृति यानी दुःख, चोट, अपमान, असफलताओं का पिंड। यह स्मृति, यथार्थ नहीं होती है अपितु यह तो अतीत होती है जो कि वास्तविकता को छिपा देती है और आत्मा (बोध/जानने) का अतीत से कोई संबंध नहीं। तो मन को कामनाओं से खाली करने का उपाय क्या है?

अपनी कामनाओं की व्यर्थता को जान लेना और उन्हें उसी प्रकार त्याग देना जैसे घर के कचरे को त्याग दिया जाता है। फिर कामनाओं की व्यर्थता जानने का उपाय यह है कि तुम उन लोगों के जीवन को करीब से जान लो जिनकी 'वे सारी कामनाएं' पूरी हो गई हैं जिन कामनाओं के पीछे तुम अपना जीवन बर्बाद कर रहे हो। सिर्फ़ बाहर की चमक मत देखना, उनके सूखे और मुरझाए हृदयों को भी देखना, भीड़ से सम्मान और वाह-वाही की भीख माँगती उनकी आँखों को भी देखना। अगर तुम्हें लगता हो कि किसी कामना की पूर्ति के बाद तुम्हारी भागदौड़ रुक जाएगी, तो उनकी जिंदगी को भी देख लेना जिनकी कामना पूर्ति हो गई है, देखना कि क्या उनकी भागदौड़ रुक गई या अभी भी प्यासे हैं और दौड़ ही रहे हैं?

इसी के साथ अस्तित्व के प्रति शिकायतें मिटाने के लिए उस सबको देख लेना जो तुम्हें मुफ़्त ही मिला है लेकिन फिर भी तुम उसकी कद्र नहीं करते। यह नदी, पहाड़, वायु, जल, अग्नि, आकाश, पेड़-पौधे, बरसात, फल-सब्जियाँ, अन्न, और दुनिया-भर की तमाम सम्पदा। इसी के साथ लगभग शरीर के स्वस्थ अंग आदि। सुंदरता देखने के लिए आँख, गीत सुनने के लिए कान, खुशबू सूंघने के लिए नाक आदि। और तब भी मूढ़ लोगों की तरह अगर शिकायत उठे, कि संसार में इतना पाप हो रहा है! शोषण, अत्याचार, आपदा और हिंसा हो

रही हैं किन्तु फिर भी वह परमात्मा कुछ करता क्यों नहीं? वह आकर इस सबको खत्म क्यों नहीं करता?

तब ध्यान से देखना कि ये सारे पाप, हिंसा, शोषण, अत्याचार और आपदाएं जो कि तुम गिना रहे हो, क्या वह सब परमात्मा कर रहा है या इंसान ख़ुद कर रहा है? क्या इन सबके पीछे इंसान का ही हाथ नहीं है? और अपने हृदय पर हाथ रखकर पूछना स्वयं से कि आज; तुम्हारे घर-परिवार, समाज, देश, धर्म, दुनिया, जीवों और इस पूरी प्रकृति की जो हालत है! उसके लिए क्या तुम स्वयं बिल्कुल ज़िम्मेदार नहीं हो? और परमात्मा अगर पापियों को, दोषियों को सजा देगा तो पूछना स्वयं से, क्या तुम निर्दोष हो और बच पाओगे? क्या तुम भी इस सब के लिए ज़िम्मेदार नहीं हो?

फिर तुम उस परमात्मा के प्रति, उस अस्तित्व के प्रति शिकायत नहीं रख पाओगे। इंसान के अतिरिक्त किसी भी जीव को कोई शिकायत नहीं है क्योंकि इंसान अपनी दुर्दशा के लिए स्वयं ज़िम्मेदार है। किन्तु वह इस ज़िम्मेदारी से लगातार भागता ही रहता है इसलिए उसका दुःख भी कभी मिटता नहीं है।

जो व्यक्ति अपने बीमार होने को और बीमारी को स्वीकारेगा ही नहीं, उसका इलाज भी नहीं हो सकेगा। इलाज हो सके इसके लिए सबसे पहले यह स्वीकारना ज़रूरी होता है कि हां, मैं बीमार हूँ

47

तुम हमेशा उनसे ही तुलना करते हो जो तुम्हें तुमसे आगे "लगते" हैं। इसीलिए जिन्दगी से बड़ी शिकायतें रहती हैं न तुम्हें? कभी जरा उनसे भी तुलना कर लिया करो जो कई तरह से तुमसे बहुत पिछड़े हुए हैं, जिन्हें न भरपेट दो वक्त का भोजन मिलता है, न कपड़े और न रहने को घर। उनसे भी तुलना कर लिया करो जो शारीरिक रूप से अंधे, बहरे और लंगड़े आदि हैं। उनको भी देख लिया करो जो बौद्धिक और अनेक रूपों में तुमसे पिछड़े हुए हैं; फिर यह जो अस्तित्व से इतनी शिकायतें रहती हैं ना तुम्हारी, फिर नहीं रह जाएँगी।

तुलना अगर करनी ही है तो सिर्फ आगे वालों से ही क्यों करते हो? आगे और पीछे वाले दोनों से करो न। यह जो तुम्हें लगता है न कि कुछ लोग तुमसे बहुत आगे हैं, जिनकी तरह होने के तुम ख्वाब देखते रहते हो, इनमें से अधिकांश के घर सिर्फ़ इसलिए भरे हुए हैं क्योंकि जिनकी तरफ़ तुम देखते भी नहीं हो, उनके घर खाली हैं। "तुम्हारे सामने वाले अधिकांश लोग तुम्हें सिर्फ़ इसलिए ऊँचे दिखाई दे रहे हैं क्योंकि ये तुम्हारे पीछे वालों के कंधों पर चढ़े हुए हैं"।

तुम आगे ज़रूर बड़ो मगर न शिकायत करो और न शोषण और तुलना करना गलत नहीं है यदि वह स्वयं के दोषों और कमजोरियों को जानने और समझने के इरादे से की जाए। तुलना करनी भी है तो उनसे करो जिन्होंने जीवन को जाना है और जीते जी मुक्त हुए हैं। उनसे तुलना करो जिन्होंने सच्ची सफलताएं पाई हैं और जो तुम्हें ऊपर उठाएं ना की तुम्हारा शोषण करें।

तुलना करने से पहले यह तो देख लो कि तुलना कर किससे रहे हो और किस चीज़ की तुलना कर रहे हो? क्योंकि तुलना कर-करके जिनकी तरह तुम होना चाहते हो अक्सर वह स्वयं किसी अन्य से तुलना करके उनकी तरह हो जाने का प्रयास करते रहते हैं। तुम उस से तुलना करने में अपना जीवन नर्क कर लेते हो जो स्वयं अपनी स्थिति से संतुष्ट नहीं है। इसलिए तुलना करनी भी है तो उनसे करो जो सारी तुलनाओं से ऊपर उठ गए हैं, जिन्होंने जीवन में सच्ची शांति पाई है।

सफलता; जीवन की आजादी, प्रेम, शांति, पूर्णता और आंतरिक संतुष्टि से देखी जाती है ना कि उपलब्धियों और बाहरी चमक-दमक से।

48

अतीत में जो हो चुका है, मैं ना तो उसे बदल सकता हूँ और न ही उसे बदलने की कोई आवश्यकता है किन्तु फिर भी यदि मैं हर समय उसके विषय में सोचता हूँ अथवा पछतावा करता हूँ तो इससे मैं अपनी ऊर्जा और संसाधन तो बर्बाद कर ही रहा हूँ, मगर साथ ही मैं अपने वर्तमान को भी गंवा रहा हूँ जिसके लिए मुझे भविष्य में फिर से पछताना पड़ेगा। अर्थात् "अतीत का पछतावा करने और उसे बदलने की कोशिश करने में आप अतीत को तो नहीं ही बदल पाते हैं लेकिन अपने वर्तमान को ज़रूर गँवा देते हैं"।

ध्यान रहे कि अतीत में जो हो चुका उसे बदला नहीं जा सकता और इसी तरह अभी जो हुआ ही नहीं उस भविष्य के बारे में कल्पना और चिंता करने का भी कोई अर्थ नहीं है। क्योंकि भविष्य आपके पास हमेशा वर्तमान के रूप में ही तो आता है। आने वाला कल आपके पास आज के रूप में ही तो आएगा। इसलिए न तो अतीत का पछतावा करो, ना उसे बदलने का प्रयास करो और न ही भविष्य के बारे में सोच-सोच कर चिंता करो, तुम्हारे पास केवल वर्तमान है जो अभी और इसी क्षण है।

"आपकी हर स्वांस के साथ एक-एक पल के रूप में भविष्य ही वर्तमान बनकर रेत की तरह फिसलता हुआ अतीत होता जा रहा है"। अभी इसी क्षण जो सही है, ज़रूर है तुम उसके साथ जुड़ जाओ, फिर न अतीत सताएगा और न भविष्य भटकाएगा। अतीत से तुम इतने चिपके ही इसलिए हुए हो क्योंकि वर्तमान में तुम्हारा जीवन नर्क बना हुआ है और करने को कोई सार्थक काम तुम्हारे पास है नहीं तो कभी अतीत का पछतावा और कभी भविष्य की चिन्ता।

जीवन का उद्देश्य क्या है? अक्सर यह सवाल भी उन्हीं के मन में आता है जो वर्तमान में जी नहीं रहे होते हैं बस जीवन को काट रहे होते हैं क्योंकि जो व्यक्ति जी रहा होता है उसे यह सवाल उठता ही नहीं है कि जीवन का उद्देश्य क्या है? सवाल ही प्रमाण है कि तुम जी नहीं रहे हो। भूलना नहीं कि, "जो आज, अतीत के लिए पछतावा कर रहा है वो कल, आज के लिए पछताएगा"।

इसलिए अभी जो सबसे सही, ज़रूरी और सुंदर है वह करो, उसके बाद तुम वह बचोगे ही नहीं जो अभी हो। तुम कुछ अन्य ही हो जाओगे।

49

कोई नौकर है क्या तुम्हारा, जो तुम्हारे मार्ग की सारी बाधाएं खत्म कर दे? तुमने कितनों के जीवन के दुःख, कष्ट और बाधाएं दूर की हैं? बल्कि तुमने भी तो दूसरों के मार्ग में रोड़े ही अटकाएं हैं, फिर क्यों कोई तुम्हारे मार्ग की बाधा नहीं बने। अपनी मजबूरी सुनाने के लिए जैसे तुम्हारे पास तर्क हैं वैसे ही सबके पास तर्क हैं। दुनिया से तुम उम्मीद करते हो कि वो तुम्हारे साथ भला व्यवहार करे, तुम कितनों के साथ भला व्यवहार करते हो? और अगर कभी करते भी हो तो सिर्फ़ इसलिए क्योंकि उधर से भी भला व्यवहार किया गया था अन्यथा तुम भी ना करो। हर कोई व्यक्ति अगर अपने स्वार्थ के लिए ही तुम्हारे पास आता है, तुमसे केवल स्वार्थ के नाते ही संबंध बनाता है तो पूछो ख़ुद से, कि तुमने ऐसा क्या किया है जहाँ तुम्हारा कोई स्वार्थ नहीं रहा हो? क्या उनके लिए तुमने कभी कुछ किया जिनसे न तो तुम्हें कुछ मिल रहा हो और ना ही कुछ मिलने की आशा हो?

जो दोष तुम अन्य लोगों और दुनिया में निकालते रहते हो ना, उन्हें पहले अपने अंदर से खत्म करो; फिर कहना कि लोग बुरे हैं। क्योंकि दुनिया जैसी है, वैसी वो इसीलिए है क्योंकि तुम वैसे हो। हर कोई चाहता है कि दुनिया सुधर जाए मगर वह ख़ुद वैसा ही बने रहना चाहता है। स्वयं के भीतर; ईर्ष्या, लालच, हिंसा, भेदभाव इत्यादि के बीज पाले रहकर हम उम्मीद करते हैं कि दुनिया से हिंसा, शोषण, अलगाव, अन्याय इत्यादि खत्म हो जाए, जो कि हमारी नासमझी का ही प्रतीक है। दुनिया अगर जीने लायक नहीं है, तो बनाओ ना उसे जीने लायक। वो भी इंसान ही हैं ना, जो दुनिया को जीने लायक नहीं छोड़ रहे हैं? तो तुम भी तो इंसान ही हो, बनाओ ना इसे जीने लायक।

दुनिया बुरी नहीं है, दुनिया के लोग बुरे हैं और उन लोगों में तुम भी शामिल हो। एक व्यक्ति बुरा करता है और दूसरा व्यक्ति चुपचाप बुरा होने देता है इसलिए दोनों ही गुनहगार हैं। तुम अगर नर्क में जी रहे हो तो ज़िम्मेदार केवल तुम हो। आग में हाथ जल जाए तो तुरंत हटाते हो ना, अगर तुम्हें दिख ही रहा है कि जिंदगी नर्क बनी हुई है तो किसने रोका है वहीं पड़े रहने के लिए? याद रखना, बुरे से बुरे हालात के लिए भी अगर तुम दूसरों को ही दोष देते रहोगे तो कभी उससे बाहर नहीं आ पाओगे। दुनिया को जिन्होंने नर्क बनाया वो अगर बुरे हैं तो तुम इसे स्वर्ग क्यों नहीं बनाते? उठाओ ज़िम्मेदारी और बढ़ो आगे।

50

आज भी इंसान के अंदर यदि पशु वृत्तियाँ पाई जाती हैं तो इसमें हैरानी की कोई बात ही नहीं है। क्योंकि जो इंसान; मुर्गे, बकरे, भेड़, गाय, भैंस आदि जानवरों का माँस खाता है और पशुओं का ही रक्त और दूध पीता है; तो उसमें पशु वृत्तियाँ नहीं पाई जाएँगी तो और क्या पाई जाएँगी? 2-3 किलो का शरीर पैदा होता है इंसान का और उसके बाद यह जो 50-80-100 किलो का शरीर हो जाता है, यह कहाँ से आया? यह उन्हीं सब से तो बना है न जो कुछ आज तक इस शरीर ने खाया और पिया है। तो जिसने जानवर का मांस खाया हो, जानवर का दूध पिया हो उसमें तो जानवर जैसे ही गुण और वृत्तियाँ होंगे ना। फिर जिससे यह शरीर बना है, उसी का असर मन और विचारों पर भी होता है।

अगर इंसान को अपने अंदर की वृत्तियों को शांत करना है, तो उसे उन सब कारणों से मुक्त होना होगा, जो हिंसा से आते हैं और मनुष्य को हिंसक और उत्तेजित बनाते हैं। बच्चों को गाय-भैंस-बकरी जैसे किसी भी पशु का दूध पिलाने से अच्छा है कि उसे मूँगफली, नारियल, सोयाबीन और बादाम जैसी शाकाहारी वस्तुओं से बना दूध पिलाया जाना चाहिए लेकिन वो भी तब जब सचमुच उसकी आवश्यकता हो और यही दूध बड़े-बूढ़ों के लिए भी सेहतमंद होता है। इसके लिए किसी अच्छे चिकित्सक से सलाह ली जा सकती है। पशु दूध की तुलना में शाकाहारी दूध ज्यादा सस्ता, पौष्टिक और अनेक पोषक तत्वों से भरपूर है, जिसमें हिंसा भी तुलनात्मक रूप से बहुत कम ही है। "जैसा होगा अन्न, वैसा होगा मन"।

हिंसा चुनोगे तो हिंसा मिलेगी, प्रेम चुनोगे तो प्रेम मिलेगा। इस भ्रम में तो रहना ही मत कि हम कुछ भी खाएँ-पिए उससे क्या फर्क पड़ता है। अगर तुम मांसाहार करते हो, हिंसा करते हो या किसी जीव के हिस्से का दूध छीनकर ख़ुद पीते हो, तो यह इस बात का प्रमाण है कि तुम्हारे अंदर की संवेदनशीलता खत्म हो गई है। और जो व्यक्ति संवेदनशील नहीं है वह प्रेम नहीं कर सकता; न स्वयं से, न ही किसी अन्य से। तुम अभी-अभी किसी मुर्गे की हत्या करके उसका मांस चबा कर आ रहे हो और अपने बच्चे, पति, पत्नी, भाई-बहन या किसी अन्य से कहो कि मैं तुम्हें प्रेम करता हूँ; तो क्या यह प्रेम होगा? नहीं। प्रेम और हिंसा एक साथ नहीं हो सकते। जो व्यक्ति किसी एक से भी प्रेम करता है, वह सबसे प्रेम करता है और जो किसी एक के भी साथ हिंसा करता है वह किसी से भी प्रेम नहीं करता है।

51

दुनिया बदलती क्यों नहीं है? क्योंकि तुम नहीं बदलते। दुनिया इतनी बुरी क्यों है? क्योंकि तुम कहते हो कि पहले दुनिया को ठीक करो और ख़ुद भी बुरे ही बने रहते हो। तुम स्वयं को बदले बिना दुनिया को बदलना चाहते हो। तुम हिंसा और गलत व्यवहार करते रहते हो यह कह कर कि जब अन्य लोग हिंसा करना बंद कर देंगे तब हम भी बंद कर देंगे और अन्य लोग हिंसा और गलत काम करते रहते हैं यह कह कर कि, जब तुम हिंसा करना बंद कर दोगे तब हम भी बंद कर देंगे और इस प्रकार ना तो वे हिंसा करना छोड़ते हैं और न ही तुम।

तुम ख़ुद को बदले बिना समाज को बदलना चाहते हो जबकि समाज तो उन लोगों से ही मिलकर बना है ना जो उसमें रहते हैं और तुम भी उसी समाज में रहते हो। तो अगर लोग बदल जाएँ तो समाज अपने आप बदल जाएगा क्योंकि लोगों के बिना समाज जैसी कोई इकाई है ही नहीं। इसलिए अगर सचमुच सुधार चाहते हो तो ख़ुद से शुरुआत करो क्योंकि समाज के उन लोगों में तुम भी शामिल हो।

जरा देखो तो अपने अंदर बैठे इस राक्षस को, जो गलत काम करते रहने के लिए कैसे-कैसे तर्क देता है और तुम भी उसके बहकावे में आ जाते हो। कुछ भी सुधार करने का बोलोगे तो अंदर बैठा ये राक्षस कोई न कोई बहाना दे देगा। भूलो नहीं; जब तुम स्वयं एक सही इंसान बनते हो, भलाई के काम करते हो, बुराई से मुक्त होते हो तब तुम सबसे पहले अपना भला करते हो और जो व्यक्ति सचमुच अपना भला कर लेता है उसके द्वारा संसार का भला अपने आप होने लगता है। तुम फूल बन जाओ तो खुशबू अपने आप हवाओं में उड़ कर दूर तक जाएगी।

बताओ मत; कि लोगों को और समाज को कैसा होना चाहिए, अपितु तुम स्वयं उसके प्रमाण बन जाओ और जब तुम प्रमाण बन कर खड़े हो जाते हो तब तुम्हें देखकर वे लोग भी आगे आने लगते हैं जो किसी कारण, चाहते हुए भी आगे नहीं बढ़ पा रहे थे। तुम जब एक अच्छे इंसान बनते हो तो तुमसे जब भी कुछ बँटेगा तो अच्छाई ही बटेगी जो धीरे-धीरे समाज की गंदगी को खत्म करेगी ही। तुमसे वही बटता है जो तुम होते हो; फूल हो तो खुशबू और सौंदर्य बंटेगा, गंदगी हो तो बदबू बंटेगी। समाज में बुराइयां हैं तो इसलिए क्योंकि पहले आप में बुराइयाँ हैं, उन्हें ठीक करो।

52

तुम अगर यह सोचते हो कि हम तो किसी का बुरा नहीं करते हैं लेकिन हमारे साथ सब बुरा करते हैं, तो क्या सचमुच तुम किसी के साथ बुरा नहीं करते हो? अच्छा पूछो ख़ुद से; जब तुमने मोर पंख खरीदा तो कभी सोचा कि अब उस मोर की क्या हालत होगी जिससे नोच कर यह पंख तुम्हें मिला है? तुमने दूध तो पी लिया पर कभी सोचा कि यह किस तरह हिंसा करके तुम तक पहुंचा है? और अगर उस पशु का दूध तुमने पी लिया है तो कभी सोचा कि उस गाय या भैंस के बच्चे ने क्या पिया होगा?

तुम्हारे घर में कोई छोटा बच्चा हो और कोई व्यापारी आकर उसके हिस्से का दूध छीन कर बेच दे, तो क्या आप यह सहन करेंगे? और वह महिला क्या अपने साथ ऐसा दुर्व्यवहार सहन करेगी? नहीं? लेकिन पूरी प्रकृति और उसके अन्य प्राणियों के साथ तो हम इंसान लगातार यही सब दुर्व्यवहार कर रहे हैं। लेदर (चमड़े) के जूते, कपड़े, बैग आदि तुम खरीद लेते हो कभी सोचा है कि यह किसी जानवर की खाल उतारे बिना तो आ नहीं सकता, यानी अब वह जीव जिन्दा तो होगा नहीं जिसकी खाल से यह तुम्हारी वस्तुएँ बनी हैं?

तो कभी ध्यान दिया इस बात पर कि तुम्हारे अंडा, मांस, दूध, शहद, मक्खन और लेदर जैसे अनेक पशु-पक्षी आधारित वस्तुओं का उपयोग करने से रोज कितनी हत्याएं होती हैं? क्या इन हत्याओं के लिए तुम ज़िम्मेदार नहीं हो? फिर कैसे कह सकते हो कि तुम भले इंसान हो? ऐसी हिंसा करके क्या तुम्हारे अंदर प्रेम और करुणा बचेगी? नहीं।

कोई ताकतवर देश, जाति, संप्रदाय या इंसान जब तुम्हारा शोषण करता है, तुम पर अत्याचार करता है, गलत व्यवहार करता है और तुम्हारे साथ भेदभाव करता है तो तुम शिकायत करते हो कि तुम्हारे साथ कुछ गलत हो रहा है और जब अपने स्वार्थ, स्वाद, शौक़ और मान्यताओं आदि के लिए तुम अपने से कमज़ोर जीवों का शोषण करते हो, उन पर अत्याचार और क्रूरता करते हो, तब तुम क्यों नहीं सोचते ऐसा? तब तुम स्वयं को गुनहगार क्यों नहीं मानते हो?

"अपने साथ हो रहे दुर्व्यवहार की शिकायत करने से पहले जरा अपने जीवन में भी झाँक लेना, कहीं तुम भी तो किसी के साथ दुर्व्यवहार नहीं कर रहे हो"।

53

ज्ञान का प्रमाण होता है कि अब तत्क्षण कर्म उठेगा और शांति का अर्थ है कि अब घोर संघर्ष होगा। लेकिन ज्ञानी और शांत व्यक्ति की एक ऐसी छवि हमारे अंदर बैठा दी गई है, जिसमें कि वह व्यक्ति सब कुछ छोड़-छाड़ कर चुपचाप बैठा हुआ है और कुछ भी नहीं कर रहा है। संसार में बुराइयाँ तो 'पैदा' होती हैं मगर अच्छाइयाँ 'निर्मित' करनी पड़ती हैं। तो ऐसा हो नहीं सकता कि तुम ज्ञानी हो, शांत हो और कुछ भी सार्थक कर्म नहीं कर रहे हो। तुम क्या और कितना जानते हो? तुम कितना पढ़ते और समझते हो? इन सब बातों को ज्ञान नहीं कहते हैं, इसीलिए इनका कोई महत्व नहीं। वह सब कुछ जो तुम जानते हो, सिर्फ़ जानकारी भर है; अगर वह स्वयं की मुक्ति और संसार के कल्याण के काम नहीं आ रहा है। वह; जो सिर्फ़ जाना जाए, वह जानकारी भर होती है और वह जो जानकर जिया जाए, जो कर्मों में उतरकर जीवन बन जाए, वह ज्ञान होता है। जानने वाले बहुत मिलेंगे किन्तु जीने वाले बहुत कम। जानने की शर्त यह है कि वास्तव में अगर जाना है, तो जानना ही जीना हो जाता है।

तो जो कहते भी हैं कि हम जानते हैं; वह कुछ नहीं जानते। जो ऐसा मानते हैं कि हम सब समझ गए मगर फिर भी जीवन में ना शांति है ना आनंद ना संतुष्टि, तो वे अभी कुछ समझे ही नहीं। ऐसा हो नहीं सकता कि तुम्हें हकीकत दिखने लगे और तुम्हारे अंदर तत्क्षण रूपांतरण ना हो जाए। मुझे पता चला कि मैं किसी प्रतियोगिता में असफल हो गया हूँ, तो मैं 5 दिनों से लगातार रो रहा हूँ, दुखी हूँ। लेकिन फिर मुझे पता चलता है कि खबर झूठी थी और मैं तो सफल हो गया हूँ, तो बताओ कि अब कितनी देर टिकेगा दुःख? क्या दुःख को हटने के लिए भी बहुत समय लगेगा? नहीं। ऐसा ही है जानना और आंतरिक रूपांतरण।

अगर किसी ने जान ही लिया कि बोतल में जल नहीं बल्कि जहर है, तो वह पियेगा क्यों? मगर हम एक तरफ़ तो माने बैठे हैं कि हम जानते हैं और दूसरी तरफ़ जहर को ही पीते जाते हैं। अगर जाना है तो कर्ता और कर्म सब बदल जाएगा। इसीलिए सुनने वाले कम और सुनाने वाले ज्यादा मिलेंगे। किसी से कह कर देखो कि यह गलत हो रहा है और हमें यह ठीक करना चाहिए। तो वे लोग कहेंगे कि हां, हम भी जानते हैं, मगर वे लोग उसे ठीक करने के लिए कुछ नहीं कर रहे होते हैं। अगर ये सचमुच जानते ही होते कि कुछ गलत है, तो ये उसे ठीक कर रहे होते न कि अपनी दुनियादारी में व्यस्त रहते।

हकीकत यह है कि ये लोग बेईमान हैं।

54

जिस प्रकार कोई इंसान किसी बेल, गाय, भैंस, भेड़ या बकरी आदि जानवरों को इसलिए नहीं पालता है कि उसे उनसे प्रेम है, बल्कि इंसान अधिकांशतः उन्हें सिर्फ़ इसलिए पालता है क्योंकि उनके माध्यम से उसके किसी न किसी स्वार्थ की पूर्ति हो रही होती है। उसी प्रकार अधिकांश इंसान किसी दूसरे इंसान की सहायता भी सिर्फ़ इसलिए करते हैं क्योंकि उन्हें दूसरे व्यक्ति से भी कुछ मिल रहा होता है अथवा आगे कुछ मिलने की उम्मीद होती है। क्योंकि जिस दिन इंसान को यह पता चल जाता है कि दूसरे व्यक्ति से अब कुछ भी मिलने की आशा नहीं है, तब उसका असली चेहरा सामने आता है।

तुम ही सोचो ना, कि जो लोग किसी भूखे को प्रेम पूर्वक और निःस्वार्थ एक वक़्त का भोजन नहीं करा पाते, कोई आजाए मांगने तो गालियाँ देते हैं, यदि किसी का भला करते भी हैं तो इस लालच में कि इससे पुण्य मिलेगा। जो भी लोग किसी ऐसे काम में सहयोग नहीं देना चाहते जो सचमुच समाज के और उनके स्वयं के भले के लिए किया जा रहा हो, वो क्या बिना किसी स्वार्थ के तुम्हारी मदद कर पाएंगे? अधिकांश माता-पिता, पति-पत्नी, भाई-बहन और पड़ोसी हो या रिश्तेदार; केवल स्वार्थ के कारण प्रेम का ढोंग करते हैं। यदि तुम किसी पर भी निर्भर हो तो जितना जल्दी हो सके अपनी निर्भरता हटा लो, फिर चाहे उसके लिए तुम्हें कितना ही कष्ट क्यों ना झेलना पड़े अन्यथा ये ही लोग हैं जो तुम्हारी आज़ादी छिनने वाले हैं। ये ही लोग तुम्हें बंधनों और दुखों की जंजीरों में जकड़ेंगे।

कोई तुम्हें मुफ़्त में नहीं खिलाएगा, फिर चाहे वह कितना ही सगा क्यों ना हो। अगर तुम किसी की सहायता कर रहे हो, 'प्रेम के नाम पर, तो उससे बदले में कुछ भी पाने की उम्मीद मत रखना, हो सके तो यहाँ तक तैयार रहना कि सहायता के बदले में अगर वह तुम्हारे साथ कभी कोई बुरा व्यवहार भी कर दे तो तुम यह न कहना कि मैंने तो तुम्हारी सहायता की थी'। अन्यथा सीधा व्यापार का रिश्ता रखो, फिर उसे प्रेम का नाम ना दो। अगर कहते हो कि मैंने सहायता की थी, तब तुमने सहायता अपने स्वार्थ और अहं के लिए की थी, इसलिए जिसे तुम निःस्वार्थ सहायता और प्रेम समझ रहे थे वह न तो प्रेम था और न ही सहायता। प्रेम निष्काम होता है, प्रेम सिर्फ़ देना जानता है, बाँटना जानता है। जहाँ कुछ पाने की कामना है वहाँ निष्कामता नहीं है। जिससे भी सहायता ले रहे हो, देखो कहीं वह तुम्हें प्रेम के नाम पर कर्ज तो नहीं दे रहा है?

55

"जिनकी तुम सुनोगे, तुम्हारा जीवन भी वैसा ही हो जाएगा"। जिसे तुमने अपने मन का मालिक बना लिया है वह तुम्हारे जीवन का भी मालिक हो जाएगा। इसलिए इस बात के प्रति बहुत सतर्क रहो कि तुम किसे सुन रहे हो। अगर तुम सुनी-सुनाई बातों पर चलने लग गए कि माता-पिता की हर आज्ञा माननी चाहिए, बड़ों का सम्मान करना चाहिए, रिश्तेदारों से मुँह नहीं लड़ाना चाहिए, कौनसी नौकरी करनी चाहिए, शादी और बच्चे तो ज़रूर करना ही होता है। ऐसा अगर मानते हो तो तुम्हारा सत्यानाश होने से कोई नहीं रोक सकता।

कौन होता है बड़ा? क्या किसी को पैदा कर देने से या शरीर की उम्र बड़ जाने से कोई बड़ा हो जाता है? जिसको जीवन की कोई समझ नहीं है, शरीर तो उसका भी बड़ा हो जाता है, बच्चे तो वो भी पैदा कर सकता है। यह काम तो जानवर भी कर सकते हैं। मैं यह भी नहीं कह रहा हूँ कि उनका असम्मान करो। मैं तुमसे बस इतना कह रहा हूँ कि व्यक्ति को व्यक्ति की भाँति देखो; उसे माता, पिता, दोस्त, रिश्तेदारों, आदमी, औरत, हिंदू, जैन, भारतीय या अमेरिकी और ऐसे ही अनेक तरह के ठप्पों और छवियों के साथ मत देखो।

जब तक पिता को पिता की भाँति देखोगे, तुम व्यक्ति को देख ही नहीं पाओगे। व्यक्ति को व्यक्ति की भाँति देखो और तब यह निर्णय करो कि इस व्यक्ति की बात सुनने लायक है भी या नहीं। अगर उसकी बातों में दम है तो उसे स्वीकार करो फिर चाहे पूरी दुनिया तुम्हारे खिलाफ हो। फिर चाहे कोई विश्वास टूटे या मान्यता टूटे। चाहे वो बात किसी संस्कृति में नहीं बैठती हो। चाहे किसी को अच्छा लगे या बुरा। फिर चाहे वो तुम्हारा मित्र हो या शत्रु।

इसके विपरीत यदि उसकी बातें बकवास हैं, तो चाहे वह कोई गुरु हो या माता-पिता, रिश्तेदार हो या कोई अन्य, चाहे पूरी दुनिया उसकी हाँ में हाँ मिलाती हो, मगर स्वीकार नहीं करनी तो नहीं करनी। दस लाख मूर्खों ने यदि किसी को अपनी बेहोशी और अज्ञान में अपना राजा मान लिया हो तो इससे वह राजा नहीं हो जाता है। दस लाख बुद्धुओं से बड़ा, एक अकेला बुद्ध होता है।

तुम जवान हो और कोई सही बात अगर तुम्हें समझ में आई है, लेकिन अभिभावक ही तुम्हारे सामने दुश्मन बनकर खड़े हो गए हैं; तो जरा उनकी हस्ती पर, उनके जीवन पर नज़र डाल लेना। जो ज्ञान, जो सलाह, जो सीख वो तुम्हें दे रहे हैं, जिस मार्ग पर चलने का वो तुमसे बोल रहे हैं, उसी ज्ञान और समझदारी का परिणाम उनका यह जीवन है। जिस ज्ञान और

समझदारी के आधार पर जीवन जीकर यह अपने जीवन में कुछ नहीं कर पाए, उसी ज्ञान और समझदारी के आधार पर जीवन जीकर, तुम्हें क्या मिल जाना है?

तो अगर किसी दबाव या डर में आकर, किसी मान्यता और संस्कार में उलझ कर या किसी भी कारणवश अगर तुम उनके बताए अनुसार ही जिए, तो तुम्हारा भी वही हाल होना है जो उनका हुआ है। उनकी हालत इतनी बुरी है कि वे लोग अपने जीवन से खुश नहीं हैं, इसीलिए तुम्हारे जीवन पर चढ़े आ रहे हैं। किन्तु इसका यह अर्थ बिल्कुल मत लगा लेना कि माता-पिता या रिश्तेदार सचमुच कोई काम की बात कहे और तुम तब भी न सुनो, वरना ऐसे में भी चूक जाओगे।

56

यदि यह बात समझ आ गई है कि सामने वाला व्यक्ति नासमझ है किन्तु फिर भी वह तुम्हारा मालिक बने बैठा है और तुम भी उसका भला चाहते हो। उदाहरण के लिए जैसे तुम्हें पता है, कि अभिभावक या पति या कोई अन्य जिसे तुम प्रेम करते हो, वह कुछ समझता नहीं है लेकिन फिर भी वह तुम्हें अपने अनुसार चलाना चाहता है और तुम अपनी आज़ादी खोते जा रहे हो। किन्तु तुम जानते हो कि वह गलत है, तो अगर तुम अपना और उसका भी भला चाहते हो, तो उसके अनुसार बिल्कुल मत जीना। उसकी बात नहीं मानोगे तो उसे ज़रूर बुरा लगेगा क्योंकि वह तो स्वयं को सही समझता है ना और उसे उम्मीद थी कि तुम भी उसकी बात स्वीकार करोगे। हो सकता है कि उसे दुखी देखकर तुम्हें भी बुरा लगे; किन्तु जो व्यक्ति स्वयं अज्ञान में है, जो स्वयं गुलाम हो वह ख़ुद का तो भला कर नहीं पाता फिर कैसे किसी अन्य का भला करेगा। इसलिए तुम वही करना जो सचमुच सही हो और ज़रूरी हो फिर चाहे किसी को बुरा लगे, तो लगे। मोह या डर में मत बह जाना। उसकी सुनके न तो तुम उसे सच्ची खुशी दे पाओगे और न स्वयं खुश रह सकोगे। ना तुम्हारा दुख मिटेगा ना उसका।

ध्यान रखो, "पागल का इलाज, पागल द्वारा सुझाई गई विधि से नहीं किया जाता है"। यदि तुम्हारे पास आँखें हैं, तो अंधे के हिसाब से रास्ता पार नहीं किया जाता है। तुम दूसरों का भी भला तब ही कर पाओगे जब अपना भला करोगे। जैसे; केवल वही फूल दूसरों को खुशबू दे पाता है, भँवरों को रस दे पाता है जो ख़ुद खिला हुआ है। जो स्वयं ही मुर्झाया हुआ है वो क्या किसी दूसरे के काम आएगा! तुम खिलो, तो खुशबू दूर तक हवाओं में अपने आप बिखरेगी। जो स्वयं मुक्त है केवल वही दूसरों की भी सहायता कर सकता है।

यह मत सोचना कि किसी को दो पल की खुशी देने के लिए स्वयं दुख और बंधन भरी जिंदगी स्वीकार कर लोगे तो तुमने कुछ महान काम कर दिया। यह मूर्खता है। तुम यदि दुखी हो तो तुमसे केवल दुख बंटेगा। जैसे अभिभावक के मोह-ममता से भरे आँसू देखकर; नुन्नु और चुन्नी ने पढ़ाई छोड़कर विवाह कर लिया, वो भी ऐसी जगह जहाँ करना ही नहीं था, यह सोचकर की माता-पिता दुखी नहीं होंगे। कुछ दिन खुशी का झूठा नाटक किया और अब माता, पिता, नुन्नु, नुन्नी, मुन्ना, मुन्नी सब नर्क में सड़ रहे हैं। जी रहे हैं एक बर्बाद जिंदगी। क्यों? क्योंकि दुखी और अज्ञानी लोगों के अनुसार जीवन के बड़े फैसले लिए और ख़ुद को दुःख, अज्ञान और बंधन में धकेला।

57

यह जो अस्तित्व है, इसमें यदि तुमने अपने व्यक्तित्व को बचाने का प्रयास किया, तुम यदि मैं के इर्द-गिर्द ही घूमते रहे, तो तुम उससे चूक जाओगे जो तुम्हारा स्वभाव है। "न कुछ" हो जाना ही तुम्हारा स्वभाव है किन्तु हम लगातार कुछ होने के ही प्रयास में लगे होते हैं। कभी हिंदू तो कभी बौद्ध, कभी भारतीय तो कभी अमेरिकी, कभी स्वयं को किसी जाति से जोड़ देते हैं तो कभी किसी लिंग से, कभी माता-पिता होकर जीते हैं तो कभी पुत्र-पुत्री होकर। यह 'कुछ होना' ही अहं को बनाए रखता है। किन्तु इसमें भी अहं को तलाश तो पूर्णता की ही है, किन्तु पूर्णता 'कुछ होने' में नहीं है अपितु 'कुछ न' हो जाने में है और फिर 'कुछ ना होने' से भी मुक्त हो जाने में। "अस्तित्व के समुद्र में अपने व्यक्तित्व (कुछ होने के भाव) को खो देना ही निर्वाण है"।

अपने होने के लिए जिस किसी भी चीज़ से तुम चिपके हुए हो वही तुम्हारा बंधन है, उसके प्रति अनासक्त हो जाना ही उससे मुक्ति है। हम समझते हैं कि जीवन में कोई कमी है इसलिए दुःख है, मगर असली बात यह है कि जीवन में जीवन के अतिरिक्त कुछ ऐसा है जिसे नहीं होना चाहिए। तुम अपूर्ण हो नहीं मगर स्वयं को अपूर्ण मानते हो और फिर उस अपूर्णता को मिटाने के लिए जाकर किसी भी चीज़ से चिपक जाते हो। जिस चीज़ को तुम पकड़ के बैठे हो, वही चीज़ दुःख है। तुम स्वयं को कुछ मानते हो और जो तुम स्वयं को मानते हो, वह तुम हो नहीं। अतः जो तुम स्वयं को मानते हो, वही दुख है।

'मैं' के साथ जो कुछ भी तुमने जोड़ रखा है, वही तुम स्वयं को मानते हो और वही तुम्हारा बंधन है, वही दुख है। इस 'मैं' की सफाई करो, उस सफाई में दुःख, बेचैनी, बंधन, अपूर्णता और मैं, सब से मुक्ति है। अब इसकी कल्पना मत करने लग जाना की फिर क्या होगा? ये जो कल्पना कर रहा है, यही तो वह मूर्ख और गंदा 'मैं' है। यह जो भी कल्पना करेगा, सब गंदी ही होंगी और दुःख, भय, बेचैनी ही लाएगी। इसकी मत सुनना। यह तुम्हें सफ़ाई करने से भी रोकेगा, मगर इसकी मत सुनना। ऐसे करके यह बचने की कोशिश कर रहा है।

थोड़ी सी चोट लगेगी तो अंदर से यह बहुत तेज चिल्लाएगा ताकि तुम इसको साफ़ ना करो, मगर इसकी मत सुनना। इसकी तो आदत है, मैं-मैं करने की।

58

तुम्हें यदि कोई अपना दुश्मन नहीं समझता है तो ज़रूर तुम "कमज़ोर, गुलाम और झूठे" (बेहरूपिए) इंसान 'हो सकते' हो। जो "सच्चा, आज़ाद और ताक़तवर" होता है उसको अपने आप झूठे लोग अपना दुश्मन मानने लग जाते हैं। अगर तुम कमज़ोर हो तो तुम्हारा कोई दुश्मन नहीं होगा। हाँ, तुम चाहो तो ज़रूर किसी को अपना दुश्मन मान सकते हो क्योंकि जो कमज़ोर होता है उसके दुश्मन नहीं होते; उसके तो मालिक होते हैं। कमज़ोर माने गुलाम ।

यदि तुम झूठे (बेहरूपिए) हो तो भी तुम्हारा कोई दुश्मन नहीं होगा क्योंकि झूठा वही होता है जो कमज़ोर होता है और जो कमज़ोर होता है उसका कोई दुश्मन नहीं होता, साथ ही वो मालिक को देखकर रंग बदल लेता है। जहाँ कोई ताक़तवर दिखा वहाँ जी हुज़ूरी चालू हो जाती है और जो व्यक्ति जी हुज़ूरी करता हो उसे कोई क्यों ही अपना दुश्मन मानेगा।

तो समझने की और महत्वपूर्ण बात यह है कि सच्चा होना बड़े साहस की बात है, हर कोई सच्चा इसीलिए नहीं हो पाता क्योंकि उसमें आत्मबल चाहिए और आत्मबल आता है स्वयं को जानने समझने से। यदि तुम सच्चे हो लेकिन कमज़ोर हो तो यह बात झूठी है, क्योंकि सत्य और बल अलग नहीं होते। जहाँ सत्य है वहाँ बल होगा ही। सत्य से बड़ा बल और क्या हो सकता है।

अंधकार झूठ है, यह साबित करने के लिए सूर्य को कुछ कहना या करना नहीं पड़ता है, बस होना पड़ता है। उसका होना काफ़ी है। तो यदि तुम पाओ कि कोई सत्यवादी बने फिर रहा है किन्तु भय के कारण समाज में जो बुराइयाँ हैं उनके खिलाफ बोलने से डरता है तो वह झूठा और कमज़ोर है। हाँ, सांसारिक संसाधन हो सकता है उसके पास बहुत हों किन्तु आत्मबल उसमें नहीं होगा।

सच्चा वो जो सत्य के साथ है, जिसमें आत्मबल है और सच्चाई के लिए यदि सांसारिक बल चाहिए तो उसको भी हासिल करने का हर संभव प्रयास करता है। "सच्चे होकर कमज़ोर मत रह जाना और ताक़त पाकर सच्चाई से मत फिसल जाना"।

यदि आप कमज़ोर हैं तो इसका मतलब है कि आप सच्चे नहीं हैं, क्योंकि सत्य और शक्ति एक हैं।

59

फूल के खिलने का अर्थ होता है अपनी संभावना को साकार करने का अधिकतम प्रयास, बिना इस बात की परवाह किए कि कौन उसके पास आएगा और कौन नहीं? उसके पास कोई आए या न आए, अच्छा व्यक्ति आए या बुरा व्यक्ति आए, वह सबको एक समान खुशबू और सौंदर्य देता है अर्थात् वह सबका भला चाहता है।

तुमने देखा होगा कि फूल के खिले होने भर से वो स्वयं तो खिला होता ही है, साथ ही उसके निकट आकर हर कोई उसकी खुशबू का आनंद ले पाता है। उसके होने भर से कितनी तितलियाँ उस पर मंडराती हैं, मधुमक्खियां उसका रस पीती हैं, कहीं शहद बन रहा होता है, तो कहीं चारों ओर सौंदर्य बिखर रहा होता है। फिर कोई छोटा बच्चा उसपर बैठी तितली को देखकर मुस्कान छेड़ता है। अब तितली को देखकर कोई जवान तो हँसेगा नहीं क्योंकि वो तो मशीन बन गया है किन्तु बच्चे की मुस्कान को देखकर उदास बैठी माँ का चेहरा भी खिल ही जाता है।

कितनी अपार संभावनाएं छिपी हुई हैं एक फूल में भी, कितना कुछ शुभ होता है अगर एक फूल भी स्वस्थ और खिला हुआ हो और यही कली अगर यह सोच ले कि खिलकर करना क्या है? क्योंकि या तो कोई तोड़ ही ले जाएगा या शाम तक तो मुरझा ही जाना है। तो यह सारी घटनाएं घटने से रह जाएँगी, फिर ना कोई फूल दिखेगा और न तितलियाँ, फिर न कोई बच्चा मुस्कुराएगा न उसे देखकर कोई माँ अपनी उदासी भूल जाएगी। हर कली में यह संभावना है।

फिर तुम क्यों सोचते हो कि तुम्हारे अकेले के बदल जाने से, अकेले के सही हो जाने से क्या होगा? क्यों इस बात से घबराते हो कि तुम अकेले अगर सही काम कर भी लोगे तो क्या होगा? अगर तुम यह सोचकर किसी सही काम को नहीं करते हो कि तुम्हारे अकेले के करने से कितना सा बदलाव आ जाएगा या कुछ लोगों के सही हो जाने से सब कुछ तो ठीक नहीं हो जाएगा, तो ऐसी मूढ़ता मत करना।

जरा उनकी ओर देखो जिनको तुम पूजते हो, वह भी अकेले ही निकले थे और आज उनका नाम इसीलिए जानते हो क्योंकि वह निकले थे। अभी जिसे तुम पढ़ रहे हो, वह भी अकेला ही तुम तक पहुँचा है। यह मत भूलना कि यदि तुम स्वस्थ हो, तो चाहे किसी अन्य को फर्क पड़ता हो अथवा नहीं; किन्तु तुम्हारे स्वस्थ होने से तुम्हें फर्क पड़ता है और यदि तुम बीमार हो तो भी तुम्हें ही फर्क पड़ता है।

जब तुम बीमार होते हो तो इस बात की परवाह नहीं करते हो, कि कौन तुम्हें स्वस्थ देखना चाहता है और कौन नहीं; तुम अपना इलाज करवाते हो। किन्तु वह स्थिति जिसमें तुम स्वस्थ हो, मजबूत हो, खिले हुए हो; उसमें तुम दूसरों के लिए सहारा बन पाते हो और दूसरी स्थिति जिसमे तुम बीमार, कमज़ोर और डरे हुए हो; उसमे दूसरों को सहारा देना तो बहुत दूर बल्कि तुम ही दूसरों के लिए बोझ हो जाते हो।

इसलिए अपना भला करने से कभी पीछे मत हटना और तुम्हारा भला इसी बात में है कि तुम खिलो, आज़ाद रहो, स्वयं के प्रति ईमानदार रहो, मजबूत और बेपरवाह रहो।

ध्यान रहे कि छोटे-छोटे अच्छे काम ही भविष्य में बड़ा परिवर्तन लाते हैं और छोटे-छोटे गलत काम भी विनाश ले आते हैं। इसलिए कोई भी सही काम करने से सिर्फ़ इसलिए पीछे मत हट जाना कि वह तो बहुत छोटा है अथवा कोई भी गलत काम सिर्फ़ यह सोचकर मत करने लग जाना कि वह तो बहुत छोटा है।

ये छोटी-छोटी चीजें बहुत महत्व रखती हैं। छोटी-छोटी ईंटों से ही महल खड़े होते हैं और एक छोटी सी बटन से ही कंपनी की सारी मशीनें चालू हो जाती हैं। बस तुम खिलो फूल जैसे।

दीप से ही दीप जलते हैं। जब गुलामों की गलियों से कोई आज़ाद गुजरता है, तो न जाने कितनों का मुरझाया फूल खिलता है। जो आधे गुलाम हैं वे जाग जाते हैं, जो किनारे पर आकर हार मान चुके थे वो फिर उठ खड़े होते हैं, जिन्हें इस नर्क में कहीं कोई राह नज़र नहीं आ रही थी, उन्हें चमकता हुआ सूर्य मिल जाता है।

अगर तुम नहीं चमकते हो, तो यह तुमने गुनाह किया है और सिर्फ अपने जीवन के साथ नहीं अपितु उन अनेक जीवों के साथ जो तुमसे रौशनी पा सकते थे। क्योंकि तुमने अपने जीवन के माध्यम से यदि प्रकाश नहीं बिखेरा तो जो भी बिखेरा, वह अंधकार ही है। इसलिए खिलो। चाहे मिट्टी में, चाहें कीचड़ में, चाहे पत्थरों की दरारों में; मगर खिलो। खिलना ही स्वभाव है। तुम बस बाधा मत बनो।

फूल को मिट्टी में ही मिलना है, मगर पहले खिलना है।

ढलते ढलते ढलना है, मगर उससे पहले खूब चलना है।

60

पहले तो तुम स्वयं को और दूसरों को लड़के-लड़की, स्त्री-पुरुष में बांटकर देखती हो जो कि तुम हो नहीं। फिर कहती हो "काश मैं लड़का होती तो मैं भी कुछ कर पाती"। यह सब मूर्खतापूर्ण बातें हैं। ऐसी सारी बातें तुम्हारी मान्यताओं, कमज़ोरी, आलस्य, निर्भरता और भय से उठ रही हैं।

जिन लड़कियों और महिलाओं ने अपने जीवन में कुछ सही, सुंदर और ऊँचा काम किया है, एक ऊँचा और मुक्त जीवन जिया है, अगर वो भी इन्हीं व्यर्थ बातों को मूल्य देतीं तो उनका भी वही हाल होता जो तुम्हारे आसपास की अन्य स्त्रियों का हो रहा है। किन्तु भूलो नहीं कि ये सारे बहाने बनाकर तुम किसी अन्य को नहीं, बल्कि स्वयं को ही भ्रम में रख रही हो जो कि तुम्हारे ही जीवन को नर्क बना रहा है।

एक बात बताओ, लड़का होने भर से अगर किसी में साहस, समझ और ताक़त आ जाती, बोध और ज्ञान का उदय हो जाता तो आज दुनिया का प्रत्येक लड़का अष्टावक्र, नचिकेता, भगत सिंह, बुद्ध, आइंस्टीन और ऐसा ही कुछ होता किन्तु लड़के नाम की प्रजाति के जीव तुम्हारे इर्द-गिर्द इतने फिरते रहते हैं, बताओ क्या कर रहे हैं ये सब? क्या कोई है जो सिर्फ़ लड़का होने के कारण ही, महान है?

अगर तुम (लड़की) कहो कि मैं तो बहुत कमज़ोर हूँ, तो वो लड़का तो तुमसे भी कमज़ोर होगा जो तुम्हारी कामना करे। अगर ऐसा कुछ है भी तो दुनिया में लड़कियों की तुलना में लड़के ज्यादा हैं, फिर दुनिया की ऐसी दुर्दशा क्यों है? सीधे-सीधे तुम तो यही कह रही हो कि कौन आगे बढ़ेगा और कौन नहीं यह सब तो जन्म से ही तय हो जाता है।

तुम लड़का हो या लड़की इससे फर्क नहीं पड़ता, तुम्हारी समस्या यह है कि तुम अकेले चलने से डरते हो, कुछ नया करने से घबराते हो। आज संसार को, पूरी पृथ्वी को जवानों की ज़रूरत है बताओ कहाँ हैं ये सब लड़के? मत कहो कि लड़का होती तो मैं भी कुछ कर पाती। उनके पास अपनी समस्याएं हैं, उनके पास अपने ढेरों तर्क हैं।

जिसको भी सही और ज़रूरी काम से मुंह मोड़ना होता है, जो हराम का खाकर आराम से जीने के ख्वाब देखता है वो चाहे लड़का हो या लड़की; कोई कुछ नहीं करना चाहता है। तुम भी इतने बहाने केवल इसलिए बनाती हो ताकि तुम्हें विद्रोह की आग से ना गुजरना पड़े, ताकि तुम्हें दर-दर की ठोकरें न खानी पड़े, मेहनत करने और पसीना बहाने से डरती हो तुम।

तुम जानती हो कि कोई न कोई तो मिल ही जाएगा कमाने वाला, फिर हम क्यों जीवन में कुछ करें? लेकिन जब भी 'कुछ न करने का ख्याल आए' तब अपने जीवन में, रिश्तेदारों और अड़ोस-पड़ोस में जो महिलाएं हैं जिन्होंने जीवन में रोटी और बिस्तर तोड़ने के अलावा और कुछ नहीं किया, बच्चे पैदा करना और झाड़ू पोछा ही जिनका काम रहा है; उन्हें ध्यान से देख लेना, क्योंकि यही हाल तुम्हारा भी होना है। यही तो नर्क है।

अगर व्यर्थ की और छोटी-छोटी बातों को अपने लिए समस्या घोषित करके बैठी रही, कुछ नहीं किया तो इसी नर्क में जीवन भर शोषित होते हुए सड़ना पड़ेगा। ध्यान रखें; जो ऐसे शोषित हैं, उनकी बातें मानकर अगर उनके ही जैसे निर्णय लिए तो तुम भी वैसी ही हो जाओगी और ध्यान रखना उनकी जिंदगी बर्बाद है। बर्बाद होना है तो बहाने बनाती रहो और कहती रहो कि हम तो लड़की हैं अन्यथा अभी शुरुआत करो।

"आगे बढ़ने से तुम्हें सिर्फ़ तुमने (तुम्हारे संस्कारित, आलसी और डरे हुए मन ने) ही रोक रखा है अन्यथा तुम्हारे हाथ पैर तो खुले हैं"।

61

सादे, सस्ते और फटे-पुराने कपड़े पहनना, बेस्वाद भोजन खाना, जमीन पर सोना, गरीबी में जीना और इसी तरह की अनेक बातों को यदि आप सरल जीवन जीना कहते हैं तो इतना समझ लीजिए कि इस तरह की बातों का सादगी और सरलता से कोई सम्बन्ध नहीं है। जीवन को जानबूझकर कष्ट में जीने का नाम सरलता नहीं है। सादगी और सरलता का संबंध तो एक ईमानदार, आज़ाद, श्रद्धा से युक्त और बेपरवाह जिंदगी से है। सादगी और सरलता का अर्थ तो "जो है और जैसा है, उसे वैसा ही देख लेने से है"। बुराई को बुराई, अच्छाई को अच्छाई, झूठ को झूठ की तरह देखना और वैसा ही स्वीकार करने में सादगी और सरलता है।

कोई है जो मुर्गे या बकरे या किसी भी जीव को यह कह कर मार रहा है कि यह तो हमारे खाने के लिए है, या इन्हें नहीं मारेंगे तो इनकी संख्या बढ़ जाएगी, या इनसे प्रोटीन मिलता है, या यह तो हमारा धर्म है; ये वे लोग हैं जिनकी बुद्धि टेढ़ी है और विवेक इनके पास है नहीं, प्रेम और करुणा से ये ख़ाली हैं और फिर एक बच्चा आता है और कहता है कि उसे दर्द हो रहा है और वो भी जीना चाहता है, उसे छोड़ दो इसे कहते हैं सरल होना। सादगी और सरलता उस बच्चे की तरह ही होती है जो अभी किसी तरह से संस्कारित नहीं किया गया है और सामने हो रही हिंसा को, तड़पते जीव को वैसा ही देख पा रहा है।

अपने गुण और दोषों को, अपनी कमजोरियों और ताक़त को, अपने झूठ को वैसा ही देख लेना जैसे वो हैं और जो भी उचित कर्म करने की आवश्यकता हो वो करना, इसे सरलता कहते हैं, इसमें सादगी है। बिना किसी लाग लपेट के, बिना कोई तर्क और कुतर्क के हकीकत को ज्यों का त्यों, "देख पाना, कह पाना और सुन पाना", यही सरलता है और इसी में सादगी भी। जितना घना तुम्हारा अहंकार होगा उतने ही तुम टेढ़े होंगे, उतना ही दुख भी पाओगे। जो कोई भी पूरे दिन के अपने तन, मन, विचारों, भावों, चालाकियों, मूर्खताओं को ईमानदारी से देखेगा और स्वीकार करेगा, उसका अहं गलता जाएगा और उसके जीवन में सरलता और सादगी स्वतः आएगी।

आत्मबोध से ही सरलता और सादगी आती है और आत्मबोध होता है स्वयं के जीवन को ईमानदारी से देखने से, ईमानदार अवलोकन से।

62

कोई भी व्यक्ति सिर्फ़ इस बात से सम्मान पाने के योग्य नहीं हो जाता है कि वह कोई शिक्षक है, माता-पिता है, धनवान है, किसी सम्मानित पद पर आसीन है अथवा उम्र में आपसे बड़ा है। सम्मान किसी व्यक्ति का नहीं अपितु उसकी समझ का, उसके बोध का होता है। किसी शिक्षक द्‌वारा दी जा रही शिक्षा यदि विद्‌यार्थी के मन से भय, घृणा, हिंसा, लोभ, तुलना, भ्रम, अंधविश्वास और भेदभाव जैसे अनेक विकारों को नहीं हटा पा रही है अथवा इनसे मुक्त होने में वह सहायक नहीं है तो वह शिक्षा और शिक्षक दोनों ही सम्मान के योग्य नहीं हैं और सम्मान के योग्य न होने का अर्थ किसी का असम्मान करना नहीं होता है।

क्या वह शिक्षक, माता-पिता या अन्य कोई व्यक्ति सम्मान के योग्य है जो बातें तो ऊँची-ऊँची करते हैं किन्तु अपने ही घर में लड़के और लड़की के आधार पर भेदभाव करते हैं, अंधविश्वासी हैं, समाज में जाति, अमीरी और गरीबी, रंग-रूप आदि के आधार पर भेदभाव करते हैं? वह शिक्षक और शिक्षा; जो बच्चों को तुलना करना सिखाती है, भेदभाव सिखाती है, 'सिर्फ़' पैसों के लिए मेहनत करना सिखाती हो, वो सब व्यर्थ है। जो माता पिता बच्चों को सिर्फ़ इसलिए पढ़ने भेजते हैं ताकि एक दिन उनका बच्चा कोई नौकरी करेगा तो खूब पैसा कमाकर लाकर देगा, वो माता-पिता सम्मान के हकदार नहीं हैं क्योंकि यहां उन्हें सिर्फ़ 'अपने स्वार्थ' से मतलब है, बच्चे की भलाई से नहीं, धन से मतलब है ज्ञान और समझ से नहीं।

सिर्फ़ वही व्यक्ति, शिक्षक और शिक्षा सम्मानीय है जो आपको प्रेम, करुणा, बंधुत्व और मैत्री सिखाए, जो तुम्हारे मन से अज्ञान, अंधविश्वास, भेदभाव और सीमाओं को खत्म करे, जो तुम्हें तुलना करना नहीं अपितु प्रेम और एक दूसरे का सहयोग करना सिखाए। जो काम, क्रोध, लोभ, भय, मोह, आसक्ति हिंसा जैसे विकारों को समझने में तुम्हारी सहायता करें। एक बच्चा अपने बचपन से लेकर युवा होने तक अधिकांश समय अपने अभिभावक और शिक्षकों के कहे अनुसार ही चलता है, उनकी संगत में रहता है, उन्हीं से सीखता है और यदि इस उम्र में उसे सही समझ, सही संगत और सही दिशा नहीं मिली तो उसके लिए यही लोग सबसे अधिक ज़िम्मेदार हैं। किसी भी बच्चे की जिंदगी की बर्बादी के पीछे सबसे बड़ा हाथ होता है उसके अभिभावकों और शिक्षा-शिक्षकों का क्योंकि उन्हीं की यह ज़िम्मेदार होती है कि वह बच्चे को सही जीवन दें।

63

तुम जैसे हो, वैसे होने के कारण ही; कभी घर-परिवार, कभी समाज और पड़ोसी, कभी रिश्तेदार, कभी नेता और अभिनेता ये सब तुम पर चढ़ने जाने की, छा जाने की कोशिश करते रहेंगे। छा जाना मतलब; तुम्हारे 'मन और जीवन' का मालिक बन जाने की कोशिश करते रहेंगे। तुम्हारी बाहरी और मनोवैज्ञानिक आज़ादी छीन लेने की पूरी कोशिश करेंगे। किन्तु तुम एक बात मत भूलना वो यह कि; कोई भी व्यक्ति अच्छे से अच्छा और बुरे से बुरा जो कुछ भी करता है, वह अपने सीमित ज्ञान और समझ के आधार पर ही करता है।

मत भूलना कि व्यक्ति जो भी कर रहा है वह सिर्फ़ इसलिए कर रहा है क्योंकि उसकी जितनी भी समझ है, उसके अनुसार वही करना उसे ठीक लग रहा है। यदि व्यक्ति को साफ़-साफ़ यह दिख ही जाए कि वह जो कुछ भी कर रहा है वह उसके लिए हानिकारक है, तो वह उसे कभी नहीं करेगा क्योंकि व्यक्ति अपना लाभ देखता है। एक नशेड़ी को भी नशा करने में कुछ सुख, कुछ लाभ मिल रहा होता है इसीलिए वह नशा करता है। यदि उसे यह स्पष्ट समझ आ जाए कि नशे में उसे केवल नुकसान हो रहा है तो वह नशा करना तुरंत छोड़ देगा। तो तुम्हारे लिए ध्यान रखने की बात यह है; कि दूसरों का भला करने के लिए तुम्हें जितना सुनना पड़े, सहना पड़े, सहन करना किन्तु जब बात तुम्हारी आज़ादी पर आ जाए, जब तुम्हारी ही आज़ादी छिनने लगे; तब उसे तुरंत नकार देना।

अपनी आज़ादी खोए बिना दूसरों का भला करने के लिए जो कुछ भी सुनना और सहना पड़े, उसे सुनो और सहो किन्तु जहाँ तक आज़ादी बरकरार रहे केवल वहीं तक। क्यों? क्योंकि गुलाम; कभी किसी का भला नहीं कर सकता। यदि तुम (तुम्हारा मन और जीवन) ही गुलाम हो गए तो तुम किसी दूसरे को आज़ादी कैसे दे पाओगे? मुरझाए हुए फूल खुशबू नहीं देते। खुशबू देना है तो तुम्हें भी महकते रहना होगा। जो व्यक्ति स्वयं दुख में जी रहा हो, उसे शोभा नहीं देता कि वह औरों को आनन्द की कहानियां सुनाए। आज़ाद जीवन संघर्ष में जिया जाता है, जो आज़ाद नहीं हैं उनके जीवन में संघर्ष नहीं होता है, बस भटकाव और ठोकरें होती हैं क्योंकि संघर्ष करने का बल आज़ादी से ही मिलता है और आज़ाद बने रहने का बल बेपरवाही से प्रेम में आता है।

64

"तुम कितने मुक्त हो अगर यह जानना है तो देख लो, कि तुमने कितने सहारे पकड़ रखे हैं?" 'ये सहारे (पर-निर्भरता) ही तुम्हारी बेड़ियाँ (बंधन) हैं। यह निर्भरता; आर्थिक, शारीरिक, भावनात्मक (मानसिक) अथवा किसी भी तरह की हो सकती है। देखो कि अपनी आंतरिक शांति और आनन्द के लिए तुम किन पर आश्रित हो? जो भी वस्तु, व्यक्ति, विचार, बात अथवा अनुभव; आपकी शांति को भंग कर जाता है, जो कुछ भी आपका चैन लूट लेता है, समझिए कि आप उसी पर आश्रित हैं, वही आपका बंधन है और उसी के आप गुलाम हैं।

अगर दुख; आपका चैन, आपकी शांति भंग कर देता है तो समझिए कि आप शांति हेतु सुख पर आश्रित हैं। कुछ लोग आंतरिक शांति हेतु; माला फेरने, किसी मूर्ति, व्यक्ति, सम्मान, किसी प्रकार के अनुभव अथवा ध्यान विधि इत्यादि पर आश्रित होते हैं, उनके बिना वे बेचैन हो जाते हैं। ऐसी शांति झूठी है, आपकी अपनी नहीं है।

सहारों के प्रति सतर्क रहो। कमज़ोरी में सहारे लिए जाते हैं इसलिए ताकि उनके माध्यम से कमज़ोरी से आगे निकला जा सके, किन्तु जो कोई सहारों पर ही निर्भर हो जाए और कमजोरियों को मिटाना ही भूल जाए, वह धीरे-धीरे और अधिक कमज़ोर होता जाता है और अपने लिए ख़ुद ही जेल निर्मित करता जाता है। सहारे लेना गलत नहीं है किन्तु बैसाखियों को ही पैर समझकर जीते रहना गलत है क्योंकि यह तुम्हें बैसाखियों के ही गुलाम बना देते हैं। इसलिए आपसे कहता हूं कि "संसार से सहारे लो ही मत और वो सहारे तो कभी मत लो जो बदले में तुम्हारी आज़ादी छीन लेते हो, यही मुक्ति है"।

आज़ादी की कीमत पर जो भी मिले उसे नकार दो। इसी के साथ यह भी समझो कि 'मुक्त होने के लिए किसी की गुलामी भर छोड़ देना पर्याप्त नहीं है, मालकीयत भी छोड़नी होती है'। अगर आज़ाद होना है, तो आज़ाद करो उन सबको; जिनके तुम मालिक बने बैठे हो। सिर्फ़ रस्सी ही खूँटे को नहीं बांधती है, खूँटा भी रस्सी को अपने से दूर नहीं होने देता है। अगर तुम किसी के मालिक बनने का प्रयास करोगे तो 'तुम उसके गुलाम बन जाओगे जिसके तुम मालिक हो'। गुलामी और मालकीयत के इस द्वैत से बाहर हो जाना ही सच्ची बेपरवाही है। अपने जीवन में यदि तुम किसी भी वस्तु या जीव के मालिक बनोगे तो दुख पाओगे और पा ही रहे हो दुख अगर, तो देखो गौर से; ज़रूर तुम किसी के मालिक बने बैठे हो अथवा बनने का प्रयास कर रहे होगे।

65

इंसान को अनुशासन की ज़रूरत लगती है क्योंकि वह जंगली है। हम कह सकते हैं कि अनुशासन भी एक तरह से बंधन ही है जो कि अक्सर बाहरी ही होता है किन्तु मनुष्य, जिसका झुकाव अधिकांशतः दुर्गुणों की ओर ही होता है उसके लिए स्वस्थ अनुशासन ज़रूरी है। किन्तु अनुशासन भर ही पर्याप्त नहीं है, प्रत्येक बच्चे को जब वह छोटा है तब ही; घर और विद्यालय में सही वातावरण उपलब्ध कराया जाना चाहिए ताकि एक आंतरिक और मौलिक अनुशासन उसके बोध से स्वतः ही आए और बाहरी अनुशासन की आवश्यकता न रहे। सही शिक्षा वही है जो मनुष्य को उसके जंगलीपने से अवगत करा दे ताकि व्यक्ति के अंदर एक आंतरिक अनुशासन पैदा हो और वह उस जंगलीपने से पार पा सके।

समाज में हत्या, बलात्कार, भ्रूण हत्या, किसी लिंग या जाति के नाम पर शोषण जैसे अनेक तरह के अपराध; सही शिक्षा नहीं मिलने के कारण भी होते हैं। यदि सही शिक्षा नहीं मिलती है तो इसके लिए आप भी ज़िम्मेदार हैं क्योंकि आपने शिक्षा को सिर्फ़ नौकरी और पैसा पाने की प्रक्रिया भर मान रखा है और इसी के लिए आप अपने बच्चों को विद्यालय भेजते हैं। सिर्फ़ सरकारें और संस्थाएं ही दोषी नहीं हैं, बच्चों के अभिभावक भी दोषी हैं। इसके लिए माता-पिता, सरकार और विद्यालय सबको ही मेहनत करनी होती है। कोई माता-पिता यह नहीं कह सकते कि बच्चे को सही जीवन देने की सारी ज़िम्मेदारी किसी विद्यालय अथवा संस्था भर की है। वह बच्चा आपके साथ भी बहुत समय बिताता है, इसलिए आपसे भी वह बहुत कुछ सीखता है।

यदि आप अपने जीवन में आंतरिक और बाहरी दोनों रूपों में ईमानदार नहीं हैं, आपके व्यवहार, वचन और कर्म यदि सत्य, बोध, प्रेम और करुणा के केंद्र से नहीं आ रहे हैं; तो अपने बच्चे के जीवन की बर्बादी के लिए आप भी बहुत ज्यादा ज़िम्मेदार हैं। इस भ्रम में बिल्कुल मत रहियेगा कि आप कुछ भी बोलें, कुछ भी करें, कैसे भी जियें और इन सबका बच्चे पर कोई असर नहीं हो रहा है। तोयह अज्ञान है आपका क्योंकि वह बच्चा आपकी हर बात सोख रहा है। उसकी इंद्रियां, मन सब कुछ ग्रहण कर रहे हैं। इसलिए इस बात का ध्यान रखो कि आप अपने पूरे जीवन को कैसे जी रहे हो, ताकि आपके बच्चे का जीवन नर्क ना हो। अगर बच्चे की माता शिक्षित नहीं है तो बहुत मुश्किल है कि बच्चे का कुछ भला हो। इसलिए माता-पिता दोनों का भी शिक्षित होना ज़रूरी है, वरना बच्चे को क्या सिखाओगे?

66

मन्दिर; ज्ञान और शांति के स्रोत होने चाहिए या कह सकते हैं कि जो भी वस्तु, व्यक्ति, स्थान या पुस्तक इत्यादि ज्ञान और शांति का स्रोत हैं, केवल वही; मंदिर हैं और उसके अतिरिक्त जो कुछ भी मंदिरों के नाम से चल रहे हैं वह सब अज्ञान, अंधविश्वास, अशांति और भोग के केंद्र हैं, उनको मन्दिर कहना मंदिरों का अपमान है। किन्तु आजकल हमारे अधिकांश मंदिर केवल नाच-गाने, अंधभक्ति, अंधविश्वास, भय, भोग और लालच से ही संचालित हो रहे हैं। अनेक मंदिरों में पशुओं पर, पशु बलि और पशु सवारी के नाम पर हिंसा और अत्याचार होते हैं किन्तु जहाँ हिंसा है वहाँ ना कोई भक्त है ना भक्ति और ना ही कोई मंदिर, वह सब केवल पाखंड है।

केदारनाथ जैसे अनेक तीर्थ स्थलों पर भी अक्सर ही घोड़े-खच्चरों की लाशें पड़ी मिल जाएँगी। शरीर से जवान लोग भी कमज़ोर और घायल; घोड़े-खच्चरों पर सवार होते हैं, ऐसे लोग भक्त नहीं अपितु भोगी और हिंसक हैं। इसी तरह जो व्यक्ति भक्त बनकर मन्दिर जाता है वो डरा हुआ है। हर तरफ़ हो रही हिंसा, शोषण, ताक़तवर का कमज़ोर पर अत्याचार, अमीर द्वारा गरीब का शोषण, भविष्य की अनिश्चितता और मृत्यु का भय जैसे अनेक कारक हैं, जो उसे मन्दिर की ओर आने के लिए विवश करते हैं और व्यक्ति जब डरा हुआ होता है तो डर से मुक्त होने के लिए वह दान-पुण्य, चंदा आदि देने को आसानी से तैयार रहता है। 'वो प्रत्येक सिर जो किसी मूर्ति के सामने झुक रहे हैं, उनमें से अधिकांश केवल अंधविश्वास, भय और कामनावश ही झुक रहे हैं'।

व्यक्ति 50 रुपए चढ़ाकर 50 हजार की नौकरी की मांग करता है, अब इसे मूर्खता कहें या रिश्वत? चाहे जो कहें, मगर इसमें भक्ति जैसा कुछ भी नहीं है। दूसरी ओर; मंदिरों में बैठे अधिकांश पुजारी केवल सम्मान, धन और सुख- सुविधाओं के लालच के कारण ही बैठे हैं। ज्ञान की चर्चा तो शायद ही कोई करते हो। अगर मनुष्य का भय मिट जाए, कामनाएं ना हों और मंदिरों में पैसे चढ़ाने का काम खत्म हो जाए; तो शायद ही कोई मंदिर, तथाकथित भक्त और पुजारी नज़र आएंगे? मंदिरों और पुजारियों का अस्तित्व केवल तब ही तक है जब तक की मनुष्य में अज्ञान, भय, स्वार्थ और कामना पूर्ति की आस विद्यमान है और जब तक समाज में ऐसे मंदिर हैं तब तक असली मंदिर, असली भक्त और भक्ति, ज्ञान और शांति; समाज से बहुत दूर ही कहीं होंगे।

67

व्यक्ति में और जीवन में बुराइयां क्यों बनी रहती हैं? क्योंकि हमारी एक गंदी आदत है और वो यह कि हम बुराई को खत्म करने के स्थान पर उसके साथ समायोजित होने का प्रयास करते हैं। गलत माहौल, गलत आदतों, गलत चीज़ों, गलत लोगों आदि के साथ हम स्वयं को किसी तरह समायोजित करने का प्रयास करते रहते हैं जिससे बुराइयां बरकरार रहती हैं और बढ़ती ही जाती है। आप यह न भूलें कि कचरे के साथ रहने का अर्थ है; वह आपको भी सड़ा देगा। जैसे स्वस्थ प्याज के ढेर में अगर एक भी सड़ा हुआ प्याज होता है तो वह बाक़ी सबको भी सड़ा ही देता है।

गन्दगी के बीच रहकर आप उसकी दुर्गंध से नहीं बच सकते और दुर्गंध के रहते हुए, ऊपर-ऊपर से सुगंध का चोला पहनने का भी कोई अर्थ नहीं है जो कि अक्सर हम पहनते रहते हैं; झूठी शांति, झूठी खुशी और झूठी आज़ादी के रूप में। यह ऐसी ही मूर्खता है जैसे कि किसी के शरीर पर फोड़े-फुंसी हों और वह उनका इलाज कराने के स्थान पर उन्हें नए कपड़ों से ढंक दे। इस सबसे फोड़े तो छिप जाते हैं, मगर आपकी पीड़ा नहीं मिटती है।

आपकी चालाकी ही आपको दुःख देती है। हमारी वास्तविक जिंदगी बर्बाद होती है, अंदर से हम बिखरे हुए और टूटे हुए होते हैं किन्तु दिखाते ऐसे हैं कि जैसे सब ठीक है। यदि चाहते हो कि जीवन में सच्ची और असली सुगंध आए तो दुर्गंध के स्रोतों से मुक्त होना पड़ेगा। आप पाएँगे कि दुर्गंध से मुक्त होते ही सुगंध आपको उपलब्ध हो गई है। वास्तव में सुगंध आपको पहले ही उपलब्ध थी बस दुर्गंध ने उसके ऊपर अपना डेरा जमा रखा था और आपको उस दुर्गंध से ही आसक्ति हो गई थी। जैसे फर्श से गन्दगी हटा दो तो सफाई अपने आप उपलब्ध हो जाती है। सफाई तो पहले ही थी बस गन्दगी ने उसे ढक लिया था।

कहने का तात्पर्य है कि जीवन से उस सबको हटा दो जो व्यर्थ है ताकि जो सही, सुंदर और सार्थक है उसके लिए जगह खाली हो सके। आपका जीवन यदि गलत लोगों से ही भरा हुआ है तो सही लोग यदि आना भी चाहेंगे तो कैसे आए? सही लोग जीवन में आ सकें इसके लिए जो गलत हैं उनसे मुक्त होना होता है। या तो सचमुच आप वैसे ही हो जाओ जैसे आप दुनिया के सामने, होने का नाटक करते हो अथवा वैसे ही रहो जैसे सचमुच अभी तुम हो। दोनों ही स्थितियों में ऊपर उठने की संभावनाएं खुल जाती है।

68

स्वतंत्रता वास्तव में हासिल नहीं करनी होती है बल्कि वह तो हमारा चुनाव होती है और आप यदि स्वयं को बंधन में पाते हैं तो वह आपका चुनाव है। अधिकांश लोग तो स्वतंत्र होना ही नहीं चाहते हैं क्योंकि स्वतंत्र होने का अर्थ है कि अब हमारी सारी ज़िम्मेदारियां हमारे ऊपर हैं मगर इंसान तो ज़िम्मेदारियां उठाने से डरता है।

स्वतंत्र होने का अर्थ है एक अनिश्चित और असुरक्षित जीवन को स्वीकार कर लेना इस बोध और श्रद्धा के साथ की सुरक्षा और निश्चितता की तलाश व्यर्थ है। स्वतंत्रता का अर्थ है, ना सुख से कोई राग और ना दुख से द्वेष; मगर आप दुख से मुक्त होना चाहते हैं किन्तु सुख को पकड़ना चाहते हैं। आप गुलामी से मुक्त होना चाहते हैं मगर मालकीयत भी चाहते हैं जो कि गुलामी (बंधन) का ही दूसरा तरीका है।

एक कमज़ोर गृहिणी जो कि पूरी तरह दूसरों पर निर्भर है, उसके माध्यम से आप इसे समझ सकते हैं। उसका शोषण होता है किन्तु स्वतंत्रता भी उसे उपलब्ध है; वह चाहे तो चुन सकती है किन्तु स्वतंत्रता चुनने का अर्थ होगा कि जो कुछ भी आर्थिक, शारीरिक, मानसिक, सामाजिक आदि सुरक्षा उसे उपलब्ध थीं वह सब उससे छीन जानी हैं और उनके लिए अब उसे स्वयं ही संघर्ष करना होगा। सारे सहारे छूट जाने हैं। अब वह किसी पर निर्भर नहीं रह सकती मगर उसमें श्रद्धा होगी तो वह बेपरवाह जियेगी। इसी तरह यहाँ हर कोई मुक्त ही है लेकिन कोई बंधन चुनता है और कोई ही कभी मुक्ति चुनता है क्योंकि मुक्ति आती है ज़िम्मेदारी और अनिश्चितता के साथ।

इससे आप समझ सकते हैं कि जो ज़िम्मेदारी उठाने के लिए तैयार नहीं है वह कभी मुक्त नहीं हो सकता। अपनी कमज़ोरी और ताक़त, अपने गुणों और दोषों, अपनी गलतियों, अपनी हार और जीत, अपने सुख और दुःख आदि के लिए जो स्वयं को ज़िम्मेदार समझता (जानना, न कि बस मानना) है, वह इस द्वैत से मुक्त हो जाता है और जो हमेशा दूसरों को ही ज़िम्मेदार ठहराता रहता है वह इन सबका गुलाम ही रह जाता है।

सबसे बड़ी ताक़त जो मनुष्य को उपलब्ध है वह है चुनाव की शक्ति; अच्छाई और बुराई, स्वर्ग और नर्क, प्रेम और घृणा, बंधन और मुक्ति सब कुछ मनुष्य का चुनाव ही है। बंधन को ना कह दीजिए तो आप मुक्त ही हैं। नफ़रत को ना कहिए, तो आप प्रेम ही हैं। डरिये नहीं, आप बेपरवाह जी सकते हैं।

69

गलत आदत, गलत संबंध, गलत काम और कामनाएं इन सबको नैतिकता के चलते अगर छोड़ने की कोशिश करोगे तो नहीं छोड़ पाओगे। छोड़ने की कोशिश कर करके कुछ नहीं छूटता। छूटना तब हो पाता है जब छोड़ना नहीं पड़ा बल्कि छूट गया हो और छूटता तब है जब उसकी व्यर्थता और झूठ दिख जाता है, जिसको तुमने पकड़ रखा है। तो कोई भी संबंध, काम या किसी तरह की आदत आपके लिए सही है या नहीं?

वो सार्थक है या व्यर्थ? यह कैसे पता करें? इसके लिए चार बातें देख लो: पहली बात; क्या है जिससे तुम जुड़े हुए हो माने यथार्थ को देख लो। जो है, जैसा है उसे वैसा ही देखो। क्या काम है? क्या आदत है? क्या कामना है? कैसा व्यक्ति है? इत्यादि। दूसरी बात; यह स्पष्ट कर लो कि उससे आप चाहते क्या हैं? माने उसके माध्यम से आप पाना क्या चाहते हो? उसके माध्यम से कौनसी हसरत पूरी करना चाहते हैं आप? तीसरी बात; वह वस्तु, व्यक्ति, आदत या जो भी कुछ है, क्या वह चीज़, उसका महत्व और उसका अनुभव प्रत्येक व्यक्ति के लिए, हर समय और हर स्थान पर एक जैसा है? और चौथी बात; यह देख लो कि उसके लिए आप क्या और कितनी कीमत चुका रहे हो?

ये चारों बातें देख लो; क्या है जिससे संबंधित हो रहे हो? माने होश हो, तुम्हें पता हो कि कर क्या रहे हो? फिर देखो कि उससे चाहते क्या हो? कहीं ऐसा तो नहीं कि भोजन से प्रेम पाने की उम्मीद कर रहे हो? कहीं ऐसा तो नहीं कि गाड़ी से आंतरिक पूर्णता पाना चाहते हो। भोजन भूख मिटा सकता है, प्रेम नहीं दे सकता। गाड़ी तुम्हें यात्रा करवा देगी, पूर्णता नहीं दे सकेगी। किसी चीज, रिश्ते, काम इत्यादि से चाहते क्या हो यह इसलिए भी देखो; ताकि देख सको कि जो चाहा था वह मिला या नहीं? तीसरी बात समझना इसलिए ज़रूरी है क्योंकि जिस चीज़ की हमें कामना होती है, उस चीज़ के दोष, उसकी कमियां, उसकी हकीकत हमें दिखनी बंद हो जाती है। इसी के साथ कोई भी वस्तु व्यक्ति, आदत, कामना जो भी है जैसी भी है, वह वैसी बस आपके लिए है, अन्य लोगों के लिए वह वस्तु अलग ही अर्थ और महत्व रखती है। अगर ऐसा है तो ऐसी भ्रामक वस्तु से मेरी असली कामना कैसे पूरी होगी? और चौथी बात; देखो कि उसके लिए आपने क्या और कितना दाम चुकाया। कितना समय, ऊर्जा, संसाधन, पैसा बर्बाद किया? यह सब किसी सही जगह भी लग सकते थे। इस तरह अगर वह व्यर्थ होगा तो छोड़ना नहीं पड़ेगा, अपने आप छूट जाएगा।

70

आप चाहते क्या हैं? आपकी मान्यताएं क्या हैं? आपकी पसंद या नापसंद इस तरह की बातों के आधार पर लक्ष्य नहीं बनाए जाते हैं, लक्ष्य इस आधार पर तय होना चाहिए कि अभी आप जहाँ हैं वहाँ क्या किया जाना उचित है? यदि आप दुखी और परेशान हैं, तो क्या है जो आपको दुःख से मुक्त होने में सहायक होगा? वहाँ आपका क्या कर्तव्य है? और कर्तव्य; किसी मान्यता पर आधारित ज़िम्मेदारी नहीं होता, कर्तव्य का अर्थ होता है; वही करना जो करने लायक है।

क्योंकि हमारी ज़िम्मेदारियां, मान्यताएँ, हमारी चाहतें, हमारी पसंद और नापसंद; यह सब तो हमारी कामनाओं, वृत्तियों, शरीर, समाज, देश, काल और वातावरण से तय हो जाती हैं। इसमें कोई सच्चाई नहीं क्योंकि समय, स्थान, स्थिति बदलते ही हमारी पसंद-नापसंद, कामनाएं, मान्यताएँ सब बदल जाते हैं। अतः इन पर आधारित कोई भी कर्म सीमित ही होगा और इसीलिए वह सब करके भी आपका दुख नहीं मिटता।

जो कोई भी सचमुच संसार के लिए कुछ भला करना चाहता हो उसे यह देखना होगा कि आज और अभी; क्या है जो करना सही है और बहुत ज़रूरी है? यहाँ इस बात का ख्याल नहीं किया जा सकता कि मुझे क्या मिलेगा? अपितु मैं तो वह करूँगा जो आज मेरी मुक्ति के लिए ज़रूरी है और संसार के हित में है। “स्वयं की मुक्ति और संसार का कल्याण ही हमारे निर्णयों और चुनावों का आधार होना चाहिए”।

कोई कार्य अगर सही और ज़रूरी है लेकिन मुश्किल भी है, तो इस बात पर ध्यान देने की ज्यादा आवश्यकता नहीं है कि वह मुश्किल है; अपितु ध्यान इस बात पर दो कि वह आवश्यक है। और जब कोई काम आवश्यक और सही होता है तो यह नहीं देखा जाता है कि वह कितना मुश्किल है? अगर वह सही और ज़रूरी है तो उसे कीजिए; फिर चाहे वह कितना ही मुश्किल क्यों ना हो! चाहे कीमत कुछ भी हो।

मगर ध्यान रहे कि केंद्र में प्रेम, शांति, करुणा, आजादी और बोध होना चाहिए अन्यथा कर्ता (केंद्र) ही अगर गलत (अहं) है तो उसके लिए जो सही और आवश्यक होगा वह केवल हिंसा, नफ़रत, भेदभाव और शोषण को ही फैलाएगा। तुम बस इस बात पर ध्यान दो की कर्म; अहं के केंद्र से ना उठे, अर्थात् कर्म का फल, ‘मैं’ की सेवा में ना लगे।

71

हम जीवन भर कुछ न कुछ करते ही तो रहते हैं। करे बिना तो हम रहते नहीं हैं। तो यदि आपके जीवन में करने के लिए कोई सही, बड़ा और ऊँचा काम नहीं है तो जीवन की कोई सार्थकता नहीं रह जानी है। अगर आपको जानना है कि किसी भी अन्य व्यक्ति के जीवन में कोई बड़ा और ऊँचा काम है अथवा नहीं तो देख लेना कि वह छोटे-छोटे और व्यर्थ के मुद्दों को कितना महत्व देता है? अगर तुम पाओ कि कोई व्यक्ति छोटे-छोटे और व्यर्थ के मुद्दों में ही उलझा रहता है, उन्हें ही बड़ा महत्व देता है तो समझना कि उसके जीवन में करने के लिए अभी कोई सार्थक कर्म नहीं है और उसे समय की कोई कद्र नहीं है। यही नियम स्वयं पर भी लागू करो।

देखो ध्यान से कि कहाँ पर अपना समय लगा रहे हो और जहाँ लगा रहे हो अगर वहाँ नहीं भी लगाओ तो क्या कुछ बिगड़ जाएगा? आपको थोड़ा सा समय मिला है, जिससे यह तो निश्चित है कि समय सीमित है; किन्तु खत्म कब हो जाएगा? इसका कुछ पता नहीं। अगले क्षण तुम रहोगे कि नहीं? इसका किसी को कुछ नहीं पता। तुम भविष्य की चाहे जितनी योजनाएं बना लो मगर अगले पल में तुम्हारी क्या स्थिति होगी, इसका तुम ठीक-ठीक कुछ नहीं पता कर सकते मगर जिसके बारे में कुछ नहीं किया जा सकता है, उसी की चिंता में तुम अपने वर्तमान (जीवन) को बर्बाद करते रहते हो। तो देखो कि जो कुछ करने और सोचने में तुम अपना समय बर्बाद करते रहते हो, क्या उसके अलावा जीवन में कुछ भी ऊँचा नहीं हो सकता? क्या वही है जो तुम तब भी करना चाहते जब तुम्हें पता चले कि आज तुम्हारा अंतिम दिन है और कल तक तुम मृत्यु को प्राप्त हो जाओगे?

जैसा जीवन जी रहे हो क्या उससे बेहतर जिया जा सकता है और यदि जिया जा सकता है तो कब जियोगे? जो गलत और व्यर्थ है उसे अभी ही नकारो और एक बेपरवाह जीवन जियो, जिसमें संघर्ष है मगर तुम मुक्त हो। तुम्हारे जीवन की सारी समस्या ही यही है कि तुम वह सब करते रहते हो, जिसको करने की कोई आवश्यकता ही नहीं है। जो भी करते हो, वह करते इसलिए हो ताकि जीवन की अपूर्णता मिटे, खालीपन मिटे, दुख, बेचैनी और बंधन मिटे। मगर ध्यान से देखोगे तो पाओगे कि इनको मिटाने के लिए जो कुछ जीवन में लाए थे, जो कुछ किया था; उसने इन सारी समस्याओं को मिटाने के स्थान पर इन्हें और अधिक बढ़ा दिया। देखो कि कहीं फिर से वही गलती तो नहीं दोहरा रहे हो।

72

सही काम करने वाला भी और सही जीवन जीने वाला भी एक दिन मर जाता है और गलत काम करने वाला भी; तो फिर सही जीवन जीने पर इतना जोर क्यों दिया जाता है? क्योंकि समस्या यह नहीं है कि एक दिन तो दोनों को ही मरना है। बात मरने की नहीं है और ना ही यह है कि मरने के बाद; स्वर्ग मिलेगा या नर्क? बात यह है कि मरने से पहले तुमने कैसा जीवन जिया? एक व्यक्ति सत्तर-अस्सी वर्ष तक जीवित रहा लेकिन जीवन भर गलत काम किये जिसके कारण वह हमेशा डरा हुआ रहता, अशांत-परेशान रहता, उसका मन चिंता और तनाव से घिरा रहता। अर्थात् गलत जीवन जीने और गलत काम करने के कारण उसे जीवन में प्रेम, शांति, चैन या आनंद का शायद ही कभी कोई क्षण नसीब हुआ हो। वह रोता-मरता और कलपता हुआ ही मरा और कभी समझ ही नहीं पाया कि आखिर जीवन था क्यों? उसकी बाहरी चमक-दमक देखकर दुनिया को ज़रूर यह भ्रम था कि गलत काम करके भी उसकी जिंदगी मस्त है, खुशहाल है मगर उसकी आंतरिक पीड़ा और अपूर्णता का तो बस उसे ही ख्याल था।

दूसरी और जब आप एक सही, सच्चा, ईमानदार और सुंदर जीवन जीते हैं, सही काम करते हैं तो आपके जीवन में प्रेम, शांति और आनंद होता है। जहाँ आपको पल-पल नकली चेहरे नहीं बदलने पड़ते हैं। जहाँ आपको इस बात की चिंता नहीं होती कि कहीं आपका गुनाह कोई जान ना ले, कहीं आपका असली चेहरा सबके सामने ना आ जाए। हम अगर छोटी सी चोरी भी कर लें तो आप जानते होंगे कि हम कितना डरते हैं कि कहीं किसी को पता ना चल जाए? तो सोचो; जो लोग बड़े-बड़े कांड करते हैं उनका क्या हाल होता होगा? कैसे उनके दिन-रात बीतते होंगे? कैसी हिंसक, अशांत और बेचैन; उनके मन की स्थिति रहती होगी? मरेंगे तो दोनों ही लेकिन एक व्यक्ति निर्भय, शांत, आज़ाद और प्रेमपूर्ण जीवन जीकर मरेगा और इसके विपरीत व्यक्ति; नर्क, चिंता, डर में, छुप-छुप कर और तनाव से भरा जीवन जीकर मरेगा। तो सही और ईमानदार जीवन इसलिए जियो क्योंकि वह सही है। सही काम इसलिए नहीं किया जाता है क्योंकि उसको करने से कुछ मिल जाएगा, सही काम इसलिए किया जाता है क्योंकि 'वह सही है'। काम का सही होना ही अपने आप में पुरस्कार है क्योंकि सही काम का अर्थ ही होता है सही जीवन। सही काम हो तो जीवन ही स्वर्ग है अन्यथा नर्क। प्रेम, करुणा और बोध से जो उठे, वही सही काम है।

73

संसार और संसार के साथ संबंधों में व्यक्ति धोखा क्यों खाता है? क्योंकि प्रत्येक व्यक्ति के पास अनगिनत नकली चेहरे हैं जिन्हें वो समय, संबंध, व्यक्ति, परिस्थिति और स्थान के अनुसार धारण करता रहता है किन्तु अज्ञान के कारण जो प्रत्यक्ष है, वही आपको सत्य लगता है। तो हम इस नकलीपन को देख क्यों नहीं पाते हैं? क्योंकि आपको अपने ही नकलीपन और नकली चेहरों का कुछ नहीं पता। क्या आप जानते हैं कि आपकी असली शक्ल क्या है? आपका यथार्थ क्या है? किस तरह आप अंदर से भयभीत, झूठे, टूटे और बिखरे हुए हैं? किन्तु फिर भी जब आप किसी के सामने जाते हैं तो एक हँसता-मुस्कुराता और बनावटी चेहरा लेकर हाज़िर हो जाते हैं। जैसे सचमुच आपकी जिंदगी बिल्कुल मस्त चल रही हो। क्या आपने कभी ध्यान दिया ख़ुद पर कि किस तरह आप पल-पल चेहरे बदलते रहते हैं? सामने जैसा व्यक्ति होता है तुम स्वयं को उसके अनुसार एक नया चेहरा पहना देते हो। माता-पिता, पति-पत्नी, भाई-बहन, दोस्त-दुश्मन, अमीर-गरीब; सबके लिए आपके पास पहले से एक बना बनाया चेहरा है और आप जानते हैं कि वह असली नहीं हैं। तो जिस प्रकार तुम ये इतने सारे नकली चेहरे पहनकर घूमते हो ना, ठीक वैसे ही दुनिया का लगभग हर व्यक्ति नकली चेहरे पहनकर घूमता है, किन्तु सबको यही भ्रम रहता है कि जो सामने है वही सत्य है। तुम्हें अपना तो कुछ पता नहीं मगर यह पूरा भरोसा है कि सामने जो वस्तु, व्यक्ति या अनुभव है, वह सच्चा है और उससे तुम्हारी कामना पूरी हो जाएगी। जब वस्तु या व्यक्ति वैसा है ही नहीं जैसा तुम्हें प्रतीत या अनुभव हो रहा है, तो उसे पाकर तुम्हारी उम्मीद कैसे पूरी होगी? इसीलिए उम्मीदें टूटती हैं और दुख पाते हो। क्योंकि जो है, जैसा है; वह "सिर्फ़ तुम्हारे लिए" है इसीलिए उसमें कोई सत्य नहीं है। वह तुम्हारी ही कामना का प्रक्षेपण मात्र है। किसी को थोड़ा सा हँसता देख कर तुम्हें ईर्ष्या उठती होगी, किन्तु उसकी हँसी के पीछे का दुख, बेबसी और झूठ तुम देख ही नहीं पाते हो। क्योंकि तुम स्वयं नकली होकर जी रहे हो। अगर सत्य को ज्यों का त्यों देखना है तो तुम असली हो जाओ। असली होने का अर्थ है अपने सारे नकली चेहरे उतार दो। जिस प्रकार; आग को आग नहीं बुझा सकती और पानी को पानी नहीं सुखा सकता, उसी प्रकार झूठ को झूठ नहीं देख सकता। झूठ को देखने के लिए सत्य की आँखे चाहिए। जब आप स्वयं को ही नहीं जानते हैं, तो दूसरों के नकली चेहरों को भी कैसे पहचानोगे? इसलिए भटकाव मिलते हैं। तुम असली हो जाओ तो सारे भ्रम हटते जाएंगे।

74

महानता इस बात में नहीं है कि आप कभी असफल नहीं हुए या कभी गिरे नहीं, बल्कि इस बात में है कि सत्य (मुक्ति) के प्रेम में, सत्य की खातिर; बार-बार असफल होकर भी आप फिर खड़े हो गए। सत्य की खातिर असफल होने पर भी सफल होने का प्रयास करते रहना ही सफलता है। सत्य का चुनाव ही आपकी सफलता है। सत्य का चुनाव यानी; असत्य को नकारना ही सत्य का चुनाव है, नफ़रत और हिंसा को नकारना ही प्रेम में जीना है, भ्रम में नहीं जीना ही बोध है। अहं के चलाए नहीं चलना ही सत्य (आत्मा) का चुनाव है।

तो जिसने झूठ (अहं) को नकार दिया वह उसी क्षण महान और सफल हो गया क्योंकि झूठ को झूठ तो नकार नहीं सकता, अर्थात् नकारने वाले को सत्य ही होना होगा। तो सत्य हो जाने से ज्यादा बड़ी महानता और सफलता क्या हो सकती है। किन्तु जीवन में जो कभी हारा नहीं, कभी गिरा नहीं, जो सिर्फ़ इसलिए सफल हो गया क्योंकि सब कुछ उसको आसानी से उपलब्ध था, सारी स्थितियाँ उसके अनुकूल थीं उसकी सफलता कोई सफलता नहीं है। ऐसे लोगों को देखकर कभी हताश मत होना।

बहुत आसानी से जो सफलता मिल जाए उसकी बहुत कीमत नहीं होती। उससे अहंकार ही फूलता है, उसमें आनंद कहाँ? आनंद तो होता है सत्य को समर्पित घोर संघर्ष में फिर चाहे पदक मिले अथवा नहीं। गिरने में असफलता नहीं है; गिरकर, गिरे ही रह जाने में असफलता है। किन्तु जिसने अभी मन से हार नहीं मानी वो अभी हारा नहीं है।

कहने का अर्थ है कि सफलता इस बात से नहीं नापी जाती कि आपने क्या उपलब्धि हासिल की? सफलता इस बात से देखी जाती है कि उसे पाने के लिए आपको संघर्ष कितना करना पड़ा और आपकी वह सफलता किसको समर्पित हुई? अहं को या सत्य को? एक ही मंजिल पर पहुंचने के लिए जिसको समतल रास्ता और गाड़ी मिल गई हो, उसकी सफलता छोटी है उसके सामने जो पैदल, नंगे पैर, उबड़-खाबड़ रास्तों से दौड़ता हुआ उस मंजिल पर पहुंचा हो। "वास्तव में आपकी जीत का निर्णय जंग से पहले ही हो जाता है; इस बात से कि आप लड़ किसके लिए रहे हैं? जो कोई; सत्य, प्रेम, शांति, मुक्ति या जो भी आप उसे नाम दें, जो इसकी खातिर लड़ रहा है, वह तो जीता हुआ ही है और जो अहंकार के लिए ही लड़ रहा है, वह जीत कर भी हारा हुआ ही है।

75

सारे भेद और अलगाव हमारे ही द्वारा रचे गए हैं। हमने ही स्वयं को टुकड़ों में बाँट लिया है, सीमित किया है। इन सीमाओं के कारण ही भय, हिंसा, शोषण और सारी मूर्खताएं होती हैं। हमने ही देश, काल, स्थान, धर्म, जाति, रंग और ऐसे ही ना जाने कितने पिंजरों में स्वयं को कैद किया हुआ हैं और उसी से आसक्त हो गए हैं। जबकि सत्य इनमें से कुछ भी नहीं है। जो हमारा बंधन है, हमने उसको ही अपनी हस्ती मान लिया है। अगर कोई इंसान आसमान में बैठा होता और कभी पृथ्वी पर ना आया होता, तो उसे कभी पता नहीं चलता कि इस छोटे से गोले पर इतनी मूर्खताएं चल रही हैं। आसमान से देखो तो एक पृथ्वी नज़र आती है, मगर जैसे-जैसे निकट आते हो, तो पता चलता है कि वहाँ किसी ने पानी पर लकीरें खींच रखी हैं। ऐसा कीजिए, काँच के 10 गिलास लीजिए जिनमें अलग-अलग रंग का जल और छोटी-छोटी दूसरी चीजें भरी हुई हैं। जब इन गिलासों को आप देखते हैं तो आपको इनमें भेद दिखाई देता है। लेकिन जैसे ही आप जल से सारी अशुद्धियाँ (रंग और वस्तुएँ) निकाल देते हैं तब गिलास और उनके जल में कोई भेद नहीं रह जाता है, शुद्ध जल मात्र बचता है। उसी प्रकार हमारा तन और मस्तिष्क अलग-अलग देश, काल, वातावरण, शिक्षा, संस्कार, धर्म, संस्कृति, मान्यताओं, अनुभवों, पूर्वाग्रहों आदि से भरे होते हैं इसीलिए हम सामने वाले व्यक्ति को दूसरा या पराया कह पाते हैं। यदि 'हमारे' मन; देश, काल, धर्म, जाति, संस्कार, अनुभवों जैसी तमाम सीमाओं से मुक्त हो जाएँ; तो सारे भेद मिट जाएँगे और हम तत्क्षण उस मन को उपलब्ध होंगे जो विराट है, पवित्र है। जो किसी भी मान्यता, धारणा, विश्वास और निष्कर्ष जैसी सीमा से मुक्त है। जो गंदा नहीं है। जो शांत है, पावन है। जब मन पूरी तरह मुक्त है तब कोई भेद नहीं रह जाता। भूलिए नहीं कि यदि आपका मन मुक्त नहीं है अर्थात् यदि आप उसे नहीं समझते हैं; तो आप एक मशीन भर हैं, कठपुतली हैं जो किसी अन्य के द्वारा संचालित हो रही है। स्वयं को इन सीमाओं में कैद करके हम सबसे पहले स्वयं के साथ ही अधर्म करते हैं। हम स्वयं को सीमाओं में कैद करके बहुत छोटा कर देते हैं। हमारा भला इसी में है कि हम स्वयं को इन कोरी कल्पनाओं और व्यर्थ की सीमाओं से मुक्त करें। एक तरफ़ कोई ज्ञानी स्वयं को ब्रह्म (असीम) कहे, आत्मा कहे या मुक्त कहे और दूसरी तरफ़; वह किसी जाति, संप्रदाय, संगठन, देश, रंग इत्यादि के प्रति बहुत कट्टर है, स्वयं को उनसे बाँध कर रखे, तो यह केवल अज्ञान और अहंकार का द्योतक है।

76

बंधन क्या है? स्वयं को न जानना ही बंधन है। स्वयं को जानते रहने में ही मुक्ति है। स्वयं को कुछ अन्य मानना ही आपके दुख का कारण है। आप हैं कुछ और स्वयं को मानते कुछ और ही हैं। आप वह हैं नहीं जो आप स्वयं को मानते हैं, पर आप मानते हैं कि आप वही हैं जो आप स्वयं को मानते हैं; इसीलिए अपूर्णता मिटती नहीं। इस अपूर्णता को आप जगत के माध्यम से कुछ पाकर या भोगकर मिटाने का प्रयास करते हैं मगर वह मिटती नहीं। क्यों? क्योंकि अपूर्णता मानी हुई है, वह है नहीं। अगर वह होती तो भर भी सकती थी। तो जब तक यह मान्यता है कि अपूर्णता सच्ची है, तब तक अपूर्णता का अनुभव होता रहेगा और उसे भरने के लिए जितना भोगोगे, अपूर्णता के प्रति भरोसा और बढ़ता जाएगा कि वह सच्ची है। चूंकि वह सच्ची है नहीं, इसलिए भरेगी भी नहीं और हर बार केवल निराशा और कुंठा ही हाथ लगेगी। यही अज्ञान है, यही मूल बेचैनी है।

बंधन को बंधन ना जानना ही बंधन है और बंधन को बंधन जानना ही बंधन से मुक्ति है। तुम्हारी झूठी पहचानें ही तुम्हारा बंधन है। बंधन यानी वह; जो तुम्हें वह हो जाने से रोके जो होना तुम्हारा स्वभाव है। तुम्हारा शरीर, लिंग, रिश्ते, जाति, धर्म, राष्ट्रीयता, मान्यता, संस्कार, पद आदि पहचानें ही तुम्हारे बंधन हैं। 'मैं' के साथ जो कुछ भी तुमने जोड़ रखा है वे ही बंधन हैं। इन्हीं के छीन जाने का, इन्हीं के मिट जाने का लगातार हमें भय बना रहता है और फिर इन्हीं की सुरक्षा के लिए, इन्हें ही बचाए रखने के लिए व्यक्ति जीवन भर संघर्ष करता रहता है और दुख भोगता है। उन्हें भी पकड़ा इसीलिए था कि शायद वे तुम्हें शांति और आनंद दे, मगर यही हैं जो जीवन में अशांति, दुख और बेचैनी का कारण हैं।

अपनी मुक्ति के हम स्वयं ही दुश्मन हैं। अहंकार अपना दुश्मन आप है। हम शांति चाहते हैं मगर चुनाव हमेशा वह करते हैं जिससे अशांति ही बढ़ती है। हम मुक्ति चाहते हैं मगर हम जीते ऐसे है कि जिससे हम और अधिक बंधनों में फंस जाते हैं। तो फिर मुक्ति क्या है? 'मैं' के साथ जो कुछ भी जोड़ रखा है उसके प्रति अनासक्त हो जाना ही मुक्ति है। अहंकार द्वारा अहंकार के ही लिए अहंकार को ही जान लेना अहंकार से मुक्ति है। आपको अपने ही प्रति सजग रहने की ज़रूरत है। अपनी मूर्खताओं को जानते रहो और ईमानदारी से उनसे बाज़ आ जाओ; यदि सचमुच जीना चाहते हो तो।

77

वो सब कुछ जो हमने पकड़ रखा होता है, जब हमसे वह छीन जाता है तब हमें दुख होता है। क्यों? क्योंकि जो हमारा था ही नहीं उसे हमने अपना समझ लिया था। "चाँद चमकता है रोशनी से सूर्य की, चाँद उसे 'अपनी' ताक़त समझ ले तो इसी को अहंकार कहते हैं"। जो अपना है ही नहीं उसके प्रति आसक्ति ही हमें दुख देती है। इसी तरह हमें जो कुछ भी मिला हुआ है वह सब अस्तित्व का दिया हुआ है, लेकिन उसे हम अपना समझ लेते हैं और जब अस्तित्व उसे वापस लेता है तो हमें दुख होता है। वास्तव में जिसे दुख हो रहा है वह भी अस्तित्व (प्रकृति) का ही उत्पाद है। अनित्य को नित्य मानना, नश्वर को शाश्वत मानना और उसके प्रति आसक्ति ही हमारा अज्ञान है।

यह संसार तो बहती धारा की तरह है जहाँ कुछ भी ठहरता नहीं है। जहाँ सब बह ही जाना है या निकटता से देखो तो बह ही रहा है, इसको पकड़ने का प्रयास ही जीवन का सारा संघर्ष है। अहंकार को लगता है की कुछ उसका है, वह किसी चीज़ का मालिक है। अहंकार कहता है मेरी पत्नी या पति, मेरा बच्चा, मेरा घर, मेरा पद, मेरा शरीर इत्यादि; अर्थात् अहंकार स्वयं को इनका मालिक समझता है, पर क्या आप इनमें से किसी के भी मालिक हो सकते हैं? जो कुछ भी अनुभव्य विषय है उनमें से क्या कुछ भी ऐसा है जो आपके अनुसार चलता है?

जिसे आप अपना शरीर कहते हैं, क्या आप उसके भी मालिक हो? क्या शरीर आपसे पूछकर पैदा होता है या मरता है? क्या आपसे पूछकर दिल धड़कता है, सांस चलती है? क्या आपसे पूछकर शरीर बीमार होता है? बूढ़ा होता है? आप नहीं चाहते कि शरीर बीमार हो, बूढ़ा हो या उसकी मृत्यु हो; किन्तु फिर भी सब होता है। अर्थात् आप तो स्वयं अपने ही शरीर के मालिक नहीं हैं, फिर तो उसे अपना शरीर कहना भी उचित नहीं है।

यदि आप इस शरीर के भी मालिक नहीं हो सकते हैं, उसे अपना नहीं कह सकते हैं; तो फिर इस शरीर के ही होने के कारण जिन वस्तुओं, व्यक्तियों या किसी भी चीज़ का अनुभव आपको होता है, आप उनके मालिक कैसे हो सकते हैं? आप उनके मालिक हो नहीं सकते किन्तु मालिक होने का प्रयास करते हैं, यही आपके दुख का कारण है। इनसे चिपकना छोड़ो, इनके मालिक बनना छोड़ो। इनको (दृश्य और दृष्टा) ऐसे बहने दो जैसे नदी और तुम नदी किनारे विश्राम करो।

78

"मर तो वे भी जाते हैं जो मारे जाने के भय से मैदान-ऐ-जंग में ही न उतरे"। तुम्हें क्या लगता है कि तुम चुपचाप दुख-दर्द सह लोगे, गुलामी और शोषण सहन कर लोगे तो तुम बच जाओगे? तुम्हें क्या लगता है कि तुम्हारे आसपास तथाकथित घर-परिवार के दर्जनों लोग रहेंगे तो काल डर जाएगा? नहीं। शरीर तो मिट्टी से उठा है और मिट्टी ही हो जाना है। तुम लाख कोशिश करो इसे बचाने की लेकिन नहीं बचा पाओगे।

शरीर के ही छिन जाने का आपका सारा डर रहता है। कहीं शरीर को कुछ हो ना जाए, इसी बात के डर से तुम जिंदगी को नर्क बनाते रहते हो और एक घोंसले में पड़े रहते हो। गलत काम, गलत रिश्तों सबको ढोते रहते हो। तुम चाहे कितनी ही सुविधाएं जुटा लो, चाहे तुम बैठे रहो घर के भीतर, सहते रहो शोषण यह सोचकर कि कुछ दिक्कत नहीं आएगी, मगर यह शरीर बीमार होगा, बूढ़ा होगा, दर्द होगा और राख भी होगा।

इसलिए मत घबराओ इस बात से कि अगर तुम सही जीवन जिओगे, सही काम करोगे, झूठ को झूठ कहोगे, लोगों की मूर्खताओं को नहीं सहोगे तो लोग क्या कहेंगे? एक दिन ना ये लोग रहेंगे और ना तुम रहोगे, फिर इनकी परवाह करके अपनी जिंदगी को चिंता, तनाव, दुख और बंधनों से क्यों भरना? तुम अपने लिए सही लड़ाई (काम) चुनो और उसमें डटे रहो। मत परवाह करो की क्या होगा? बस इतना देखो कि अभी हालत खराब है और इसमें मुझे रहना नहीं और आगे क्या होगा मुझे उसकी परवाह नहीं।

अगर तुम जानते हो कि अभी जैसी जिंदगी तुम जी रहे हो वह गलत है, तुम्हारे संबंध गलत हैं, काम गलत है और क्या उचित है यदि यह भी तुम जानते हो, तो कब तक सहते रहोगे? तुम्हारे जैसे कितने ही आए और दुनिया को खुश करने की कोशिश में कितने ही ख़ाक हो गए; लेकिन दुनिया फिर भी खुश नहीं हुई। फिर तुम किस भ्रम में हो? मत डरो और आगे बढ़ो। हमेशा याद रखो कि तुम्हारे पास समय बहुत कम है जो किसी भी क्षण खत्म हो जाएगा और मौत सब छीन लेगी।

या तो सही लड़ाई लड़ते हुए मैदान-ऐ-जंग में वीरता पूर्वक लड़ो या कायरों की तरह मैदान से पीठ दिखाकर भाग जाओ और भीड़ के साथ एक हो जाओ। लेकिन मरना दोनों को है, एक को लड़ते-लड़ते और दूसरे को सड़ते-सड़ते।

79

जिसको भी तुम जितना अपना बनाने की कोशिश करोगे वह तुमसे उतना ही दूर और पराया होता जाएगा। लेकिन जिन्हें हम प्रेम के रिश्ते कहते हैं उनका तो मतलब ही यही होता है कि अब कोई है जो मेरा है, जिस पर मेरा अधिकार है। बात अजीब है किन्तु जैसे ही तुम किसी को बोलते हो, "मेरा" वैसे ही तुम उसे खो देते हो। क्योंकि अब अहंकार बीच में आ गया, अब वहाँ प्रेम नहीं हो सकता। मेरा बोलते ही वह मेरा नहीं रह जाता है।

प्रेम के नाम पर तुम सामने वाले पर अपनी मालकीयत थोप रहे हो। प्रेम के नाम पर तुम उसका शोषण कर रहे हो, उसके साथ हिंसा कर रहे हो। कोई वस्तु है क्या वह? जो तुम उसे कहते हो की मेरा बच्चा, मेरी पत्नी, मेरा पति, मेरा बाल गोपाल। मेरा कह कर तुम उसके मालिक होने का प्रयास कर रहे हो, किन्तु प्रेम में ना तो कुछ मेरा-तेरा चलता है ना ही कोई किसी का मालिक होता है। यह अहंकार है जो हर चीज़ को भोगना चाहता है। प्रेम का तो अर्थ ही है आज़ादी और जैसे ही तुमने किसी व्यक्ति या जीव को कहा कि 'मेरा', वैसे ही तुमने उसकी आज़ादी छीन ली।

देखो अपने जीवन में कि किस प्रकार तुम हर उस व्यक्ति को अपनी उंगली पर नचाना चाहते हो, जिसको तुम कहते हो; मेरा नोनु, मेरा मोनू, मेरा सोनू। इसीलिए मेरा होकर भी वह मेरा नहीं रह पाता। कोई शरीर से तुम्हारे निकट हो इसका अर्थ यह नहीं होता है कि वह अब भी तुम्हारा अपना है। मगर इसी सब को तुम प्रेम कहते हो। यह प्रेम नहीं अहंकार है। किसी को मेरा बोलना ठीक वैसा ही है जैसे कोई कहे; मेरी चप्पल, मेरे कपड़े, मेरा जूता, मेरा मोबाइल, मेरा घर। मेरा कहकर तुम इंसान का अपमान करते हो, उसकी चेतना का अपमान करते हो। उसे तुम एक वस्तु बना देते हो और वस्तुओं से प्रेम नहीं किया जाता है, वस्तु का उपयोग किया जाता है।

घर के कूड़ेदान से कितना प्रेम करते हो? मगर जिससे प्रेम करते हो तुम उसको भी कूड़ादान ही बना देते हो, उसी के सामने जाकर तुम अपनी सारी मूर्खताएं और गंदगियां करते हो। तो किसी भी चेतन जीव को मेरा कहने का अर्थ हुआ कि तुम उसे निर्जीव, निष्प्राण वस्तु समझ रहे हो। मेरा कहना बंद करो, उसे आज़ाद करो ख़ुद से। अगर सचमुच उसका भला चाहते हो और उससे प्रेम है, तो ना उसके मालिक बनो और ना ही उससे कोई उम्मीद रखो। यही प्रेम है। प्रेम, मालकीयत नहीं जताता बल्कि मुक्त करता है।

80

पूजा-पाठ, जादू-चमत्कार, कर्मकांडों और आडंबरों का नाम अध्यात्म नहीं है। किसी ईश्वर या काल्पनिक सत्ता को खोजना अध्यात्म नहीं है। अध्यात्म का संबंध है स्वयं को जानने समझने से, स्वयं माने वह जो तुम स्वयं को मानते हो। तुम दुखी, अशांत, परेशान और बेचैन हो; तो अध्यात्म का संबंध कुछ खोजने से नहीं है अपितु स्वयं को, अपने ही तन, मन, विचारों, भावनाओं, वृत्तियों के खेल को समझने से है ताकि तुम्हारा दुख और बेचैनी मिटे, तुम्हारे अंदर की अपूर्णता मिटे। यह जो तुम दुनियाभर की गुलामी करते हो, डरते हो; यह सब ना करना पड़े। अज्ञान हटा कि दुख मिटा।

जो तुम्हें चाहिए वो तुमसे बाहर या कहीं दूर नहीं है, बल्कि वह तो मिला ही हुआ है। आनंद खोजने कहीं दूर नहीं जाना है, वह तो तुम्हारा स्वभाव है। बस तुम्हें मूर्खताएं और बेईमानी छोड़नी है और स्वयं के प्रति ईमानदार रहना है। गलत काम और गलत संबंधों को ना कह पाना, गलत को गलत कहना और जो सही है उसके साथ खड़े हो पाना अध्यात्म है। संसार से भागने का नाम अध्यात्म नहीं है बल्कि संसार को पूरी तरह जानकर उसके गुलाम न होकर जीना अध्यात्म है।

अध्यात्मिक हो जाने का अर्थ बुद्धू हो जाना नहीं है, बल्कि एक सही और ऊँचे जीवन के लिए बुद्धि का पूरा-पूरा उपयोग करना अध्यात्म है। सिर्फ़ शांत होकर बैठना अध्यात्म नहीं है बल्कि जहाँ शांति के लिए युद्ध की ज़रूरत लगे वहाँ युद्ध करना भी अध्यात्म है और अक्सर यह युद्ध आंतरिक जगत में जीतना होता है। अपनी वर्तमान हालत को देख पाना कि किस प्रकार आप दुःख और बंधनों के दलदल में फंसे हैं, अपनी इस हालत और उस दलदल के प्रति विद्रोह करना अध्यात्म है। मुक्ति और शांति की कीमत पर कुछ भी ना स्वीकार करना अध्यात्म है। समाज, संस्कार, संप्रदाय, पहचानें, मान्यताएं जब मुक्ति को बाधित करने लगें, तो इन्हें ना कह पाना अध्यात्म है।

अध्यात्म स्वयं को जानते हुए स्वयं को मिटाते रहने की एक सतत् प्रक्रिया है जो जीवन पर्यंत सहज रूप से चलती रहती है। जो स्वयं (अहं) को बचाना चाहते हों उनके लिए अध्यात्म नहीं है। जो अपनी दयनीय और करुण हालत को देखना नहीं चाहते वो स्वयं को कभी नहीं जान सकेंगे और सदा दुःख में ही जिएंगे। भविष्य की परवाह किए बिना, अपनी वर्तमान हालत के प्रति विद्रोह है अध्यात्म।

81

हमारे सामने दो विकल्प होते हैं; एक, जो हमें प्रिय होता है और दूसरा, जो हमारे लिए हितकर (श्रेष्ठ) होता है। दोनों में से हम किसे चुनते हैं, इसी से हमारे जीवन की दिशा और दशा तय हो जाती है। अगर आप अहं या प्रकृति के चलाए चल रहे हैं, कामनाओं के बहाव में बह रहे हैं तो आप प्रिय को चुनेंगे किन्तु जो आपको प्रिय है वह आपके लिए हितकर भी हो; यह ज़रूरी नहीं है। आज आपकी जिंदगी जैसी है, जिस मोड़ पर है, आपके ही चुनावों के परिणाम स्वरूप है।

प्रिय को चुनने का अर्थ है अहंकार के चलाए चलना और हितकर को चुनने का अर्थ है बोध में जीना। जिस व्यक्ति को शुगर की बीमारी है, उसे किसी भी रूप में कुछ भी मीठा खाने-पीने से बचना चाहिए क्योंकि यही उसके हित में है। मगर मीठा देखते ही उसकी लार टपकने लगती है और वह सब भूल कर खूब गुलाब जामुन और जलेबी खाता है। अब जिंदगी ने इसके साथ बेईमानी की है या इसके दुख का कारण यह स्वयं है? जिंदगी ने इसे पूरी आज़ादी दी थी मगर इसने अपनी आज़ादी को ही अपने लिए दुख बना लिया और यही हम सब करते हैं।

जो हितकर है उसे छोड़कर हम उसे चुनते हैं जो हमें पसंद है। व्यक्ति अक्सर अपने जीवन में धोखे खाता है, परेशान होता है, भटकता है क्योंकि उसने हितकर को छोड़कर उसे चुना जो प्रिय था। प्रिय को चुनना अर्थात् चोर चुनेगा चोरी, हत्यारा चुनेगा हत्या, नशेड़ी चुनेगा और अधिक नशा (बेहोशी) किन्तु यह हितकर तो नहीं है। अक्सर हम प्रिय को इसलिए चुन लेते हैं क्योंकि उसमें तत्क्षण कोई सुख, कोई लाभ या उपलब्धि मिल रही होती है और इसी के लालच में हम उससे मुँह फेर लेते हैं जो हमारे लिए हितकर होता है।

हितकर और प्रिय में चुनाव करने की जब भी कोई स्थिति आए तो हितकर को चुनना ही हमारे लिए उचित है। हितकर में कुछ मिलने के स्थान पर अगर कीमत चुकानी भी पड़े तो चुका दो। तुम्हारे साथ मेरा सही संबंध यह होगा कि मैं तुम्हारे सामने सच्चाई लाऊँ, तुम्हें वो दूँ जो तुम्हारे लिए हितकर हो, फिर चाहे आपको बुरा लगे तो लग जाए मगर बुरा होना नहीं चाहिए। जिससे प्रेम करते हो उसे सच्चाई दो; फिर चाहे बुरा लगे, लग जाए मगर बुरा होना नहीं चाहिए।

82

एक बीज है जो बहुत डरा हुआ है, यह सोचकर कि अगर घर से बाहर निकला तो कहीं मैं मिट न जाऊँ। इसलिए वो घर से बाहर ही नहीं आता है। पानी में गल जाने के भय से, मिट्टी में सड़ जाने के भय से या धूप में सूख जाने के भय से यह बीज अगर घर से बाहर नहीं भी निकलेगा, तो भी क्या एक दिन इसे सूखकर और सड़कर मिट्टी में ही नहीं मिल जाना है? किन्तु यही बीज अगर थोड़ा सा साहस और समझदारी दिखाता है और जमीन में गिरता है तो संभावना है कि यह एक बड़ा वृक्ष बनेगा और अपनी संभावना को पूरा करेगा।

इस बीज में वह सारी संभावनाएं हैं जो ऐसे ही किसी भी दूसरे बीज में होती हैं। यही बीज चाहे तो पड़े-पड़े सड़कर मिट्टी में मिल सकता है और यही बीज चाहे तो एक विशाल वृक्ष बनकर कितने ही पशु-पक्षियों के लिए बसेरा बन सकता है, संसार को अपने फल, फूल, छाया, हवा और अंत में लकड़ियों का उपहार दे सकता है। कितनी सारी संभावनाएं इस छोटे से बीज के भीतर सिमटी हुई बैठी हैं। ये कहानी सिर्फ़ बीज की नहीं है यह प्रत्येक मनुष्य पर लागू होती है और हाँ, तुमपर भी।

यह बीज तुम ही हो और वह सारी संभावनाएं तुममें भी हैं जो किसी मीरा, सहजो, मैरी क्यूरी, और लल्लेश्वरी में हैं, जो किसी बुद्ध, महावीर, कबीर और कृष्ण में हैं, जो किसी सुकरात, भगत सिंह और गांधी में हैं। यह तो तुम्हारा चुनाव है, या तो अपने छुद्र स्वार्थों के पीछे दौड़ते-दौड़ते छोटा सा और छूद्र जीवन जीते हुए चारदीवारी में ही एक गुमनाम मौत मर जाओ या बाहर निकलो और पूरी ताक़त से वो काम करो जो आज तुम्हारी मुक्ति और संसार के कल्याण के लिए ज़रूरी है। जीवन को बस बिताओ नहीं; उसे जियो किन्तु बिना बेपरवाही जीवन नहीं हो सकता।

भूलना नहीं, "मर तो वह भी जाते हैं जो मारे जाने के भय से मैदान-ऐ-जंग में ही न उतरे"। बीज को मिट्टी तो होना है किन्तु उससे पहले विशाल वृक्ष भी होना है। मरना है किन्तु उससे पहले जीना भी है।

83

यदि मुझे जानना है कि तुम कैसे व्यक्ति हो? यदि मुझे जानना है कि तुम प्रेम जानते भी हो या नहीं? या तुम कितने जागरूक हो? तो मैं देखूंगा कि मनुष्य के अलावा प्रकृति में जो अन्य जीव-जन्तु हैं और जो पूरी प्रकृति ही है, उसके साथ तुम्हारा संबंध कैसा है?

किसी भी देश और उसके लोगों की महानता, संवेदनशीलता, करुणा और जागरूकता के बारे में जानने का यह बहुत अच्छा तरीका है कि आप यह देखें कि वह लोग अन्य जीव-जंतुओं के साथ, अपने से कमज़ोर जीवों के साथ कैसा व्यवहार करते हैं?

अपनी प्रजाति के लिए तो एक जानवर भी लड़ता है किन्तु मनुष्य वह जो अपने अलावा अन्य जीवों के लिए भी जिए। जिस व्यक्ति में पशु-पक्षियों और अन्य जीवों के प्रति प्रेम और करुणा नहीं है, जो बिना किसी स्वार्थ के उनके साथ सही संबंध नहीं रख सकता ऐसा व्यक्ति किसी मनुष्य से भी प्रेम नहीं कर सकता। पशु-पक्षियों से प्रेम करने के लिए निष्कामता चाहिए क्योंकि अक्सर उनसे हमें कुछ भी मिलता नहीं है और वह निष्कामता यदि तुममें नहीं है तो तुम्हारे बाक़ी सारे संबंध केवल स्वार्थ के संबंध हैं, उनमें प्रेम कहीं नहीं है।

क्योंकि इंसान से प्रेम करने के लिए पहले तुम्हें अन्य जीवों से प्रेम करना पड़ेगा और अगर अन्य जीवों से तुम प्रेम नहीं कर सकते, तो इंसान से प्रेम करना तुम्हारे लिए असंभव है। मनुष्य से आपको मोह, ममता, आसक्ति या लगाव आदि हो सकते हैं, स्वार्थ या उम्मीदें हो सकती हैं किन्तु प्रेम नहीं। तुम यदि जीवों से सिर्फ़ इसलिए प्रेम कर रहे हो क्योंकि उनसे कुछ मिल रहा है; जैसे गाय, भैंस से दूध अथवा तुम किसी एक जीव से प्रेम करते हो और दूसरे से नहीं, एक को प्रेम करते हो और दूसरे को खाते हो; तो तुम्हारा प्रेम झूठा है, यह प्रेम है ही नहीं।

अपने निजी स्वार्थ के लिए किसी जीव का उपयोग करना और उसकी देखभाल करने को प्रेम नहीं कहते अपितु यह तो दोगलापन है; प्रेम नहीं। प्रेम में कोई निजी स्वार्थ नहीं होता। दूसरे की भलाई करना ही प्रेम है और दूसरे की भलाई तभी है जब दूसरा, आपको दूसरा लगना बंद हो जाए। जब दोनों के बीच से यह अहं की दीवार गिर जाए।

84

यह पृथ्वी जिसपर हमने इतनी सीमाएँ खींच दी हैं ये कह-कह कर कि यह खेत मेरा, यह गाँव मेरा, यह देश मेरा किन्तु क्या सचमुच हम एक इंच जमीन के भी मालिक हैं? आप यदि स्वार्थी, लोभी, हिंसक, अहंकारी और कट्टर प्रवृत्ती के व्यक्ति हैं तो आप कहेंगे कि ये जमीन मेरी है, वह जमीन तेरी है। आप जमीन को बाँटने का प्रयास करेंगे।

इसके विपरीत यदि आप स्वयं को समझदार, सजग और प्रेमपूर्ण समझते हैं, भाईचारे जैसी भावना रखते हैं तो आप कहेंगे कि पृथ्वी न तेरी है न मेरी है अपितु यह हम सबकी है। किन्तु यहाँ भी तुमने पृथ्वी (प्रकृति) की बहुत परवाह नहीं की, उसके मालिक होने का प्रयास किया है।

किन्तु आप यदि मुझसे पूछेंगे तो मैं कहूँगा कि पृथ्वी (प्रकृति) तेरी, मेरी या हमारी है ही नहीं, अपितु हम सब पृथ्वी के बच्चे हैं। पृथ्वी एकमात्र निःस्वार्थ माँ है जो सबकुछ हम पर लुटाती है और बदले में कुछ नहीं मांगती। पृथ्वी सिर्फ़ तुम्हारी या मेरी ही नहीं बल्कि हमारे माता, पिता, दादे, परदादे, सबकी माँ है।

माता-पिता का भक्त होने का भी अगर असली अर्थ है, तो वह श्रवण कुमार होना नहीं है अपितु इस पूरी प्रकृति को किसी भी प्रकार से हानि न पहुँचाना है और इसके सभी जीवों के प्रति; मैत्री और करुणा रखना है। यह प्रकृति; माता की भी माता और पिता का भी पिता है और इसे तेरी या मेरी कहने का अर्थ हुआ कि आप उस पर अपनी मालकीयत जताने का प्रयास कर रहे हैं।

आप यह समझ रहे हैं कि आपके बिना वह हो नहीं सकती; किन्तु ऐसा है तो नहीं। हम उसके मालिक नहीं हो सकते क्योंकि वह तब भी थी जब आप नहीं थे, वह आज भी है और वह तब भी रहेगी जब तुम नहीं रहोगे। इसलिए प्रकृति का मालिक बनने का प्रयास अपने ही पैरों पर कुल्हाड़ी मारने जैसा है।

प्रकृति के साथ किया गया खिलवाड़ हमें ही नष्ट कर देगा। भूलो नहीं कि, "वह हमसे नहीं अपितु हम उससे हैं"। तुम्हारे बिना वह रह सकती है किन्तु उसके बिना तुम्हारी कोई हस्ती नहीं।

85

अहिंसक बनने का प्रयास भी एक दूसरे तरह की हिंसा ही है, चूंकि अहिंसा से आपका कोई संबंध नहीं रहा इसलिए अहिंसा के नाम पर भी आप अक्सर हिंसा ही करते रहते हैं। इसलिए हमें अहिंसक बनने की कोई आवश्यकता नहीं है, हमें तो केवल हिंसा को जानकर उससे मुक्त होने की ज़रूरत है। हिंसा का अर्थ किसी की हत्या करना भर ही नहीं होता है, "वह प्रत्येक व्यक्ति हिंसक है जो मैं (अहं) या मेरापन के भावों से भरा हुआ है"। जैसे ही आप मैं (अपने अहं) को बीच में लाते हैं वैसे ही आप स्वयं के और सामने वाले व्यक्ति के बीच एक दीवार खड़ी कर लेते हैं और उसी से भेदभाव, शोषण और हिंसा शुरू होती है। किसी को भी दूसरा कहना ही हिंसा है। अतः हिंसा का संबंध; कर्म से नहीं अपितु कर्ता से है।

श्री कृष्ण, अर्जुन के द्वारा हिंसा नहीं करवा रहे हैं मगर कर्म देखकर आपको लगेगा की कृष्ण हिंसक हैं और अर्जुन अहिंसक है। कोई व्यक्ति यदि आपको मंदिर में दिखे तो आप उसे धार्मिक कहेंगे हिंसक नहीं, मगर हो सकता वह किसी की हत्या करके भगवान को धन्यवाद देने आया हो। यह व्यक्ति हिंसक है मगर इसके कर्म से आपको भ्रम हो जाता है। अतः अहं से उठा प्रत्येक कर्म हिंसा की श्रेणी में आएगा। इस "मैं" के इर्द-गिर्द जो कुछ भी आपने जोड़ रखा है यही आपका पूरा संसार है जिसमें आप जीते हैं। आप जब भी इसको बहुत महत्व दे रहे हो, जानना कि आप हिंसा कर रहे हो।

स्वयं को जब आप किसी विशेष रंग, लिंग, जाति, धर्म, विचारधारा, राष्ट्रीयता इत्यादि में सीमित कर लेते हैं तब आप बाक़ी सब को दूसरा या पराया घोषित कर रहे होते हैं और यही हिंसा है। इसी से हमें मुक्त होकर जीना है फिर इससे मुक्त जीवन अहिंसक ही होगा। क्योंकि यह जो मैं और मेरा का झमेला है, यहीं से सारे लड़ाई झगड़े, शोषण, युद्ध आदि पैदा होते हैं।

इस मैं या मेरे के लिए ही आप दुनिया को बर्बाद कर देते हैं। युद्ध भले ही दो देशों की सीमाओं पर हो रहा हो किन्तु उसकी जड़ें उसकी शुरुआत; हमारे मन से, हमारे अहं से ही होती है। बाहर-बाहर आप चाहे कितने ही बदलाव ले आएं, महल और सड़कें बना लें, सरकार बदल दें, नक्शे बदल दें किन्तु आपके केंद्र (मैं) का जब तक रूपांतरण नहीं होगा तब तक समस्याएं बनी रहेंगी। हिंसा, अपूर्णता, बेचैनी से संबंधित हर तरह की समस्याओं की जड़, सारे दुःख का मूल कारण अहंकार ही है, माने आत्मज्ञान का ना होना ही समस्या का मूल है।

86

जरा एक बार ख़ुद पर भी तो नज़र डालो और देखो कि कितने दोष, कितनी कमियाँ, कितने फरेब हैं तुममें? कितने झूठे और बेईमान हो तुम? कितनों को ही तुम हर समय धोखा देते हो, किन्तु फिर भी क्या तुम ख़ुद से नफ़रत करते हो? क्या अपनी फिक्र करना, अपने से प्रेम करना छोड़ देते हो? अगर अनेक कमियों और दोषों के बावजूद तुम स्वयं से प्रेम कर सकते हो, ख़ुद के लिए भला सोचते हो; तो कुछ गलतियों या कमियों के कारण तुम किसी दूसरे से घृणा क्यों करते हो? क्यों उसके प्रति हिंसा से भर जाते हो? क्यों तुम उसकी कमियाँ और दोष ठीक करने में उसकी सहायता नहीं करते?

इंसान होने का तो अर्थ ही है कि तुममें कमियाँ होंगी, किसी में कम तो किसी में ज्यादा होंगीं। इन्हीं से मुक्त होते रहने का प्रयास मनुष्य को करना चाहिये। तो अब यदि किसी में कोई दोष देखो भी तो उससे घृणा करने के स्थान पर उसके दोषों को दूर करने में उसकी सहायता करो। आगे तो उसकी नीयत और उसके चुनाव ही उसके काम आएँगे, किन्तु उससे नफ़रत करके तुम अपने अंदर घृणा की खेती मत करो। कोई एक व्यक्ति हमारे साथ अगर कुछ ग़लत करता है तो हमें लगता है कि पूरी दुनिया बुरी है, सब धोखेबाज और मतलबी हैं, किन्तु मैं तुमसे पूछता हूँ कि कभी ख़ुद को भी तुमने देखा है कि तुम कितने मतलबी और धोखेबाज हो? तुम्हें यह पूरी दुनिया बुरी और धोखेबाज सिर्फ़ इसलिए लगती है क्योंकि दुनिया वैसी नहीं है जैसी तुम चाहते हो। लेकिन लोगों ने ठेका थोड़ी न लिया है तुम्हें खुश करने का।

जैसे तुम दुनिया से उम्मीदें रखते हो वैसे दुनिया भी तुमसे उम्मीदें रखती है, तुमने कितनों की उम्मीदें पूरी की हैं? अगर सब बुरे ही हैं तो आप अच्छे बनिए और अच्छाई की शुरुआत कीजिए। आप क्यों नहीं अच्छे बनते? अगर आप सचमुच स्वयं को जानते समझते हैं, यदि आपको थोड़ा भी आत्मज्ञान है तो आप यह भी जानेंगे कि सामने वाला जो कर रहा है; वहाँ वह स्वयं कर्ता है ही नहीं अपितु वह तो समाज, संयोग, संस्कार, शिक्षा, मान्यताओं और प्रकृति आदि का पुतला मात्र है। फिर आप उससे ईर्ष्या कैसे कर सकते हैं? आपको तो उसके प्रति करुणा होगी। वह तो ख़ुद गुलाम बना बैठा है और जानता भी नहीं कि वह किसका गुलाम है? वह स्वयं भी अपने कृत्यों से दुख ही पाता है। जितना हो सके, जिस भी तरीके से हो सके, गुलाम से मुक्त होने में उसकी सहायता करो।

87

सफलता या असफलता हमारे हाथों में नहीं है इसलिए उसके बारे में सोंच-सोंच कर हमें अपना समय, संसाधन और ऊर्जा व्यय नहीं करना चाहिए। हम केवल यह कर सकते हैं कि अपनी अधिकतम समझ से उचित कर्म चुनें और स्वयं को उस यज्ञ में पूरी तरह झोंक दें। यही हमारा अधिकार है और कर्म भी और इसी में हमारी सफलता भी है कि हमने मार्ग सही चुना।

भूलना नहीं कि बीज से ही वृक्ष और फल आदि निकलते हैं, यदि आपका बीज यानी चुनाव सही है तो फिर जो भी परिणाम हो; वही सही है। जिसने भी सही कर्म में स्वयं को निष्काम होकर पूरा झोंका है केवल उसी ने फल को भी भोगा है, किन्तु फल भोगने के उद्देश्य से निष्काम होना कोई निष्कामता नहीं है; और फल भी ज़रूरी नहीं कि वही हो जो आप सोच रहे हैं।

निष्कामी के लिए निष्कामता ही फल है। ध्यान रखें कि परिणाम ज़रूर भविष्य में आते हैं किन्तु उनकी जड़ें; कहीं न कहीं वर्तमान में ही गड़ी होती हैं। आज तुम सही कर्म का बीज लगाओगे तो उसी पर फल भी लगेंगे और सही कर्म का सबसे बड़ा और महत्वपूर्ण फल तो कर्म का सही होना ही है और वह भविष्य में नहीं अपितु अभी इसी क्षण है।

कर्म इतना सुंदर है, इतना ज़रूरी और सही है कि फल की परवाह ही नहीं रही, यही फल है। जब कर्म सही और ज़रूरी होता है और आप स्वयं को उसमें इस तरह झोंक देते हैं कि ना तो स्वयं का पता रहता है ना ही फल की परवाह; तब ही कर्म में कुशलता भी आती है।

तुम बस सही युद्ध करो और स्वयं को उसमें पूरा झोंक दो, जीता हुआ वही है जिसने सही युद्ध में स्वयं को पूरा झोंक दिया हो।

८८

बीमारी को बीमारी जान लेना ही बीमारी से मुक्ति है क्योंकि बीमारी को नहीं जानना ही बीमारी है। किन्तु जो बुराई को बुराई जानकर भी उससे मुक्त नहीं होता वह अच्छाई को उपलब्ध नहीं हो सकता क्योंकि बुराई को बुराई जाने बिना ही उसे यह भ्रम हो गया है कि वह अच्छा है।

वास्तव में जो अभी बुराई से ऊपर नहीं उठा उसने अभी बुराई को बुराई की तरह जाना ही नहीं। क्या ऐसा हो सकता है कि आपको पता चले कि आपको कैंसर है और आप कहें कि नहीं मैं ठीक हूँ? तत्क्षण कर्म होगा यहां, हैं ना? तो स्वास्थ्य कहीं खोजने से नहीं मिलता बल्कि बीमारी को हटाना होता है।

इसी तरह समझिए कि अच्छाई कहीं खोजने से नहीं मिलती है, हमें अच्छाई को नहीं खोजना है बल्कि हमें तो अपने अंदर की बुराई को हटाना है और एक ही बुराई है; वह है अहंकार जो रहती ही है आत्मज्ञान के अभाव में । वास्तव में बुराई का त्याग ही अच्छाई की उपलब्धि है और इसके लिए बुराई से लड़ने की भी ज़रूरत नहीं है; अपितु अच्छाई को चुनने की आवश्यकता है, अच्छाई से प्रेम की आवश्यकता है।

यह चुनाव की ही शक्ति है जो हमें राक्षस और देवता में से कुछ भी बना सकती है। हमें प्रेम को खोजने की ज़रूरत नहीं है, हमें तो केवल घृणा, हिंसा और ईर्ष्या से मुक्त होना है, इन्हीं को अच्छे से समझना है। हमें हर व्यक्ति को एक नहीं करना है, हमें तो बस भेदभाव से ऊपर उठना है।

अच्छाई, प्रेम, अहिंसा, एकता, करुणा यह सब तो पहले ही उपलब्ध है, यह तो बस अज्ञान से ठीक वैसे ही ढके हुए हैं जैसे पेड़ के पत्तों से फर्श ढँक जाता है, धुएं से अग्नि ढक जाती है। हमें सिर्फ़ पत्ते हटाने हैं, सफाई वहाँ पहले ही मौजूद है।

तुम बस अच्छाई से प्रेम रखो और बुराई को अपने जीवन से विदा दे दो; तो सारी अच्छाईयां तुम्हें उपलब्ध हो जाएँगी।

89

चुनौतियाँ तुम्हें गिराने नहीं आती हैं बल्कि वह तुम्हें मज़बूत बनाने आती हैं, ताकि तुम और बड़ी चुनौतीयों का सामना कर पाने में सक्षम हो सको। ताक़त बहुत है आपके अंदर लेकिन वो तब बाहर आती है जब पहले तुम अपनी जानी हुई क्षमता से कुछ बड़ी चुनौती उठाओ।

यह तो सोचना ही मत कि जब ताक़त आ जाएगी तब बड़ी चुनौती उठाएंगे, ताक़त बाद में आती है चुनौती पहले चाहिए। लम्बा रास्ता पहले होता है फिर तुम गाड़ी की व्यवस्था करते हो, मार्ग (यानी चुनौती) ही नहीं है कोई; तो गाड़ी की व्यवस्था भी क्यों करोगे?

जैसे जिम (GYM) होता है न, जब पहली बार जाते हैं तो शुरू में 5 किलो वजन उठाना भी बड़ा भारी लगता है लेकिन जो व्यक्ति प्रतिदिन 5 किलो वजन भी उठाता है तो धीरे-धीरे वह पाता है कि उसकी ताक़त बढ़ती जा रही है और वह अधिक वजन उठा पा रहा है। बढ़ते-बढ़ते एक दिन वह वहाँ पहुँच जाता है कि आज जितना वजन उठा रहा है उसका दस गुना भी उठा लेता है।

जीवन और उसकी चुनौतियाँ भी कुछ इसी तरह हैं। जब तुम सही दिशा चुनते हो और उसमें चुनौतियों का सामना करते हो, तो धीरे-धीरे तुम पाते हो कि कल तक जितनी बड़ी चुनौती का सामना तुम कर पाते थे; आज उससे कई गुना बड़ी चुनौती का सामना करने को तैयार हो।

तुम्हें बस सही काम और सही दिशा चुननी है जिसमें तुम्हारी क्षमता से थोड़ी सी ज्यादा बड़ी चुनौती हो और डटे रहना है। अगर काम सही है तो भय लगे फिर भी मैदान से भाग मत जाना। कबीर साहब कहते हैं ना कि “सूरा नाम रखाय के, अब क्यों डरना वीर। अड़े रहना मैदान में, सम्मुख सहना तीर।।

सही और ज़रूरी जगह पर; असत्य, अन्याय और अपनी कमजोरियों के खिलाफ बस ऐसे ही अड़े रहो।

90

कोई दूसरा व्यक्ति न हमें धोखा देता है और न मूर्ख बनाता है, जिंदगी के सबसे बड़े धोखे हम ख़ुद अपने को देते हैं। विवाह से पहले जिन लोगों की कुंडलियाँ मिल जाती हैं उनका जीवन कैसे कलह और क्लेश से भरा होता है, नहीं जानते हो क्या तुम?

किसी बाहर वाले की छोड़ो; अपने ही माता-पिता, रिश्तेदारों और पड़ोसियों का जीवन देख लो। जिनके बारे में किसी कुंडली देखने वाले ने कह दिया था कि सब कुछ ठीक है; उसके बावजूद भी उनका जीवन नर्क बना होता है किन्तु उस सबको देखकर भी तुम अपनी कुंडली मिलवाते हो और मिल जाने पर बड़े खुश होते हो। तुम किसको बेवकूफ़ बना रहे हो? ख़ुद को ही?

इसी तरह दुनिया में अमीर-गरीब, काले-गौरे अनेक तरह के लोग हैं किन्तु जिसके पास दुनिया की लगभग हर वह चीज़ है जो हर कोई पाना चाहता है, मगर फिर भी देखते हैं कि और अधिक पाने की उसकी भागदौड़ अभी भी जारी है। वे अशांत हैं, परेशान हैं, कोई नशा कर रहा है तो कोई आत्महत्या। ये सब होता हुआ हम अपने आसपास देखते हैं किन्तु फिर भी देखो न हम ख़ुद को कैसे मूर्ख बनाते हैं।

हम कुछ पाने के लिए, कुछ बनने या कुछ हो जाने के लिए निकल पड़ते हैं और अपने जीवन का कीमती समय, संसाधन और ऊर्जा सब उसमें लगा देते हैं। किन्तु उसके बाद भी या तो हम उसे नहीं पाते हैं और यदि जो चाहा था वह हासिल कर भी लेते हैं तो उससे जो उम्मीदें लगाई थीं; वे पूरी नहीं होती हैं।

फिर भी जिन चीज़ों को पाने के लिए या जो होने के लिए हम निकल पड़ते हैं, हम एक बार भी नहीं देखते कि हमसे पहले जिन लोगों ने इन्हें हासिल कर लिया है जब उनको इनसे कुछ नहीं मिला, जब वो इन्हें पाकर तृप्त नहीं हुए; तो हम कैसे हो जाएँगे? लेकिन फिर भी हम यह मूर्खता करते रहते हैं।

जो कुछ भी हासिल करने या बनने के लिए तुम निकल रहे हो, एक बार पता तो कर लो; कि जिन्होंने वो सब हासिल कर लिया है, उनकी उम्मीदें पूरी हुई भी हैं अथवा नहीं?

91

तुमने देखा है, ठोकरें हमें छोटे-छोटे पत्थरों से लगती है, न कि बड़े-बड़े पहाड़ों से। उसी प्रकार जीवन को यदि समझना है तो देखो कि अपने दैनिक जीवन में किन छोटी-छोटी बातों में अपना समय, अपनी जिंदगी लगाते रहते हो। किन व्यर्थ के मुद्दों में उलझ कर तुम अपनी जिंदगी को नर्क बनाते रहते हो?

जिन बातों का कोई महत्व नहीं होता अक्सर हम उन्हें भी बड़ा महत्व दे देते हैं, यह जानते हुए भी कि हमारे पास सीमित समय है। जिंदगी में हमारे पास और जितनी अन्य चीज़ें होती हैं हम उनको बड़ी ही सावधानी से खर्च करते हैं किन्तु जो सबसे मूल्यवान चीज़ है और जो एक बार जाने के बाद दोबारा कभी नहीं लौटता, उस 'समय' को हम कहाँ? कैसे और क्यों लगा रहे हैं? इसकी हम बिल्कुल भी खबर नहीं लेते हैं।

ध्यान रखो कि जीवन सीमित समय के लिए मिला है। याद रखो कि जो व्यक्ति छोटे-छोटे मुद्दों को ही बड़ा महत्व देता है और उन्हीं में उलझा रहता है, उसका जीवन कब खत्म हो जाता है उसे पता भी नहीं चलता और जब तक पता चलता है तब तक सारा जीवन बर्बाद हो चुका होता है। बहुतों को तो तब भी पता नहीं चलता।

तो ऐसी किसी भी बात में उलझने से बचो जो तुम्हारा समय और शांति ले जाती हो और बदले में छोड़ जाती हो केवल बेचैनी, अशांति, तनाव और पछतावा। जीवन में ख़ुद आगे बढ़ो और जो साथ चलने को राजी हो उन्हें साथ लो और जिनकी नीयत ही नहीं है ऊपर उठने की; उन्हें छोड़ो। क्योंकि जो ऊपर उठने को तैयार हैं वो तुम्हारे इंतजार में हैं, तुम उनकी सहायता करो। मगर सबसे पहले तुम अपनी सहायता करो।

जिस नर्क में फंसे हुए हो, उससे बाहर निकालो स्वयं को। उस नर्क से बाहर आने पर क्या होगा, इसकी ना कल्पना करो और ना ही परवाह करो; क्योंकि जो भी होगा, वह इस नर्क से तो बेहतर ही होगा।

92

मन के बेचैन और अशांत होने का एक ही कारण है और वो यह कि, "कुछ है जो मन के लिए बहुत महत्वपूर्ण बन गया है"। जब भी मन के लिए कुछ बहुत ही महत्वपूर्ण हो जाता है तो मन अशांत हो जाता है और वह महत्वपूर्ण मुद्दा कुछ भी हो सकता है। वह सुख भी हो सकता है और दुःख भी हो सकता है। वह सफलता अथवा विफलता भी हो सकती है। वह कुछ पाना अथवा कुछ खोना भी हो सकता है, जो आपके मन पर छाया हो।

ऐसा कुछ भी यदि तुम्हारे मन पर छाया हुआ है तो इसी को कबीर साहब माया कहते हैं और इसके लिए वह कहते हैं, "जो मन से न ऊतरे, माया कहिये सोय"। इससे मुक्त होने का एक ही उपाय है और वह है कि आप उस वस्तु की व्यर्थता, उसकी नश्वरता, उसकी अनित्यता को जान लो।

यहां क्या है जो सदा रहना है? कुछ भी तो यहां ठहरता नहीं है। न सुख ठहरता है न दुःख, यहाँ न पद-प्रतिष्ठा ठहरती है और न संगी-साथी ठहरते हैं। जिसे एक दिन ख़ुद ही मिट जाना था, वो यदि कुछ समय पहले ही, अभी ही छिन गया अथवा मिला ही नहीं; तो उसके लिए इतना शोक क्या करना। जो गया, सो तो गया; अभी जो तुमने पकड़ रखा है वो भी जाने वाला है।

जो मरा है; उसने मरकर तुम्हें चेताया है कि बेटा तुम भी इसी पंक्ति में खड़े हो, भ्रम में मत रहना कि कुछ बचा लोगे। लाख कोशिश करो बचाने की मगर तुम कुछ नहीं बचा पाओगे और कुछ बच भी गया तो तुम ही निकल जाओगे। या तो चीज़ें छिन जाती हैं या तुम ही मौत की भेंट चढ़ जाते हो। इसलिए इस संसार में किसी भी चीज़ को एक सीमा से ज्यादा महत्व मत दो; फिर चाहे वह सुख हो या दुःख, हार हो या जीत, सम्मान हो या अपमान।

किसी को सिर पर मत चढ़ा कर रखो। यह जीवन तो बहती धारा है, जिसमें सब बहता जाना है। जितना सुंदर इस जीवन को बना सकते हो बनाओ और आने वालों के लिए एक अच्छी दुनिया छोड़कर जाओ, लेकिन कहीं ठहर मत जाओ। कहीं पर भी चिपक मत जाओ, मन पर कोई धब्बा ना बनने पाए।

93

हम देखते हैं कि नशे का भी व्यापार होता है, नशा (जहर) बेचकर भी लोग बहुत धन कमाते हैं। इसलिए हम पाते हैं कि दुनिया में लाखों लोग नशा बेचते हैं, करोड़ो नशा करते हैं और अरबों-खरबों का व्यापार होता है, किन्तु इससे नशा करना सही बात तो नहीं हो जाती न।

उसी प्रकार चाहे कितने ही लोगों ने किसी बात को सही क्यों न कहाँ हो किन्तु वह भी गलत हो सकती है। कोई बात, कोई मान्यता, कोई परम्परा सदियों से चली आ रही है किन्तु इससे यह प्रमाणित नहीं हो जाता कि वह सही ही है। अंधविश्वास भी सदियों से चला आ रहा है किन्तु इससे वह सही तो साबित नहीं हो जाता।

अतीत में हम मानते आए थे कि सूरज, पृथ्वी का चक्कर लगाता है किन्तु आज हकीकत कुछ और है। इसी तरह कोई मान्यता, परम्परा या धारणा; हो सकता है अतीत में सही भी रही हो किन्तु यदि आज वह उचित और सार्थक नहीं है तो उसे आगे बढ़ाते रहना केवल मूर्खता होगी।

परम्पराएं केवल इतना करती है कि जो कुछ अतीत में था उसे ही वर्तमान में भी घसीट लाती है। इस तरह जो कोई भी परम्परा को बड़ा महत्व देते हैं, वह वास्तव में अतीत में जी रहे होते हैं। ऐसे लोग जो अपने अतीत की उपलब्धियों का ही जश्न मनाने में लगे रहते हैं, वह वर्तमान में बहुत पीछे रह जाते हैं।

इसलिए तुम किसी भी बात को सिर्फ़ इसलिए मत स्वीकार कर लेना क्योंकि वह बहुत पहले से चली आ रही है और बहुत अधिक लोग उसे मानते हैं। मान्यता अपने आप में ही जहर है। तुम हर बात को जांचना-परखना और यदि वह सचमुच आज काम की है, उपयोगी है, तो ही स्वीकार करना अन्यथा करोड़ों लोग भी उसके समर्थन में खड़े हों तो भी उसे अस्वीकार कर देना; यही तो बेपरवाही है।

94

यदि तुम ध्यान दो तो तुम पाओगे कि जब भी तुम्हें क्रोध आया है केवल तब ही आया है 'जब वैसा नहीं हुआ जैसा तुमने चाहा था' ठीक। बात इससे आगे भी है और वो यह कि हम सिर्फ़ कुछ चाहते भर नहीं हैं, बल्कि हम 'जो चाहते हैं' उससे भी हमारी बहुत सारी उम्मीदें होती हैं। जैसे मैंने पैसा चाहा था और फिर पैसों से भी कुछ चाहा था और सपने देखे थे कि पैसा मिलने पर ऐसा होगा और वैसा होगा। पति अथवा पत्नी चाही थी और उम्मीद थी कि कुछ ऐसा-ऐसा होगा किन्तु वैसा तो कुछ नहीं हुआ।

तो क्रोध दो स्थितियों में आता है; एक तो तब जब वैसा नहीं होता जैसा आपने चाहा था और दूसरा तब आता है जब वैसा तो होता है जैसा आपने चाहा था यानी सफलता तो मिलती है किन्तु सफल होने पर जिस तरह की पूर्णता और जीवन की कल्पना आपने की थी; वैसा कुछ नहीं होता है।

सोचा था पैसे कमा लेते हैं, पैसा मिल जाएगा तो शांति-तृप्ति सब मिल जाएगी, लेकिन वैसा तो कुछ हुआ नहीं और सारा समय, सारी मेहनत, सारा जीवन बर्बाद गया। यही सब देखकर फिर जीवन में आती है; बेचैनी, क्रोध, तनाव, कुंठा और दुःख की बाढ़। इसलिए अपनी इच्छाओं, उम्मीदों, कामनाओं, अपनी चाहतों पर ध्यान दो, कि उन चाहतों के पूरा हो जाने पर जैसे सुख की तुम कल्पना कर रहे हो "क्या वैसा सुख मिलता भी है या बस कल्पना कर रहे हो"?

और इसे जाँचने-परखने के लिए उनका जीवन थोड़ा ईमानदारी और गहराई से देख लो, जिन्होंने वो सब हासिल कर लिया है जिसके पीछे तुम दौड़ रहे हो। देखो कि क्या सचमुच उनके जीवन में प्रेम, आनंद, आज़ादी और शांति जैसा कुछ है भी या नहीं? बात यह है कि जब तुम्हें हकीकत मालूम होगी तो तुम उससे व्यर्थ की उम्मीदें नहीं रखोगे और उम्मीदें ही नहीं होंगी; तो ना वे टूटेंगी ना उनका दुःख होगा।

95

हमारा "कुछ होना" ही हमारे दुःख और पीड़ा का कारण है। जो हम बने बैठे हैं, जो हम स्वयं को माने बैठे हैं; वही हमारा बंधन है। हमारा "न कुछ" हो जाना ही मुक्ति है। यही निर्वाण और यही आत्मस्थ होना है। इसी का नाम ध्यान और इसी को साक्षी हो जाना कहते हैं। यह 'कुछ हो जाने' के शौर से मुक्त हो जाना ही मौन है।

हम बहुत कुछ बने बैठे हैं जैसे; मैं हिंदू या ईसाई हूँ, मैं भारतीय या अमेरिकी हूँ, मैं ब्राह्मण या दलित हूँ, मैं पुरुष या स्त्री हूँ, मैं अमीर या गरीब हूँ, मैं गौरा हूँ, मैं बुद्धिमान हूँ और ऐसे ही न जाने क्या-क्या हम बने बैठे हैं। स्वार्थ, संस्कार, संयोग और अज्ञानवश; यह जो हम स्वयं को माने हुए हैं, जब तक यह है तब तक हमारी अपूर्णता बनी रहेगी।

यह कुछ हो जाना ही सारी समस्याओं की जड़ है। यही है जो हमें सीमित करता है, यही है जो हमें बाँटता है और सारे भेदभाव को पैदा करता है। जब तुम कहते हो कि मैं; मुसलमान या किसी अन्य मत को मानने वाला हूँ, तब तुम स्वयं को मुसलमान तक सीमित कर लेते हो और बाक़ी अस्तित्व से स्वयं को काट लेते हो और ऐसा करके अन्य सभी को तुम पराया घोषित कर देते हो।

जब तुम कहते हो कि मैं पुरुष हूँ तब तुम संसार की आधी आबादी को पराया कह देते हो। सारे युद्ध, शोषण, हिंसा, भेदभाव आदि सब यहीं से पैदा होते हैं। उसे भी पूर्णता चाहिए और तुम्हें भी पूर्णता ही चाहिए किन्तु वह तब तक उपलब्ध नहीं हो सकती जब तक कि तुम इस तरह की पहचानों को बहुत महत्व देते हो, उनके लिए कट्टर होते हो और इनसे चिपके हुए हो।

यह मैं (अहं) ही है जो तुम्हारे सारे दुःखों, बंधनों और पीड़ाओं की जड़ है और इसकी जड़ें काटने का सिर्फ़ एक ही उपाय है वो यह कि; जो कुछ भी इस "मैं" के बाद तुमने जोड़ रखा है, (जैसे; मैं यह हूँ, मैं वह हूँ, मैं ऐसा, मैं वैसा इत्यादि) से मुक्त हो जाओ, उससे बहुत चिपको नहीं।

अहं का अपनी सारी पहचानों, कामनाओं आदि से मुक्त हो जाना ही 'कुछ होने' से मुक्ति है और इसी में चैन है, पूर्णता है, बेपरवाही है।

96

कोई तुम्हें मजबूर नहीं करता, सब तुम्हारा ही चुनाव होता है। कोई भी ना तो अपने आप में बुरा होता है और न अच्छा होता है, बुराई को भी हम चुनते हैं और अच्छाई को भी। सत्य जानते हुए भी जो असत्य को ही चुने उसे मजबूरी नहीं कहा जाता, उसे नीयत कहते हैं। कुत्ते का प्राकृतिक स्वभाव है कि वह भौंकेगा, किन्तु तुम उसे पत्थर मारते हो या नहीं, यह तुम्हारा चुनाव है। चोरी, हिंसा, घृणा, नफ़रत, ईर्ष्या इत्यादि अगर चाहो तो अभी त्याग सकते हो और चाहो तो जारी रख सकते हो। सब तुम पर निर्भर करता है।

अहंकार की चाल है यह कहना कि सब परमात्मा कर रहा है। आज अगर कोई प्राकृतिक आपदा आए; (जैसे बाढ़, भूकंप, सुनामी, जलवायु परिवर्तन, बे-मौसम वर्षा, अधिक तापमान, कोई बीमारी, नदियों का सड़ना इत्यादि) तो मूर्खता होगी यह कहना कि सब परमात्मा कर रहा है। यह कहकर तुम अपने गुनाहों को छुपा रहे हो। तुम्हारी बढ़ती जनसंख्या, भोगवाद, मांसाहार, दूध का सेवन इसके लिए ज़िम्मेदार हैं।

अगर सब परमात्मा ही कर रहा है और तुम्हें वह सब स्वीकार है, तो किसी के मरने पर रोते क्यों हो? बीमार होने पर इलाज क्यों करवाते हो? अगर बीमार हुए हो, तो यह भी परमात्मा की ही मर्ज़ी होगी; तो जो है जैसा है उसे वैसा ही स्वीकार कर लो। लेकिन यहाँ तुम नहीं कहोगे कि सब परमात्मा कर रहा है।

मगर जब तुम्हारे भोग, माँस, दूध, जनसंख्या और ऐसी ही मूर्खताओं के कारण कोई विनाश हो रहा होता है तब तुम उसे परमात्मा की मर्ज़ी कह कर अपनी ज़िम्मेदारी से भाग जाते हो। तो यह कहना बंद करो कि सब कुछ कोई परमात्मा कर रहा है और जो कुछ भी ठीक नहीं चल रहा है, उसे जितना हो सके ठीक करो। ज़िम्मेदारी उठाओ।

क्या इस पृथ्वी को नर्क बनाकर अपनी आने वाली संतानों को सौंपना है? कैसी दुनिया तुम उन्हें देना चाहते हो, जो तुम्हारे बाद आएंगे? जैसी दुनिया तुम उन्हें सौंपोगे, वे तुम्हें वैसे ही याद करेंगे।

97

हम इंसान अक्सर उद्देश्यों की खोज में लगे रहते हैं कि आखिर मेरे जीवन का उद्देश्य क्या है? कौनसा उद्देश्य है जिसके लिए मैं जियूँ? और ऐसा आप इसलिए कहते हैं क्योंकि जब आप पैदा हुए थे तब आप अबोध थे और आपको इस दुनिया का कुछ पता नहीं था लेकिन जब तुम पैदा हुए, तब इस दुनिया में पहले से ही इंसान नाम की एक महामूर्ख लेकिन बड़ी ही अहंकारी प्रजाति मौजूद थी। तो जब से तुम पैदा हुए हो, तुम्हारे अंदर इस उद्देश्यवादी दुनिया ने बहुत सारे उद्देश्य भर दिए हैं और तुमने उन्हें स्वीकार कर लिया है।

लेकिन जीने के लिए क्या सचमुच किसी उद्देश्य की ज़रूरत है? इस छोटे से जीवन को तो शांति से बिना कोई दुःख झेले अगर गुजार दो तो यही किसी वरदान से कम नहीं होगा। तुम चाहे कितने ही बड़े और महान उद्देश्यों को पूरा कर दो, चाहे तुम संसार में कितनी ही वाह-वाही पा लो लेकिन जिसे तुम महान कहते हो उसे महान तुमने ही घोषित किया है, बाक़ी अस्तित्व को उससे रती भर भी फर्क नहीं पड़ता। तुम महान या छूद्र हो; तो इंसानो की दुनिया में। बड़े या छोटे हो; तो इंसानो की दुनिया में। बाक़ी अस्तित्व को तो छोड़ो, एक छोटे से कीड़े को भी इससे कोई फर्क नहीं पड़ता।

नियति तो तुम्हारी एक उद्देश्यहीन जीवन ही है किन्तु गलती से जीवन में तुमने बहुत सारे व्यर्थ के उद्देश्य बना लिए हैं, जिनके कारण बेचैन हो। तो अब तुम्हारा केवल एक ही उद्देश्य होना चाहिए और वो है इन व्यर्थ के उद्देश्यों से मुक्त होना। जिस क्षण इन उद्देश्यों से मुक्त हो जाओगे तो इनसे मुक्त होते ही; इनसे मुक्त होने का वह एक मात्र उद्देश्य भी खत्म हो जाएगा।

छोटी सी जिंदगी है, इसे व्यर्थ के पीछे दौड़कर नर्क मत बनाओ। जितने सुंदर और शांत ढंग से इसे जी सकते हो जियो। ये जीवन बहुत सुंदर हो सकता है अगर इसे हम इंसान; नर्क ना बनाएं। ये पृथ्वी (प्रकृति) ही स्वर्ग हो सकती है अगर मूर्ख इंसान इसे अपनी हवस की वस्तु ना समझे। तुम्हें पूर्णता चाहिए और उसे तुम बाहर खोज रहे हो, मगर प्रकृति का शोषण करके तुम्हें पूर्णता नहीं मिलेगी। ईमानदारी से अपने जीवन का अवलोकन करो और जो कुछ भी बंधन, स्वार्थ और मूर्खताएं हैं; उनसे स्वयं को आज़ाद करो। तब पूर्णता उपलब्ध होगी।

९८

अस्तित्व हो या परमात्मा, चाहे कोई इंसान हो या व्यवस्था; मनुष्य केवल उन्हीं बातों पर सवाल उठाता है जहाँ उसे कोई समस्या होती है। जिन बातों से वह असहज होता है, जो बातें उसकी मर्ज़ी के मुताबिक नहीं होती हैं, जहाँ उसके स्वार्थों की पूर्ति में कोई अड़चन आती है; केवल उन्हीं के बारे में वह शिकायत करता है कि ऐसा क्यों है? वैसा क्यों है?

लेकिन जिस व्यवस्था में उसके स्वार्थों की पूर्ति होती है वहाँ उसे कोई समस्या नहीं होती है; फिर चाहे वह व्यवस्था शोषण आधारित ही क्यों ना हो। बीमारी से दिक्कत होती है तो पूछता है कि परमात्मा ने बीमारियां क्यों बनाई, दुःख होता है तो दुःख की शिकायत, मृत्यु में मृत्यु की शिकायत। लेकिन जब सुख देता है, सफलता देता है, जन्म और स्वास्थ्य देता है तब उसके प्रति कोई कृतज्ञता नहीं होती। तब तो नहीं कहता कि मुझे इतना स्वस्थ-निरोगी क्यों बना दिया? तब तो स्वीकार करके बैठ ही जाता है।

हम बड़े चालबाज लोग हैं, जब वो देता है तो उसकी याद तक नहीं आती और जब वापस लेता है अथवा जब हम अपनी ही मूर्खता से दुःख पाते हैं; तो उसे गालियाँ देते हैं। अपने दुखों के लिए उसे इल्जाम देना बंद करो और ना ही उससे कोई उम्मीद रखो क्योंकि वास्तव में जिन बातों से इंसान जीवन भर पीड़ा पाता है; वह सब ख़ुद इंसान द्वारा ही ईजाद की गई हैं।

वह व्यवस्था जिसका पालन हर कोई इंसान कर रहा होता है वह इंसानों ने ही रची है। आप उस व्यवस्था को गलत भी कहते हैं, उसमें दुःख भी पाते हैं किन्तु उससे बाहर भी नहीं आना चाहते हैं; क्योंकि वहाँ आपने स्वार्थ जोड़ रखे हैं। आप अभी, इसी क्षण उस व्यवस्था को नकार सकते हैं बशर्ते आप स्वार्थों को भी छोड़ने को तैयार हों।

आप जिसे सुख कहते हैं वह कुछ नहीं; बस वैसा कुछ होना है जैसा आप चाहते थे। उसी तरह जिसे आप दुख कहते हैं, वह भी ज्यादा कुछ नहीं है; बस वैसा कुछ नहीं हुआ जैसा आप चाहते थे।

99

अक्सर अपनी जवानी में हममें से अधिकांश लोग एक गलती करते हैं वो यह कि समय रहते हम अपने दम पर जीना ही नहीं सीखते हैं। अनेक तरीकों से हम दूसरों पर निर्भर हो जाते हैं, इसीलिए बाद में अपनी आज़ादी बेचकर उसकी बड़ी भारी कीमत हम चुकाते हैं। आज यदि आप किसी व्यक्ति को सहन कर रहे हैं, उसकी मालकीयत स्वीकार करते हैं; तो इसलिए क्योंकि आप किसी ना किसी तरह उस पर आश्रित हैं। लेकिन समय आज भी है और 'जब जागो, तब सवेरा'।

तुम चाहो तो आज और अभी यह निर्णय कर सकते हो कि तुम्हें अपनी आज़ादी की कीमत पर कुछ नहीं चाहिए। लड़का हो या लड़की, किसी भी तरह से ख़ुद को किसी दूसरे पर निर्भर न बनाओ। निर्भरता (यानी स्वार्थ) गधे को भी बाप बना देती है। इसलिए तीन बातें याद रखना;

1) जो पक्षी कभी उड़ने का प्रयास ही नहीं करता, वो कभी उड़ नहीं पाता है। 2) उड़ना जानते हुए भी जो दूसरों की पीठ पर बैठकर घूमता है, वह एक दिन उड़ना भूल जाता है। उसके पंख, बहुत कमज़ोर हो जाते हैं। 3) मगर जिसे उड़ना नहीं आता किन्तु फिर भी उड़ने की कोशिश करता है, तो एक दिन वह ज़रूर उड़ना सीख ही जाता है।

यह सिर्फ़ किसी पक्षी की बात नहीं है, हमारी भी यही कहानी है। आप में वो सारी संभावनाएं मौजूद हैं जो किसी दूसरे व्यक्ति में हैं। प्रत्येक बीज में वृक्ष हो जाने की संभावना होती है मगर आप उसे यदि सही माहौल ही ना दो, खाद-पानी ही ना दो; तो उसमें बीज क्या करे? जीवन में जो कुछ भी सही और करने लायक है, उसे करने का प्रयास करो। अभ्यास से ही मजबूती आएगी।

जो पक्षी कई वर्षों से पिंजरे में कैद रहा हो या जो अभी-अभी पैदा हुआ हो; उसे तो उड़ने के लिए अभ्यास करना ही पड़ेगा। नहीं करेगा तो कभी भी उड़ नहीं पाएगा और जो कोई जाकर के पिंजरे में ही बैठ जाएगा, वह उड़ना भूल जाएगा। इसलिए यदि उड़ना आता है, उड़ सकते हो तो उड़ते रहना। नहीं आता है तो अभ्यास करना। दूसरे का बोझ बनकर मत जीना। यही मुक्ति है। ना किसी के मालिक बनो, ना किसी के गुलाम; आज़ाद रहो, बेपरवाह जियो।

100

क्या हम प्रेम जानते भी हैं? आइए पता लगाते हैं। लगभग हर घर में जवान लड़के-लड़कियां होते ही हैं जिनको अपनी जवानी में किसी न किसी से प्रेम होता है, माता-पिता को बच्चों से, पति-पत्नी को प्रेम होता है। जिसे हम प्रेम कहते हैं यदि सचमुच वह प्रेम ही है, तो समाज की ऐसी दुर्दशा क्यों है? एक तरफ़ तो हर घर में प्रेमी बैठे हैं और दूसरी तरफ़ समाज में केवल हिंसा, शोषण, क्रूरता, लड़ाई-झगड़े और युद्ध दिखाई दे रहे हैं। क्या फिर भी तुम्हें लगता है कि जिसे तुम प्रेम समझ रहे हो; वह प्रेम है? प्रेम कोई मज़ाक थोड़े ही है, प्रेम सीखना पड़ता है। जो स्वयं को नहीं समझता; तब तक प्रेम हो ही नहीं सकता। अगर तुम्हारा प्रेम; अपने परिवार-समाज, अपनी जाति-धर्म, अपने देश या अपनी प्रजाति तक ही सीमित है; तो यह बहुत ही खोखला और झूठा प्रेम है। यह प्रेम है ही नहीं। प्रेम में तो सारी सीमाएं और सारे भेदभाव मिट जाते हैं। ऐसा हो नहीं सकता कि आप किसी एक व्यक्ति से प्रेम करें और दूसरे से नफ़रत। प्रेम जब होता है तो वह जैसे इंसान से होता है वैसे ही प्रकृति में जो कुछ भी मौजूद है; उन सबसे भी होता है। प्रेम में; इंसान, पशु-पक्षी, नदी-पहाड़ और जंगल से लेकर, कीड़े-मकौड़े और पत्थर के साथ भी आपका संबंध बिल्कुल बदल जाता है। लेकिन तुम्हारा प्रेम तो किसी एक खास व्यक्ति या किसी एक जीव पर ही आता है और बाक़ी के लिए तुम हिंसा से भरे होते हो। जिस मन में थोड़ी सी भी हिंसा, घृणा या ईर्ष्या का भाव है; उसमें प्रेम हो ही नहीं सकता। जब तुम प्रेम जानते हो तब पूरा अस्तित्व तुम्हारे प्रेम का हकदार हो जाता है। जो व्यक्ति किसी एक से भी सचमुच प्रेम करता है फिर वह इस पूरी प्रकृति में किसी को भी पीड़ा देने के बारे में सोचता भी नहीं। इंसान ही नहीं पशु, पक्षी, पेड़, नदी, तालाब सब पर उसका प्रेम और करुणा बराबर बरसती है। जैसे वर्षा कोई भेद नहीं करती, जैसे सूर्य कोई भेद नहीं करता वैसे ही उसके लिए फिर कोई अपना-पराया जैसा नहीं रह जाता है। किन्तु तुम्हारे संबंधों में तो ऐसा प्रेम कहीं नज़र नहीं आता है। क्योंकि जिसे तुम प्रेम कहते हो, वस्ताव में वह प्रेम नहीं कुछ और है। वह मोह, ममता, आसक्ति या लगाव हो सकता है, कोई स्वार्थ या वासना हो सकती है; किन्तु वह प्रेम नहीं है। प्रेम जानने के लिए तुम्हें पहले समझना होगा कि प्रेम क्या नहीं होता है? तुम तो न ख़ुद को समझते ना अपने मन को समझते और तुम्हें यह भ्रम हो गया कि तुम प्रेम जानते हो। अगर तुम्हारे जीवन में प्रेम होता तो अभी तुम्हारे मन की हालत ऐसी नहीं होती, जिससे तुम इतने परेशान हो।

101

हम स्वयं को बदले बिना समाज को बदलने की उम्मीद रखते हैं। आपको समझना होगा कि समाज अपने आप में कुछ भी नहीं है। व्यक्ति और उसके संबंधों से मिलकर ही समाज बनता है। इसी तरह कोई राष्ट्र कैसा है? यह उसके लोगों और उनके आपसी संबंधों को देखकर ही समझा जा सकता है। लोग कमज़ोर हैं, तो वह राष्ट्र भी कमज़ोर है। अतः व्यक्ति के बिना समाज का अस्तित्व नहीं होता। इसलिए जैसा व्यक्ति होगा और उसका अन्य व्यक्तियों और जीवों से जैसा संबंध होगा, वैसा ही समाज और राष्ट्र; अस्तित्व में आएगा। यदि हम स्वयं द्वंद में हैं, ईर्ष्यालु हैं, घृणा और स्वार्थ से भरे हुए हैं, भयभीत हैं; तो वैसे ही समाज का हम निर्माण करेंगे। आज यदि समाज में आपको बहुत बुराइयां नज़र आती हैं तो बस इसलिए क्योंकि व्यक्ति ही वैसा है। किन्तु समाज का लगभग हर व्यक्ति यह उम्मीद करता है कि पहले समाज सुधर जाए फिर मैं भी सोचूँगा सुधरने के बारे में। किन्तु आप यह न भूलें कि वह समाज आपसे ही शुरू होता है, इसलिए बदलाव की मुहीम भी; आपके ही रूपांतरण से शुरू होगी। पहले आपको सुधरना होगा ताकि आपके माध्यम से बुराई फैलनी बंद हो।

पहले आपको सुधरना होगा ताकि जो भी आपके सम्पर्क में आए वह आपसे वही अच्छाई लेकर जाए, न कि बुराई। आप हिंसक हैं तो आपसे हिंसा ही बटेगी, आप आज़ाद हैं तो आपसे आज़ादी ही बटेगी। किन्तु समाज की हालत इतनी बुरी है कि जो भी बच्चा पैदा होता है वो थोड़ा सोचने-समझने के काबिल हो; उससे पहले ही वो समाज की व्यवस्था में इतना अधिक रच-पच जाता है कि फिर उसका उस व्यवस्था (अव्यवस्था) से निकलना मुश्किल हो जाता है। परिवार, शिक्षा, संस्कार, मान्यताएं, धर्म, देश, काल और वातावरण ये सब मिलकर उसके मन को पूरी तरह से जकड़ लेते हैं। आपको सबसे पहले ज़रूरत है अपने अंदर की इस जकड़न और संस्कार बद्धता को पहचानने की और अपने तन, मन और जीवन से इसे निकाल फेंकने की। क्योंकि जब तक आपका मन मुक्त नहीं है; तब तक आपके कर्म भी मुक्त नहीं हो सकेंगे। आज़ादी का मतलब ही है; मन का अपनी जकड़न और संस्कार बद्धता से मुक्त हो जाना। आज़ादी का अर्थ यह नहीं होता है कि अब मैं कुछ भी करूँगा या कैसे भी जियूँगा। यह कुतर्क मूढ़ लोगों का होता है, जो हैं तो गुलाम; मगर समझते स्वयं को आज़ाद हैं।

102

ईश्वर की पूजा के नाम पर कितनी बड़ी मूर्खता हम करते हैं वो इस तरह की ईश्वर को हमने केवल कामना पूर्ति का साधन बना लिया है। मूर्ति के सामने सिर का झुकना अपने अहंकार को झुकाने का प्रतीक है। मूर्ति उस व्यक्ति के बोध का प्रतीक होती है, अतः आप अहंकार को बोध के समक्ष समर्पित कर रहे हैं। मूर्ति के माध्यम से आप उन मूल्यों को याद करते हैं, जिनके आधार पर जीवन जीकर वह व्यक्ति महान मानव कहलाया।

मूर्ति को पूजना, मूर्ति के रूप में अपनी ही चेतना की उच्चतम संभावना को पूजने जैसा है किन्तु अधिकांश लोग इस बोध के साथ तो कभी मंदिर नहीं जाते हैं। वास्तव में जिसे मूर्तियों का अर्थ समझ आ जाता है उसे फिर मंदिर जाने की भी ज़रूरत नहीं रह जाती है। चले गए तो भी ठीक और नहीं गए तो भी कोई दिक्कत नहीं। किन्तु अधिकांश लोग या तो जाते है भय के कारण अथवा सुरक्षा और स्वार्थ पूर्ति की कामना लेकर। ईश्वर से उन्हें कोई मतलब नहीं।

फिर इंसान की मूर्खता तो देखो; तुम मूर्ति ख़ुद बनाते हो, उसे स्वर्णाभूषण, गहने, हार, मालाएँ सब कुछ तुम स्वयं ही पहनाते हो और फिर उसी के सामने 100-50 रुपए चढ़ाकर लाखों की नौकरी, गाड़ी, बंगला, बच्चे आदि की मन्नत करते हो। तुम किसे मूर्ख बना रहे हो? अगर सचमुच मूर्ति में कोई जीवित भगवान होता तो वो भी इंसान की इस मूर्खता को देखकर हैरान होता। ये तुम रिश्वत दे रहे हो भगवान को। क्या यह मूर्खता नहीं है?

फिर एक भ्रष्ट अधिकारी और भगवान में क्या अंतर रह जाएगा? जरा सोचो; अगर वो तुम्हें लाखों की गाड़ी, महल, नौकरी आदि दे सकता है तो फिर तो उसे तुम्हारे 50 रुपए की भी कोई ज़रूरत नहीं होगी? अरे मूर्ति के माध्यम से उनको याद किया जाता है जिनकी मूर्ति बनाई है। उनको याद करके उनके जीवन से सीखा जाता है कि किस प्रकार वह स्वयं जीवन भर संघर्ष करते रहे? लेकिन तुम तो उन्हीं से भिखारियों की तरह भीख मांगने लग जाते हो। यह उनका, उनके त्याग और उनके परिश्रम का अपमान है। तुममें; प्रेम, श्रद्धा, कुछ नहीं है।

अगर भीख ही मांगना है तो मन्दिर के बाहर ही खड़े हो जाओ कटोरा लेकर, शायद कुछ मिल जाए।

103

इंसान होने का अर्थ ही है कि उसमें कुछ अच्छाईयां होंगी तो कुछ कमियाँ भी होंगी और यदि कोई कहे कि उसने अपनी सारी कमियों को जीत लिया है तो वह ज़रूर झूठ बोल रहा है। संसार में जितने भी महान लोग हुए हैं उनमें अगर खोजने जाओगे तो कमियाँ ज़रूर मिल जाएँगी किन्तु यह तो तुम्हारी नीयत पर निर्भर करता है कि उनके हजारों गुणों को छोड़कर तुम उनके कुछ दोषों को गिनने लग जाओ। दोष ही अगर ढूँढोगे तो फिर अच्छाई नज़र नहीं आएगी। देखो उनको, वो तुमसे कुछ अलग नहीं थे। उनकी भी मजबूरियाँ रहीं होंगी, उनको भी परेशानियाँ आई होंगी, किन्तु उसके बावजूद भी वो एक असाधारण जीवन जीकर दिखा गए। राम, कृष्ण, बुद्ध, महावीर, स्वामी विवेकानंद, महात्मा गाँधी, भगत सिंह आदि सब में गुण और दोष दोनों थे और वो तुमसे कुछ अलग नहीं थे। लेकिन आज हम देखते हैं कि कोई राम को गालियां दे रहा है तो कोई कृष्ण को, कोई बुद्ध को, कोई स्वामी विवेकानंद में कमियां खोज रहा है तो कोई महात्मा गांधी में, तो कोई रावण (अहंकार) को पूज रहा है। जिन्होंने ख़ुद कभी कुछ गलत करने का प्रयास नहीं किया आज उन्हीं के नाम पर लोग गलत काम कर रहे हैं। जिन्होंने ख़ुद बिखरे हुए समाज को जोड़ने का काम किया लोग उन्हीं के नाम पर अपने छुद्र स्वार्थों की पूर्ति के लिए भेदभाव करते हैं और समाज को बांटने का प्रयास करते हैं। अब तुम समझदार हो या नहीं?

यह इसपर निर्भर करता है कि तुम "कही और सुनी-सुनाई बातों को बिना जांचे परखे", भीड़ के साथ एक हो जाते हो या ख़ुद पढ़ते हो, खोजबीन करते हो और समझने का प्रयास करते हो। ईमानदारी से ख़ुद से पूछो कि जिन बातों के पक्ष या विपक्ष में तुम खड़े हो जाते हो, क्या सचमुच तुम उन्हें समझते भी हो? भीड़ को देखकर जिस व्यक्ति को तुम अच्छा या बुरा कहते हो, पूछो ख़ुद से; क्या तुमने सचमुच उसके जीवन के बारे में ख़ुद से कुछ पढ़ा या खोजबीन की? यदि नहीं, तो फिर तुम उनको सही या गलत कुछ भी कैसे कह सकते हो? तुम्हारा भला इसी में है कि तुम भ्रम में न जियो और भ्रम में नहीं जीने का अर्थ है; मानना नहीं, जानना। ख़ुद से जानोगे नहीं तो लोग अपने छुद्र स्वार्थों की पूर्ति के लिए तुम्हें इस्तेमाल कर लेंगे। अहंकारी लोग अपने अहंकार के लिए तुम्हें ही बलि चढ़ा देंगे। किसी के हाथ की कठपुतली मत बनो, अपने संस्कार और अहंकार की तो बिल्कुल भी नहीं। एक सजग, समझदार और जिज्ञासु इंसान रहो।

104

चाहे आप कितने ही समझदार व्यक्ति हो, कितने ही ज्ञानी हो, चाहे बिल्कुल सच्चे और ईमानदार ही क्यों ना हो किन्तु फिर भी प्रत्येक व्यक्ति को आप नहीं समझा सकते। आप बाहर से दरवाजा खोल सकते हैं, मगर जो ख़ुद अंदर से दरवाजा बंद किए हुए बैठा हो, उसका आप कुछ नहीं कर सकते। अर्थात् जो समझना ही ना चाहता हो, उसपर मेहनत करना व्यर्थ ही है। इसलिए यदि आप सचमुच कुछ ऐसा समझते हैं जो जीवन के बंधनों और दुखों को मिटाने में सहयोगी है, तो किसी भी व्यक्ति को एक सीमा से अधिक समझाने की कोशिश मत कीजिए। अपना समय, ऊर्जा और संसाधन वहाँ लगाइये जहाँ पर लोग कम से कम सुनने को तो तैयार हो।

किसी भी बात को समझाने के लिए बहुत ज़रूरी होता है कि सामने वाला व्यक्ति समझने के लिए तैयार हो। वो समझने में रुचि दिखाए और समझने के लिए चाहिए कि आप समझने पर ध्यान दें ना कि सिर्फ़ खोट निकालने पर। लेकिन जो व्यक्ति सुनने को ही तैयार नहीं है वहाँ न तो समझने की नीयत है और ना ही समझने पर ध्यान है, तो ऐसा व्यक्ति कुछ नहीं समझेगा। समझने के लिए नीयत और ध्यान दोनों चाहिये लेकिन बहुत लोग जीवन में ऐसे मिलते हैं जिनकी समझने की नीयत ही नहीं होती है। उन्हें समझाने में समय बर्बाद क्यों करना? इतनी बड़ी दुनिया है, बहुत हैं जो समझने को आतुर हैं। उन तक पहुँचो। कुछ लोगों के ही पास क्यों अटके रह जाना है।

अगर आप सिर्फ़ अपने ही घर-परिवार, दोस्त-यार, रिश्तेदार जैसे करीबियों को ही सुधारना चाहते हैं तो यह केवल मोह, लगाव और स्वार्थ है। अगर आप सिर्फ़ अपनी जाति, अपने संप्रदाय, अपने लिंग या सिर्फ़ मनुष्यों के लिए ही कुछ सार्थक करने का प्रयास कर रहे हैं; तो यह प्रेम नहीं है। उससे आगे बढ़ो, अपने प्रेम और करुणा को विस्तार दो, उसे सब पर लुटाओ। यदि आपका भलाई का काम सिर्फ़ कुछ सीमित जातियों, प्रजातियों, लोगों इत्यादि के लिए ही है तो शायद उससे हिंसक और बुरा काम दूसरा कोई नहीं है। क्योंकि जहाँ सीमा है वहां मुक्ति नहीं। जहाँ सीमा है वहाँ अलगाव है, हिंसा है। सीमाएँ हटाओ। एक अच्छे काम की पहचान होती है कि वह सबके लिए भला होता है। एक की आज़ादी दूसरों की गुलाम नहीं बननी चाहिये। इंसान की आज़ादी, अन्य जीवों और प्रकृति के शोषण का कारण नहीं बननी चाहिए अन्यथा यह आज़ादी नहीं अपितु अहंकार की गुलाम और मूर्खता है।

105

जब लोग तुम्हें अच्छा कहते हैं या तुम्हारा सम्मान करते हैं तो तुम खुश हो जाते हो। फिर वही लोग तुम्हें बुरा कहते हैं या तुम्हारा अपमान करते हैं तो तुम दुःखी हो जाते हो। क्यों? क्योंकि तुम लोगों की नज़रों में स्वयं को देखते हो। तुम्हारे पास अपनी कोई पहचान है नहीं। लेकिन अधिकांश लोगों की नज़रें तुम्हें कभी तुम्हारा असली चेहरा तो दिखाती ही नहीं है, क्योंकि लोग तो अपनी ज़रूरतों के हिसाब से तुमसे बात करते हैं।

उनकी नज़रों में जो तुम हो, वो सिर्फ़ उनके लिए हो इसलिए वह तुम्हारी असली पहचान नहीं है। जैसे दस अलग-अलग प्रकार के दर्पणों में तुम अगर अपना चेहरा देखोगे, तो तुम्हें दस तरह के चेहरे नज़र आएंगे। किसी में मोटा तो किसी में पतला तो किसी में लंबा। इससे दर्पणों के बारे में पता चलता है न कि तुम्हारे बारे में; क्योंकि चेहरा तो एक ही है लेकिन दर्पण अलग-अलग हैं।

इसी तरह लोग तुम्हारे बारे में क्या कहते हैं उस सबके आधार पर तुम स्वयं को; छोटा या बड़ा, अच्छा या बुरा, सम्मानित या अपमानित मत मानने लग जाना बल्कि अपनी आँखों से देखना स्वयं को कि तुम कौन हो? क्या हो? कैसे हो? मगर इसके लिए स्वयं के प्रति पूरी ईमानदारी, स्वयं के जीवन में सुधार की नीयत और स्वयं के दैनिक जीवन के ईमानदार अवलोकन की ज़रूरत होती है।

दूसरों की दी हुई पहचानों को यदि अपनी पहचान मानकर जियोगे तो बेपरवाह नहीं जी पाओगे और हमेशा डरे-डरे ही रहोगे; कि कहीं पहचान, नाम, सम्मान इत्यादि छिन न जाएं। मगर हम देखते ही हैं कि जो कुछ भी दूसरों से या बाहर से; यानी संसार और प्रकृति से मिला है वह तो उन्हीं के द्वारा किसी भी क्षण छीना जा सकता है और एक दिन छिन ही जाता है। इसलिए उसको जगाओ जो तुम्हारा अपना है; उसे समझ कहते हैं, उसे प्रेम, करुणा और बोध कहते हैं और वो आता है; जानने से और जीने से।

वह सब तो मशीनें होती हैं जिनका रिमोट किसी दूसरे के हाथ में होता है। तुम्हारा मन तुम्हारी समझ से चले, तुम्हारे बोध के पीछे चले ना कि किसी दूसरे की बुद्धि या चालाकी के अनुसार चले।

106

हर कोई व्यक्ति कुछ ना कुछ अच्छा, सही और बड़ा काम करना चाहता है लेकिन कर नहीं पाता है, भटकता रहता है और फिर छा जाती है हताशा। क्यों? क्योंकि उसके लिए चाहिये एक ज़रूरी और ऊँचा काम और उसी के साथ चाहिए निष्ठा, प्रेम, समय, संसाधन और ऊर्जा। लेकिन ये सब जो हमें उस सही और ज़रूरी काम को देना चाहिये था वो सब हमने उन छोटे-छोटे और व्यर्थ के अन्य सैकड़ों मुद्दों को दे दिया जिनका कोई मूल्य नहीं।

अपना सीमित और ज़रूरी समय हमने ऐसे लोगों को दे दिया जिनको जीवन में किसी ऊँचाई से कोई मतलब ही नहीं है। इसलिए ध्यान रखो कि व्यर्थ के मुद्दों और टाइम पास लोगों को अगर अपना ज़रूरी समय दोगे तो ज़रूरी काम और सही लोगों के लिए तुम्हारे पास न समय बचेगा और न ऊर्जा और वह ज़रूरी काम न होने के कारण जो व्यर्थ का पछतावा होगा वह तो है ही।

इस बात को भूलो नहीं कि तुम्हारे पास बहुत सीमित समय है, सीमित संसाधन हैं और वह भी कब खत्म हो जाएगा यह भी निश्चित नहीं। तो अपना समय कहाँ लगा रहे हो इसपर अच्छे से ध्यान दो। जो कोई भी तुम्हारा समय व्यर्थ ही बर्बाद करे उसे नकार दो, ज्यादा मत सोचो कि उसे अच्छा लगेगा या बुरा। क्योंकि तुम अभी कुछ हो, किसी काबिल हो सिर्फ़ इसीलिए वो तुम्हारे साथ हैं, वो निष्कामी अथवा प्रेमी तो हैं नहीं और अगर तुम अपना काम ही नहीं कर पाए तो उनमें से कोई तुम्हारे साथ नहीं होगा।

यह जीवन सही कर्म करते हुए जीने के लिए है ना कि व्यर्थ मुद्दों में उलझे रहकर गंवाने के लिए। लोग आते-जाते रहते हैं, किन्तु समय कभी लौटकर नहीं आता। बिल्कुल तय कर लो, कि जब मैं फलाना काम कर रहा हूँ तब चाहे कोई भी हो; मैं दखल बिल्कुल भी स्वीकार नहीं करूँगा।

साथ ही जिन लोगों की संगत से तुम्हारा भला हो उनकी संगत करो, उनसे सीखो और जो कोई भी तुम्हारी संगत से सीख सकता है और सीखने-समझने को राजी हो, तो उसे जिस भी तरीके से हो सके अपनी संगत दो। जैसे इस पुस्तक के माध्यम से अभी आप मेरी संगत कर रहे हैं।

107

यहाँ ऐसा कौन है जो जीतना नहीं चाहता है? कौन है जो बड़ी सफलताएं हासिल नहीं करना चाहता है? चाहता तो हर कोई हैं लेकिन जब उसे हासिल नहीं कर पाते हैं तो कुछ लोग किस्मत को कोसते हैं, कुछ मजबूरियों और दिक्कतों का बहाना देते हैं? और ऐसा है भी लेकिन मैं तुमसे पूछता हूँ कि जो लोग सचमुच आगे बढ़े और जिन्होंने जीवन में सच्ची सफलताएं पाई हैं; सबसे पहले तो क्या तुम उन्हें जानते भी हो? जिन्हें तुम आज सफल व्यक्ति कहते हो, क्या सचमुच वे सफल कहलाने योग्य हैं भी? किसी के पास बहुत धन है या कोई पद है, तो क्या इससे वह सफल हो गया। आज भी जिन्हें पूरा देश, पूरी दुनिया पूजती है; क्या उनका सम्मान और सफलता इसमें थी कि उनके पास बहुत धन या कोई पद था?

क्योंकि तुम दौड़ते हो सिर्फ़ पद, पैसा और पहचान जैसी चीज़ों के पीछे और समाज में जिसके भी पास तुम्हें यह सब दिखता है तुम अंधे होकर उनके जैसा होने के लिए, उनके जैसी सफलता (भोग) पाने के लिए दौड़ने लगते हो फिर चाहे वह व्यक्ति कितना ही लुच्चा, लफंगा, हिंसक, भ्रष्ट और शोषक क्यों न हो, बस उसके पास पैसा, पद और पहचान होना चाहिये।

इसलिए तुमसे पूछ रहा हूँ कि जो लोग सचमुच सफल हुए हैं अथवा हैं, क्या उनको तुम जानते भी हो और क्या उनके बारे में तुम्हें कुछ पता भी है कि उन्होंने क्या किया और कैसे किया? तुम कहते हो कि मजबूरियाँ हैं, दिक्कतें हैं; तो जिन्होंने सफलताएं हासिल की हैं क्या उनके जीवन में कोई समस्या, चुनौती या मजबूरियाँ नहीं रही थीं?

अगर किसी को सब कुछ बना बनाया या बहुत आसानी से ही मिल गया हो, तो उसे सफलता कहना ही बेकार है। जितनी बड़ी सफलता चाहिये, चुनौती भी उतनी ही भारी और महत्वपूर्ण उठानी पड़ेगी। तो तुमसे पूछता हूँ कि सफलता तो हर कोई चाहता है लेकिन उसके लिए जितनी मेहनत, तैयारी और त्याग चाहिए; क्या तुम वो भी करते हो? जीतना सब चाहते हैं लेकिन जीतने के लिए जो कीमत चुकानी होती है; क्या तुमने वो चुकाई? बिना कीमत चुकाए तो दुकान से छोटी सी वस्तु भी नहीं मिलती, फिर बड़ी सफलता कैसे मिल जाएगी? पहले पता करो कि सच्ची सफलता क्या है? और फिर जो भी कीमत हो, वह चुकाओ।

सच्ची सफलता; धन, पद, पहचान, सम्मान, भोग इत्यादि को पाने में नहीं है अपितु इन सबके माध्यम से भी, अंततः जो तुम पाना चाहते हो; उसके बोध में है।

108

हर व्यक्ति योद्धा नहीं होता है। जहाँ हर कोई तुम्हारी हाँ में हाँ मिलाए, जहाँ पहले ही तुम्हारे पास ताक़त हो, जहाँ बहुत कुछ तुम्हें विरासत में मिला हो; वहाँ तो कायर भी डटा रह सकता है। फिर असली योद्धा कौन है? असली योद्धा वह है जहाँ भले ही सब तुम्हारे विरोध में हो, तुम अकेले हो और चाहे कुछ भी तुम्हें विरासत में नहीं मिला हो पर चूंकि तुम जानते हो कि जो तुम कर रहे हो, जो तुम्हारी लड़ाई है; वह उचित है, सही और ज़रूरी है और इसलिए तुम सारे विरोधों के बावजूद डटे रहते हो।

भूलना नहीं, सच्ची लड़ाई में अक्सर अधिकांश लोग तुमसे सहमत ही नहीं होंगे क्योंकि उस लड़ाई की, कुछ नया करने की, जो चल रहा है उसमें बदलाव की ज़रूरत ही इसलिए है क्योंकि जो व्यवस्था पहले से बनी हुई है; वो ठीक नहीं है और व्यवस्था ठीक नहीं है अर्थात् लोग भी ठीक नहीं हैं। और जब तुम बनी-बनाई व्यवस्था को ध्वस्त करने की बात करते हो, लोगों से उनकी वर्षों पुरानी मान्यताएं छोड़ने की बात करते हो; तो लोग तुमसे कैसे और क्यों सहमत होंगे? उस व्यवस्था से जिन भी लोगों के स्वार्थ जुड़े हुए हैं, वे तो बिल्कुल नहीं चाहेंगे कि उस व्यवस्था का अंत हो।

वैसे भी अधिकांश लोग परिवर्तन से और नएपन से बहुत घबराते हैं क्योंकि अहंकार; निश्चितता, स्थायित्व, आराम और सुरक्षा चाहता है। इसलिए जब भी कुछ बेहतर और नया करोगे, जब भी एक बेपरवाह जिंदगी जियोगे, अकेले चलोगे तो विरोध तो ज़रूर उठेगा, अंदर से भी और बाहर से भी; बस तब तुम डटे रहना और वह तब ही हो सकेगा जब तुम्हें प्रेम हो मुक्ति से, आज़ादी से। केवल प्रेम ही है जो सामने वाले का भला करने के लिए कष्ट भी सहने को तैयार हो जाता है।

कोई बहुत कष्ट सह रहा है, मेहनत कर रहा है इससे वह योद्धा नहीं हो जाता। महत्वपूर्ण यह है कि वह कष्ट किसके लिए सह रहा है? किसके लिए मेहनत कर रहा है? अहंकार के लिए तो सब करते हैं। "असली योद्धा कौन? अहंकार के विरुद्ध जिसने चुनौतियों का सामना किया, वह असली योद्धा होता है"। जीवन में अगर चुनौतियां नहीं हैं तो उठाओ क्योंकि चुनौतियों के बिना जीवन रसहीन, बलहीन, कांतिहीन होता है, किन्तु चुनौतियां विनाश के लिए नहीं; निर्माण के लिए उठाओ। भोग के लिए नहीं अपितु भलाई के लिए उठाओ। अहंकार के लिए नहीं वरन बोध, प्रेम और करुणा में सत्य के लिए उठाओ। योद्धा बनो।

109

समाज में यदि शांति चाहिए तो वह शस्त्र से आएगी या शास्त्र (ज्ञान) से? क्या ज्यादा सार्थक होता है? इसके लिए आपको समझना होगा मृत्यु को। दो तरह की मृत्यु होती है; एक जिसमें शरीर ही मिट जाता है और दूसरी, जिसमें शरीर तो होता है किन्तु आंतरिक रूपांतरण हो जाता है और व्यक्ति आंतरिक रूप से नया हो जाता है। जो पहला तरीका है शस्त्र का, जिसमें आप व्यक्ति के शरीर को तो खत्म कर देते हैं किन्तु शरीर के मिट जाने के साथ ही उसमें जो प्रेम और आनंद पाने की संभावना थी, मुक्त और बेपरवाह जीने की जो संभावना थी; वह भी खत्म हो जाती है। इसीलिए आत्महत्या करना भी उचित नहीं है। इसीलिए जो बोधवान और करुणावान होते हैं, वे अक्सर ज्ञान का मार्ग चुनते हैं।

जैसे रावण को भी पहले बहुत समझाया गया ताकि उसे मारना न पड़े। दुर्योधन को भी श्रीकृष्ण ने बहुत समझाया कि मान जाओ, मत करो यह मूर्खता, अधर्म मत करो किन्तु वह नहीं माना। तो एक मृत्यु होती है जिसमें शरीर ही मिट जाता है और शरीर के साथ ही प्रेमपूर्ण, आनंदित और बेपरवाह जिन्दगी जी पाने की सारी संभावनाएं भी मिट जाती हैं; जैसे रावण और दुर्योधन का मरना। दूसरी मृत्यु होती है जिसमें आंतरिक रूपांतरण हो जाता है। आप वह रह ही नहीं जाते हो जो आप पहले थे। जैसे अंगुलिमाल का डाँकु से भिक्खु हो जाना। जैसे रत्नाकर का डाकू से वाल्मीकि हो जाना। यहाँ शरीर को मिटाए बिना ही, डाकू की मृत्यु भी हो गई और एक नया जन्म भी हो गया। इसी को पुनर्जन्म भी कहते हैं। अब अंगुलिमाल स्वयं तो बोध, प्रेम, करुणा और आनंद से भरा जीवन जीता है साथ ही अन्य में भी वही बाँटता है।

श्रीकृष्ण भी अर्जुन को गीता के माध्यम से एक नया जन्म देते हैं और आप पाते हैं कि पहले अध्याय का अर्जुन और अंतिम अध्याय के अर्जुन बिल्कुल अलग हैं। इसीलिए शस्त्र से ज्यादा शास्त्र उपयोगी होते हैं। इसलिए ज्ञान और ज्ञानी की इतनी महिमा होती है। शारीरिक मृत्यु में केवल विनाश है और मानसिक या आंतरिक मृत्यु में विनाश है और नया सृजन भी है। युद्ध के माध्यम से शांति स्थापित होना लगभग असंभव है और केवल ज्ञान, समझ, बोध, करुणा और प्रेम ही हैं, जो वास्तविक और सृजनात्मक शांति ला सकते हैं।

110

श्रीमद्भगवद्गीता में एक शब्द है, "तितिक्षा" जिसका अर्थ होता है सहो। अर्जुन कहते हैं कि दुःख हो रहा है, शरीर जल रहा है, गांडीव नहीं संभल रहा है इत्यादि, तो श्रीकृष्ण कहते हैं; सहन करो। किन्तु सहन करने का अक्सर लोग बहुत गलत अर्थ लगा लेते हैं। शोषण, अन्याय, अधर्म, हिंसा या अत्याचार को सहना तितिक्षा नहीं कहलाता है और अपने अहंकार को पोषण देने के लिए भी जो कुछ सहा जाए, उसे भी तितिक्षा नहीं कहा जाता है। भोंदू (मूर्ख) बन जाना, शोषित होते रहना, अन्याय सहते रहना; तितिक्षा नहीं है।

तितिक्षा का अर्थ होता है; सत्य का मार्ग हो, शांति और न्याय उद्देश्य हो, जीवन में निष्कामता हो फिर उस पर डटे रहने और आगे बढ़ते रहने के लिए जो भी सहन करना पड़े; उसे सहो। यह तितिक्षा है। गलत को, अन्याय और शोषण को सहना तितिक्षा नहीं होता है; वही तो पाप होता है, अधर्म होता है।

इसलिए हर किसी को सहना बंद करो, सत्य के अलावा कोई इतना महत्वपूर्ण नहीं कि उसे सहन किया जाए। हिंसा, शोषण, अन्याय और अधर्म करना जितना बड़ा पाप है; उसे सहना भी उतना ही बड़ा पाप है। व्यर्थ के स्वार्थों के लिए सहना बंद करो, कुछ भी आज़ादी और शांति से अधिक महत्वपूर्ण नहीं। सत्य से बड़ा कुछ नहीं होता है। जो कुछ भी या जो कोई भी सत्य के काम न आए, जो झूठ की ही सेवा में लगा हुआ है; उसे दूर करो जीवन से। हमारा जीवन इसीलिए नर्क बना होता है क्योंकि हम गलत काम, गलत लोगों, गलत चीज़ों, गलत संबंधों के लिए बहुत कुछ सहते रहते हैं। क्यों? क्योंकि वहाँ थोड़ा सा स्वार्थ है जिसे हम छोड़ना नहीं चाहते हैं फिर चाहे हमारी आज़ादी और शांति ही क्यों न छिन जाए। हमारे जीवन का यह नर्क हमारा अपना चुनाव होता है।

जहाँ भी कुछ सहन कर रहे हो, पूछो कि क्या है जो मुझे इतना कुछ सहने के लिए मजबूर कर रहा है? फिर देखो कि क्या सचमुच उसके लिए इतना सहने की ज़रूरत है? अगर ईमानदार रहोगे तो तुम पाओगे कि कोई ज़रूरत नहीं है सहने की, जिंदगी इतनी सस्ती नहीं है। यही पहली और आखिरी जिंदगी है और समय बहुत सीमित है; कब खत्म हो जाएगा, पता भी नहीं चलेगा। इसलिए अहंकारियों को और अहंकार के लिए, स्वार्थियों को और स्वार्थ के लिए सहना बंद करो। अर्जुन के लिए दुर्योधन को नहीं सहना जितना ज़रूरी है, श्रीकृष्ण को सहना भी उतना ही ज़रूरी है।

111

तुम शरीर मात्र नहीं हो अपितु शरीर के अलावा भी कुछ हो। शरीर मात्र ही यदि तुम होते, तो बताओ कि शरीर को जब कोई समस्या नहीं होती है, जब उसे सारी सुख-सुविधाएं उपलब्ध होती हैं; तब भी तुम अशांत, परेशान, भयभीत, बेचैन और अपूर्णता क्यों अनुभव करते हो? शरीर की ज़रूरत होती है; भोजन, कपड़ा, मकान, सेक्स, आराम और तुम्हारी ज़रूरत होती है बोध, प्रेम, आज़ादी, शांति, एक बेपरवाही। अगर तुम्हारे जीवन में प्रेम नहीं, शांति और आनंद नहीं, यदि तुम आज़ाद और बेपरवाह नहीं; तो चाहे तुम दुनिया के सबसे अधिक रहीस ही क्यों ना हो मगर तुम्हारी बेचैनी और अपूर्णता बनी रहेगी। इसलिए शरीर की सार्थकता इसमें नहीं है कि तुम शरीर का ही उपयोग करके दिन रात मेहनत करो और शरीर को ही फुलाने में लगे रहो। इंसान के लिए इससे बड़ा नर्क और क्या होगा कि इंसान कमाता है, भोगता है, सोता है और ऐसे ही एक दिन मर जाता है, किन्तु इस पूरी प्रक्रिया के दौरान वह लगातार दुःख, चिन्ता, भय और बेचैनी में रहता है। क्या तुम्हारा जीवन सिर्फ़ इसलिए है कि तुम शरीर की ही सेवा करते रहो? क्या अर्थ है ऐसे जीवन का जिसमें तुम दिन-रात मेहनत करते हो सिर्फ़ इसलिए कि शरीर चलता रहे; ताकि अगले दिन फिर मेहनत कर सको।

गाड़ी में हम पेट्रोल (ईंधन) इसलिए डालते हैं ताकि उससे यात्रा करें, किसी मंजिल पर पहुंचे। तो पूछो ख़ुद से कि शरीर को इतना खिलाते-पिलाते हो, उसके लिए इतना कमाते हो, दुःख और गुलाम सहते हो; तो यह तुम्हें पहुँचा कहाँ रहा है? शरीर की सार्थकता शरीर को ही बचाए रखने के लिए मेहनत करते रहने में नहीं है, "शरीर की सार्थकता इसी में है, कि समय उसे अनुपयोगी कर दे उससे पहले सत्य और बंधनों से मुक्ति की सेवा में ख़ुद स्वाहा हो जाए"। शरीर का उपयोग करो अपने दुखों से, बंधनों से मुक्त होने में। उसे ईंधन दो ताकि वह तुम्हारी मुक्ति में काम आ सके। मनुष्य की जितनी भी समस्याएं हैं जिनसे वो परेशान रहता है वे सारी शरीर से ही संबंध रखती हैं जैसे; जन्म, मृत्यु का भय, वासना, मोह-ममता-लगाव, बीमारी, बुढ़ापा, भोजन, कपड़ा, मकान, रिश्ते, सुरक्षा की चिंता और भी ऐसी ही अनेक समस्याएं हैं; वे बोझ केवल इसलिए हैं क्योंकि तुम स्वयं को देह मात्र ही मानते हो। यदि आपको इसका बोध हो जाए कि आप केवल देह मात्र नहीं हैं, तो सोचो कितनी समस्याएं अपना महत्व खो देंगी? कितना बड़ा बोझ आपके सिर से उतर जाएगा। यह जानना कि आप केवल देह मात्र नहीं हैं; यही आत्मज्ञान है।

112

तुमने देखा होगा कि जब हम स्वस्थ होते हैं तो सब कुछ कितना अच्छा लगता है लेकिन जब हम बीमार होते हैं तब वही सब हमें कैसा चुभता है? इसमें जीवन का गहरा रहस्य है। यह संसार, यह जीवन सब कुछ हमारे लिए क्या और कैसा होता है? यह इसपर निर्भर करता है कि हम क्या और कैसे हैं? यह शाम का समय, यह ढलता सूरज, यह ऊँचे पहाड़ और यह ठंडी हवा सब कुछ बहुत सुंदर, सुहाना और आनंद-दाई होता है केवल तब, जब आप स्वस्थ होते हैं, जब दुनियाभर की समस्याएं आपके मन पर बोझ बनकर नहीं रखी होती हैं, जब आप आज़ाद होते हैं।

लेकिन जो व्यक्ति बीमार और कमज़ोर है, जो खटिया पर पड़ा हुआ है उसे यह ठंडी हवा भी काँटों की तरह चुभेगी, शाम का समय उसके अंदर भय पैदा करेगा, ऊँचे पहाड़ उसके लिए बोझ हो जाएंगे, यह ढलता सूरज उसे अपनी मौत की तरह दिखेगा। यह संसार, यह जीवन और बाक़ी सब कुछ तुम पर निर्भर करता है। तुम जैसे होते हो चीज़ें भी तुम्हारे लिए वैसी ही हो जाती हैं। एक ही वस्तु अलग-अलग लोगों के लिए अलग-अलग अर्थ रखती है, वही वस्तु एक ही व्यक्ति के लिए अलग-अलग समय, स्थान, भिन्न-भिन्न स्थितियों में; अलग-अलग अर्थ ले लेती है।

तुम्हारा मन अगर शांत है, स्वस्थ और सरल है, सुलझा हुआ है, पवित्र है, भय और चिंता से मुक्त है, प्रेम और करुणा से यदि तुम भरे हुए हो; तो यह संसार ही तुम्हारे लिए स्वर्ग है। इसके विपरीत यदि तुम्हारा मन उलझा हुआ है, अशांत और परेशान है, घृणा, ईर्ष्या और हिंसा से भरा हुआ है, मान्यताओं और अंधविश्वासों से भरा हुआ है, भय, संशय और चिंताओं से घिरा है; तो यही संसार तुम्हारे लिए नर्क हो जाता है। जैसे तुम हो वैसा ही यह संसार है, क्योंकि तुम ही संसार हो। एक सहज श्रद्धा जीवन में हो, सहजता, सरलता और आनंद जीवन में हो और जिन्दगी बेपरवाह हो; इसके लिए आत्मज्ञान बहुत ज़रूरी है।

आत्मज्ञान यानी अपनी जिन्दगी का पूरी ईमानदारी से अवलोकन करते रहना। इस नीयत के साथ की जीवन में बेहतरी आए, भय, चिंताओं और बंधनों से मुक्ति मिले। अज्ञान ही दुख का मूल कारण है। जीवन से भ्रम और अज्ञान मिटे इसके लिए ईमानदार अवलोकन ही मार्ग है। आपकी ईमानदारी के अतिरिक्त और कुछ भी आपके साथ ऐसा नहीं है जो आपके अज्ञान को मिटा सके, ताकि आपका दुख मिटे और आप बेपरवाह जी सकें।

113

क्या सचमुच कोई समस्या बड़ी या छोटी होती है? क्योंकि अक्सर जब हम कुछ कर नहीं पाते हैं तो हमारे पास यह बहाना होता है कि सामने चुनौती बहुत बड़ी थी इसलिए हम हार गए या हम पीछे रह गए और कुछ कर नहीं पाए। मैं नहीं समझता कि कोई समस्या बड़ी या छोटी होती है, बल्कि सब हमारे ऊपर निर्भर करता है। समस्या या चुनौती को दोष देना तो हमारा बहाना है, परिस्थितियों को दोष देकर तो हम अपनी मूर्खताओं, कमजोरियों और अपने अज्ञान को छुपा लेते हैं।

जिनको सही काम और संघर्ष से बचना होता है, उनके पास कुतर्कों की कोई कमी नहीं होती और वे केवल बहाने खोजते हैं। इसके विपरीत जिन्हें सही काम करना होता है, वे अनेक बाधाओं के बीच भी रास्ता खोजते हैं और खोज लेते हैं। ये सारे बहाने बनाकर तुम किसी अन्य को नहीं अपितु स्वयं को मूर्ख बना रहे हो और अपनी जिन्दगी को नर्क बना रहे हो। कोई भी समस्या बड़ी या छोटी नहीं होती है, यह तो हम पर निर्भर करता है कि चुनौती के सामने हम कितने बड़े हैं? हम यदि कमज़ोर हैं तो छोटी-छोटी चुनौतियाँ भी हमारे लिए बहुत बड़ी हो जाती हैं और हम यदि ताक़तवर हैं, मजबूत हैं तो बड़ी-बड़ी चुनौतियाँ भी हमारे लिए बहुत छोटी बात हो जाती है। जिम (GYM) में पहले दिन पाँच किलो का वजन भी बहुत भारी लगता है लेकिन कुछ महीनों या साल भर के बाद बीस किलो भी ज्यादा बड़ी बात नहीं रह जाती है।

चुनौती को दोष देकर हमें लगता है कि हम बच गए हैं किन्तु समस्याओं को दोष देने का अर्थ स्वयं को ही मूर्ख बनाना होता है। बहाने बनाकर तुम किसी अन्य का नहीं बल्कि ख़ुद का ही नुकसान कर रहे हो। इसलिए परेशानियों को दोष मत दो, परिस्थितियों को मत कोसो बल्कि यह पता करो कि वहाँ पर तुम क्यों और कैसे कमज़ोर रह गए? तुममे कौन-सी कमी रह गई? दोष मत दो, बहाने मत बनाओ बल्कि अपनी कमजोरियों को तोड़ो और ताक़त अर्जित करो फिर चुनौतियाँ तुम्हारे लिए समस्या नहीं बल्कि ऊपर उठने के लिए सीढ़ियों की तरह हो जाएँगी। समझदार और ताक़तवर लोगों के लिए मार्ग की चुनौतियाँ ही ईंधन होती हैं।

या तो सीढ़ियों को बेड़ियाँ बना लो अथवा बेड़ियों को ही सीढ़ियां बना लो।

114

संसार के प्रत्येक प्राणी का एक जो मूल अधिकार है और कर्तव्य भी; वह है उसकी अपनी मुक्ति (आज़ादी) जिसे कोई भी उससे छीन नहीं सकता फिर चाहे वह इंसान हो, पशु हो, पक्षी हो या कोई अन्य जीव। मुक्त रहो, यह तुम्हारा अधिकार है और यदि कोई तुम्हारी आज़ादी छीने, तो उसे हासिल करो; यह तुम्हारा स्वयं के प्रति कर्तव्य है।

मैं समझता हूँ कि इस बात से तो आप सब लोग बिल्कुल सहमत होंगे किन्तु यह बात भी भूल मत जाना कि किसी अन्य जीव की आज़ादी छीनने का अधिकार आपको नहीं है; जो कि हममें से अधिकांश लोग भूल चुके हैं। तुम तो आज़ाद रहना चाहते हो किन्तु जब किसी दूसरे की आज़ादी तुम्हारे कारण छिनती है, तब क्यों उसे देखने से कतराते हो।

जो कोई भी माता-पिता हैं या जो बनने वाले हैं आप एक बात अच्छे से समझ लो, बच्चों का भला करने की जिद में उनके मालिक न बनें। उनका भला करने से पहले यह भी देख लें कि जिस समझ और ज्ञान के आधार पर आप बच्चों का भला करने की जिद कर रहे हैं, उस ज्ञान और समझ से आप अपना ख़ुद का कितना भला कर पाए हैं? पूछिए स्वयं से कि यदि आप अपना ही भला नहीं कर पाएं हैं तो आपको इतना अहंकार क्यों है कि आप अपने बच्चों का भला कर पाएंगे?

आपके बच्चे यदि आपकी बात नहीं सुनते हैं तो मैं पूछता हूँ कि आप उनकी बातें सुनते हैं क्या? आपके बच्चे नहीं सुनते हैं तो आपको बहुत बुरा लगता है लेकिन जब आप उनको एक मशीन या वस्तु की भाँति अपनी मर्ज़ी के अनुसार उपयोग करते हैं, अपनी कामनाओं की पूर्ति हेतु उनका उपयोग करते हैं; तब क्यों नहीं सोचते कि उन्हें कैसा लगता होगा?

अगर आप चाहते हैं कि वो भी आपकी बात सुने और समझे तो आपको भी उन्हें सुनना और समझना होगा अन्यथा आपको कोई अधिकार नहीं उन्हें किसी तरह का आदेश देने का क्योंकि बच्चों को जन्म देना कोई महान काम नहीं है; अपितु महा पाप है यदि उन्हें आप सही जीवन नहीं देते हैं। जो कोई भी व्यक्ति अपनी वर्तमान हालत में बच्चों को एक सही जीवन देने में असमर्थ है, उसे अधिकार ही नहीं होना चाहिये कि वह एक भी बच्चे को जन्म दे।

इसी तरह किसी भी व्यक्ति को आज़ादी का अधिकार नहीं है यदि वह किसी अन्य प्रजाति के जीव को अपने स्वार्थ, स्वाद या मनोरंजन आदि के लिए उपयोग करता है। तुम्हारा दूध, दूध से बनी वस्तुएं, मांस, अंडा, लेदर के कपड़े, शहद, ऊन, सर्कस जैसी अनेक

वस्तुएँ जो किसी जीव से जबरन छीनी जाती हैं, वह सब उन जीवों पर हिंसा करके आती हैं।

आज हम मनुष्यों के कारण न जाने कितनी प्रजातियां दर्द से कराह रही हैं, सिर्फ़ हमारे स्वाद और स्वार्थ के कारण। जाओ और जाकर इनके बारे में जानो और जो कोई भी व्यक्ति जानने के बाद भी इन जीवों पर हो रही हिंसा को नज़रअंदाज करता है या इनपर हिंसा करता है, ऐसे व्यक्ति को मैं आज़ादी का हकदार नहीं समझता।

केवल वही व्यक्ति इन जीवों के लिए अपने स्वाद और स्वार्थ को छोड़ सकेगा जिसके अंदर प्रेम और करुणा होगी। जो प्रेमहीन, हिंसक और करुणा-विहीन हैं, वह न स्वार्थ छोड़ सकेगा और न स्वाद। वह बेईमान है। वह प्रत्येक व्यक्ति जो आज़ादी चाहता है, जीवन में प्रेम और शांति चाहता है, ध्यान रखना; आज़ादी उसे मिलती है जो ख़ुद किसी अन्य की आज़ादी नहीं छीनता।

जिसे आज़ादी चाहिये, उसे मालकीयत भी छोड़नी होगी।

115

जो व्यक्ति स्वयं को शरीर के अलावा कुछ नहीं जानता वह दूसरों को भी शरीर की भाँति ही देखता है। ऐसे व्यक्ति के सारे चुनाव और निर्णय देह के आधार पर ही होते हैं। ऐसे व्यक्ति का पूरा जीवन देह की सेवा करते-करते और देह के इर्द-गिर्द घूमते हुए ही कब खत्म हो जाता है पता भी नहीं चलता और अंत में पाता है कि जिस देह के लिए जीवन भर दौड़ता रहा उसने भी साथ छोड़ दिया बल्कि बोझ बन गई। जीवन भर सारे काम और सारे संबंध देह के आधार पर ही किए, इसलिए जीवन में भी सुख नहीं पाया क्योंकि जो शरीर से सुंदर हो ज़रूरी तो नहीं की उसका मन और उसकी समझ भी सुंदर ही हो।

स्त्री के लिए पुरुष और पुरुष के लिए स्त्री इसीलिए बहुत बड़ी चीज़ हो जाती है क्योंकि हम व्यक्ति के शरीर को ही बहुत अधिक महत्व देते हैं उसकी समझ और ज्ञान को नहीं। जो ख़ुद देहभाव में जीता है, वह लड़के और लड़की को एक साथ देखकर कभी सहज नहीं रहता है। यदि किसी लड़के और लड़की को साथ देखकर तुम्हारे मन में सिर्फ़ एक ही बात आती है कि शायद इनके बीच कुछ तो मामला है, इनके बीच कोई शारीरिक संबंध ज़रूर है; अगर तुम्हारी दृष्टि ऐसी है तो तुम बहुत बुरी तरह देहभाव से ग्रस्त हो और इसीलिए समाज में सबसे गंदे इंसानों में से एक हो। यही तुम्हारे जीवन का नर्क है। तुम्हें उनका ज्ञान, कला, कौशल, काम जैसा कुछ भी नज़र नहीं आता तो इसका मतलब तुम्हारी आँखें ही सिर्फ़ एक चीज़ को देखना चाहती हैं। इसी तरह की आँखे फिर किसी दिन समाज में बलत्कार जैसी समस्याओं को अंजाम देती हैं।

देह से ऊपर उठो। जब तक देहभाव हमारे अंदर होगा तब तक जीवन में मोह, आसक्ति, भय, चिन्ता, भेदभाव और हिंसा बनी रहेगी। जो कोई भी चाहता हो कि उसे इन सबसे मुक्ति मिले, वह स्वयं देहभाव से मुक्त होकर इसकी शुरुआत ख़ुद से कर सकता है। व्यक्ति की पहचान उसकी समझ, उसका ज्ञान है क्योंकि एक वही है जो आपका अपना है बाक़ी सब पराया है। यह जान लेना कि आप क्या नहीं हैं? यही बोध है और इसी से समझ की शुरुआत होती है। जिसे अपने ना होने का बोध है वही आत्मज्ञानी है और तब उसकी देह; मात्र देह नहीं रह जाती बल्कि उसकी देह भी बोध का प्रतीक हो जाती है। आत्मज्ञानी की देह भी अनमोल हो जाती है, जैसे वह कीचड़ जिसमें कमल खिला हो।

116

मनुष्य को एक जो सबसे बड़ी शक्ति मिली है वह है 'चुनाव की शक्ति'। मनुष्य होने का प्रमाण ही यह है कि आप चुन सकते हैं। यह चुनाव ही है जो किसी को राम तो किसी को रावण बना देता है, यह चुनाव ही है जो किसी को दुर्योधन तो किसी को कृष्ण के साथ खड़ा कर देता है, यह चुनाव ही है जो किसी को बुद्‌ध और किसी को डाकु अंगुलिमाल से बौद्‌ध भिक्खु बना देता है। जो कुछ भी हमारे जीवन में है; सुख-दुःख, शांति या अशांति; बंधन या आज़ादी, मैं समझता हूँ कि जाने-अनजाने वह हमारा ही चुनाव है।

अपने बंधनों से मुक्त होने की ज़िम्मेदारी से अगर बचना चाहते हो तो आप इसे नकार सकते हो और कह सकते हो कि आपके दुख और बेचैनी का कारण दुनिया है किन्तु समस्या को नकार देने से अथवा किसी अन्य पर इल्जाम लगा देने से समस्या खत्म नहीं हो जाती।

हकीकत को तो आप नकार देंगे लेकिन उसके परिणामों को कैसे नकारोगे? वह तो भुगतने ही पड़ते हैं। चुनाव की इस शक्ति को अपनी कमज़ोरी मत समझ लेना क्योंकि यही है जिसे आप अपनी ताक़त बना सकते हो मगर दुरुपयोग करोगे तो यही ताक़त आपके लिए दुख, बंधन और कमज़ोरी का कारण बन जाएगी। आप बंधन में हैं तो आज़ादी का आप चुनाव कर सकते हैं किन्तु आज़ाद होने के लिए बंधन भी आपको ही काटना होगा। सत्य और असत्य, धर्म और अधर्म, प्रेम और घृणा, बंधन और मुक्ति, काम और रिश्ते जो कुछ भी हमारे जीवन में है; वह सब हमारा ही चुनाव है। और 'कृष्ण भी हमारा चुनाव हैं। कृष्ण प्रतीक हैं; बोध, सत्य और धर्म के।

युद्‌ध से पहले दुर्योधन और अर्जुन जब श्रीकृष्ण के पास गए थे तब अर्जुन के पास अवसर और अधिकार दोनों थे कि वह सेना को चुन सकता है किन्तु सेना यदि श्रीकृष्ण के मूल्य पर मिल रही थी तो अर्जुन ने भी कहा होगा कि नहीं चाहिए सेना। कुरुक्षेत्र के मैदान में अर्जुन की हालत इतनी बुरी हो गई थी की गांडीव भी नहीं संभल रहा था, खड़े नहीं रह पा रहे थे मगर उसके बावजूद भी वह कृष्ण से दूर मैदान छोड़कर नहीं भागा। यह चुनाव ही है अन्यथा उसके पास बहुत तर्क थे युद्‌ध से भाग जाने के लिए। जिसे बड़ा चाहिए उसे छोटे को नकारना भी पड़ेगा।

जो इतना स्पष्ट होता है कि सत्य की कीमत पर कुछ नहीं चाहिए, वही आज़ादी का अधिकारी होता है। उसी के लिए खुलते हैं द्‌वार श्रीकृष्ण के।

117

हम अक्सर शौक़ (कामनाओं) को ज़रूरत समझ बैठते हैं और जीवन भर दौड़ते रहते हैं। किन्तु मत भूलो कि ज़रूरतें पूरी की जा सकती हैं, शौक़ नहीं फिर चाहे वे तुम्हारे हों या किसी दूसरे के। माता-पिता, पति या पत्नी, रिश्तेदार अथवा समाज; किसी के भी शौक़ अथवा सपने' पूरे करने के लिए तुम पैदा नहीं हुए हो और यदि तुमने पूरे करने की कोशिश भी की, तो भी पूरे कर नहीं पाओगे और अंत में केवल पछतावा होगा क्योंकि एक असंभव और व्यर्थ के काम में तुमने अपना पूरा जीवन बर्बाद कर दिया।

इंसान के शौक़ ही उसे गुलाम बनने के लिए मजबूर करते हैं, उसकी ज़रूरतें नहीं। यदि तुम्हें अपनी आज़ादी बेचनी पड़ रही है तो इसका कारण तुम्हारी जरूरतें नहीं अपितु तुम्हारे शौक़, तुम्हारी आत्म अज्ञानता और स्वार्थ हैं। ज़रूरतें तो इंसान की बहुत कम होती हैं लेकिन वो दूसरों से तुलना करने की बीमारी का शिकार हो जाता है और व्यर्थ की चीज़ें भी उसे ज़रूरतें लगने लगती हैं समस्या तब हो जाती है जब हम तन की नहीं अपितु मन की प्यास बुझाने के लिए संसार में दौड़ने लगते हैं। मगर मन की अपूर्णता कभी भी जगत से और जगत की वस्तुओं से नहीं भर सकती क्योंकि वहाँ कुछ भी वैसा नहीं है जैसा आप उसे समझ रहे हैं। वह तो आपकी ही कामना का प्रक्षेपण मात्र है।

स्त्री-पुरुष के मध्य जब शुरुआती संबंध बनता है तो वह एक-दूसरे की कमियों को भी देख नहीं पाते हैं क्योंकि वासना और कामना उनकी आँखों में भरी होती हैं। मगर वही लोग कुछ समय बाद छोटी-छोटी बातों के लिए एक-दूसरे को दोष देते रहते हैं। मन को वस्तुएँ नहीं चाहिये, उसे वस्तुओं के माध्यम से कुछ और ही चाहिये जिसे आप प्रेम, शांति, आनंद चैन, मुक्ति या एकांत कुछ भी कह सकते हैं। मगर समस्या यह है कि प्रेम, चैन, शान्ति अथवा जो भी आप उसे नाम दें, वह वस्तुओं से नहीं मिलता और यह आपको समझना होगा कि पानी प्यास बुझा सकता है, प्रेम नहीं दे सकता।

धन तुम्हें सुविधाएं दे सकता है, शांति, चैन अथवा पूर्णता नहीं। धन का उपयोग करो अपनी शारीरिक ज़रूरतों के लिए किन्तु बहुत अधिक धन पाकर चैन पाने की कामना मत करो। धन, वस्तुओं, व्यक्तियों, भोग इत्यादि से चैन अथवा पूर्णता पाने की कामना छोड़ोगे तो व्यर्थ की दौड़ थम जाएगी, व्यर्थ संघर्ष और समस्याएं हटेंगी और तुम पाओगे कि जो खोज रहे हो वह उपलब्ध ही है।

118

रक्षाबंधन के नाम पर हम जो मूर्खता करते हैं, इसके कारण भी हमारे समाज में कई तरह की कमजोरियां और शोषण पनपते हैं। रक्षाबंधन जो कि बहुत ही सुंदर त्यौहार हो सकता है, उसको गलत अर्थ देकर हमने बहुत गंदा कर दिया है। जिन भाई-बहनों को कमज़ोरों की रक्षा करने के लिए स्वयं को बाध्य समझना चाहिये, वे एक-दूसरे को ही सुरक्षा देने में लगे हुए हैं।

जो भाई अपनी बहन की रक्षा की बात करता है, वही भाई दूसरों की बहनों को माल कहता है, भोग की वस्तु समझता है। आज तक किसी भाई ने किसी बहन की रक्षा नहीं की और करने की ज़रूरत भी नहीं है। रक्षा के नाम पर बस उस लड़की का शोषण होता है और उसे नाम दे दिया जाता है प्रेम और सुरक्षा का। ऐसे इलाके जहां स्त्रियों पर कई प्रतिबंध हैं, वहाँ कई बार तो भाई ही रक्षक की जगह भक्षक हो जाते हैं।

लड़कियों को तो ख़ुद ही इस मान्यता को नकार देना चाहिए जिसमें उन्हें अपनी रक्षा के लिए किसी अन्य पर आश्रित रहना सिखाया जाता है। सबसे पहले तो एक जवान लड़की को ही शर्म आनी चाहिए कि वह अपनी रक्षा के लिए किसी दूसरे पर निर्भर है और भाई अगर छोटा बच्चा है तो फिर कैसे रक्षा करेगा वो?

असली रक्षाबंधन तब है जब भाई-बहन एक-दूसरे को इस काबिल बनने में सहायता करे, कि तुम्हें किसी की रक्षा की ज़रूरत ही न पड़े और अपनी रक्षा स्वयं कर सको। भाई या बहन एक-दूसरे की रक्षा के लिए प्रतिबद्ध न होकर इस बात के लिए प्रतिबद्ध हों कि दोनों अपनी रक्षा स्वयं कर सकें इस काबिल बनकर उन्हें सहारा देंगे; जिन्हें सचमुच तुम्हारे सहारे की ज़रूरत है, तब रक्षाबंधन एक सुंदर त्यौहार होगा।

आज पूरी पृथ्वी और उसके निर्दोष जीवों को हमारी ज़रूरत है, उठो और उनकी रक्षा के लिए स्वयं को प्रतिबद्ध जानो अन्यथा घर के अंदर बैठकर यह झूठा प्रेम दिखाना बंद करो। अगर पृथ्वी ही न रही तो न भाई बचेगा न बहन, फिर कौन रक्षा करेगा और किसकी रक्षा करेगा? अगर त्योहार अपने ही अहंकार और मोह-ममता को बचाए रखने के लिए होगा, तो जीवन से दुख, कमज़ोरी और बंधन कभी नहीं मिटेंगे। त्योहार बहुत अच्छे हैं अगर वह हमारी मुक्ति और जगत के कल्याण के लिए हों।

119

गुड़ होता है तो मक्खियाँ भी होती हैं लेकिन उन्हें देखकर यह मत समझ लेना कि उन्हें गुड़ से प्रेम है। क्योंकि ये तभी तक हैं जब तक गुड़ है जैसे ही गुड़ खत्म होगा सब उड़ जाएँगी। संसार में अधिकांश लोग इन मक्खियों की ही भाँति होते हैं जो तब ही तुम्हारे आसपास बहुत मंडराते हैं जब तुम सांसारिक सफलताएं हासिल करने लगते हो क्योंकि तब तुम्हारे माध्यम से उन्हें अपने स्वार्थों की पूर्ति होती दिखाई दे रही होती है। इनके सम्मान को सम्मान मत समझना और इनके अपमान को भी अपमान मत समझना, जिनको स्वयं का ही कोई बोध नहीं वे क्या किसी का अपमान या सम्मान करेंगे? इनको तो यह भी पता नहीं कि अपमान या सम्मान होता क्या है और किसका किया जाता है?

किसी गधे या कुत्ते के पास भी यदि बहुत धन हो तो ये ऐसे लोग हैं कि उसको भी बाप बना लेंगे अन्यथा उसे घर में कदम ना रखने दें। ये तो कठपुतलियां हैं। जितना हो सके अपनी सफलताएं, अपनी उपलब्धियां लोगों को कम से कम दिखाओ या दिखाओ ही मत और एक सही, शांत जीवन जियो, सदा सत्य के साथ रहो और स्वधर्म का पालन करो। तब देखो कि सच्चाई के मार्ग पर कौन तुम्हारे साथ है? किन्तु तुम भी यदि उन्हीं की तरह हो तो सारी बातें तुम पर भी लागू होती हैं।

तुम यदि कुछ कर ही इसीलिए रहे हो ताकि वाहवाही बटोर लूँ, तो उनको नज़रअंदाज नहीं कर पाओगे। उनसे सम्मान लोगे तो अपमान भी लेना पड़ेगा। मगर वे तभी तक सम्मान देंगे जब तक गुड़ है। जहां लोगों को अपना स्वार्थ दिखता है वहाँ तो हरकोई सहायता करता है; पिता को पुत्र में अपने बुढ़ापे की लाठी दिखाई देती है इसलिए वह तो तुम्हारी हर तरह से सहायता करने का प्रयास करेगा, इसे प्रेम समझ लेना अज्ञान होगा। बहुत अच्छा होता कि प्रेम में सहायता की जाती मगर ऐसा बहुत ही कम होता है।

तुम सत्य के मार्ग को चुनो, अपनी आज़ादी और जगत के कल्याण को महत्व दो फिर सत्य के मार्ग पर तुम्हारी निर्बलता के समय जो तुम्हारा बल न बने, उसे तुम अपनी शक्ति का भोग मत लगाओ। वह व्यक्ति तुम्हारी सहायता का हकदार नहीं जो अपने स्वार्थ के लिए दूसरों का बुरा करने से नहीं चूकता। सत्य से बड़ा कुछ नहीं और जो सत्य का नहीं, वह किसी का नहीं तुम उसे अपना मत मानो। सत्य जिसे कड़वा लगे वह ज़रूर झूठा होगा। वह कितना झूठा, घटिया और हिंसक इंसान होगा जिसे सच्चाई और तुम्हारी मुक्ति से दिक्कत होती है।

120

क्या कोई अन्य व्यक्ति हमारे दुःख का कारण होता है? नहीं। हम स्वयं अपने दुःख के कारण होते हैं लेकिन दूसरे पर दोष लगाकर हम स्वयं को निर्दोष और शोषित दिखाने की कोशिश में लगे रहते हैं। कोई दूसरा व्यक्ति हमारे दुःख का कारण नहीं होता है बल्कि हमारी ही चाहते हमारे दुःख का कारण होती हैं। दूसरे व्यक्ति से हमने जो "उम्मीदें" लगाई होती हैं वह उम्मीदें हमारे दुःख का कारण होती हैं। लौटो अपने अतीत में और देखो कि जब भी तुम दुखी हुए हो तब केवल इसलिए हुए हो क्योंकि तुमने कुछ चाहा था और जैसा तुमने चाहा था वैसा नहीं हुआ। यहाँ लगभग हर व्यक्ति चाहतों और उम्मीदों के धागों से ही एक-दूसरे से जुड़ा हुआ है किन्तु तुम भूल ही जाते हो कि धागे बहुत कच्चे होते हैं इसलिए वो टूटेंगे ही।

अगर तुम बस उम्मीदें ना रखो तो कोई तुम्हें कैसे दुखी या अशांत कर सकता है। ना स्वयं से उम्मीद रखो ना किसी अन्य व्यक्ति से, ना समय से उम्मीद रखो ना स्थान से, ना रास्तों के पत्थरों से उम्मीद रखो कि उनसे ठोकर ना लगेगी ना काँटों से उम्मीद रखो कि वे ना चुभेंगे। काँटा चुभने के अलावा और कुत्ता भौंकने के अलावा कर ही क्या सकते हैं। जो स्वयं प्रकृति की कठपुतलियां बने हुए हैं, उनसे क्या उम्मीद रखना। यहाँ कोई अभिभावक; बच्चों के लिए इतनी मेहनत नहीं करते हैं। सबसे पहले तो वो 'अपने' बच्चे हैं (मेरे) और अपने हैं इसीलिए भविष्य में उनसे कुछ मिलने की आशा है; सिर्फ़ इसलिए उनपर इतनी मेहनत वो करते हैं अन्यथा ऐसे कितने ही बच्चे हैं जिनको ज़रूरी सहायता चाहिए हो तो भी उनकी मदद ये कभी नहीं करते हैं। अधिकांश माता-पिता बच्चों के नाम पर इतनी मेहनत अपने ही बुढ़ापे और अपने ही अहंकार के लिए करते हैं। यह अहंकार है जो दूसरे शरीर के माध्यम से स्वयं को ही बनाए रखना चाहता है। न कोई भाई अपने भाई की मदद करता है और न कोई पति अपनी पत्नी की।

कोई भी यदि तुम्हें कुछ दे रहा है तो समझ लेना कि वो तुम्हारा मालिक बन रहा है और तुमसे उसका कई गुना वह वापस लेगा। निष्कामी लोग नहीं रहते हैं समाज में। हमारे अधिकांश संबंध केवल ज़रूरतों, स्वार्थों, मोह-ममता और उम्मीदों पर टिके होते हैं। इसीलिए जब वह हमारे अनुसार नहीं चलते हैं या उनसे जब हमारे स्वार्थों की पूर्ति नहीं होती है तो हमारे संबंध टूटने लगते हैं। अतः जिसे दुःख से बचना हो वह अपनी ही उम्मीदों और चाहतों के प्रति सतर्क रहें। या तो सीधा व्यापार करो अन्यथा प्रेम में कुछ दो तो उम्मीदें न रखो।

121

न तो तुम; किसी से कोई उम्मीद रखो और न तुम, किसी की उम्मीद बनो। व्यक्ति वस्तु काम किसी से भी उम्मीदें मत पालो। न स्वयं से ना दूसरों से और ना ही अस्तित्व से कोई उम्मीद रखो। पहले से जिनसे उम्मीदें लगा रखी हैं उन्हें आज़ाद करो और किसी ने यदि तुमसे उम्मीदें लगा रखी हैं तो जितना जल्दी हो जाए सबकी उम्मीदों पर पानी फेर दो, माने सबकी उम्मीदें तोड़ दो। उम्मीदों के अलावा और कुछ नहीं है जो इंसान को दुःख देता हो। हम कुछ चाहते हैं कभी ख़ुद से तो कभी दूसरों से और जब वैसा नहीं होता है तो हम दुःखी होते हैं। "जिसका भी भला चाहते हो, उससे कभी उम्मीद लगाने की गलती मत करना। जहाँ उम्मीदें हैं वहाँ प्रेम हो नहीं सकता। जब उम्मीदें पूरी नहीं होती हैं तो जो कभी दिल के अंदर होने की बात किया करते थे; वो घर के बाहर भी नज़र नहीं आते हैं, जो तुम्हें सिर पर बैठाते थे, दिल में रखते थे; अब उनके घर में भी तुम्हारे लिए जगह नहीं बचेगी। यहाँ कौन किसी की उम्मीदें पूरी कर पाता है?

इंसान बेचारा ख़ुद की तो उम्मीदें पूरी कर नहीं पाता है और दुनिया भर के लोग उससे उम्मीद लगाकर बैठ जाते हैं। उसकी ख़ुद की जिंदगी नर्क बनी हुई है, वह तुम्हारी जिंदगी में क्या ख़ाक चार चाँद लगाएगा। वो अपने रोज के काम समय पर पूरे नहीं कर पाता, तुम्हारी कामनाएं क्या ख़ाक पूरी करेगा। उम्मीदें रिश्तों को तबाह कर देती हैं। प्रेम के नाम पर हम एक-दूसरे का शोषण करते हैं क्योंकि प्रेम तो मुखौटा है, रिश्ता टिका होता है अज्ञान से उठी उम्मीदों पर? अरे, जो ख़ुद अकेलेपन से ग्रस्त है तुम उसे पाकर अपना अकेलापन दूर करना चाहते हो, जो कि नामुमकिन है। आम के चूसे हुए गुटले की तरह दोनों की हालत है और एक-दूसरे से उम्मीद ये करते हैं कि मिलकर रस की बरसात होगी। बहुत दुःख पाओगे।

ना तो तुम किसी की उम्मीद बनो और ना ही तुम किसी से उम्मीद रखो। यहाँ कोई भी किसी की उम्मीदें पूरी करने के लिए पैदा नहीं हुआ है। आज तक जो उम्मीदें पूरी हो गई हैं जरा उनको तो ध्यान से देख लो, जो चाहतें तुम्हारी पूरी हो गई हैं क्या वही तो आज तुम्हारे लिए नर्क का कारण नहीं बनी हुई हैं? और तुम अभी भी लगे हुए हो चाहतों को पूरा करने में। देख लो अब तुम्हें क्या करना है.? हमारे सम्बन्धों में सारी समस्याओं की जड़ यही है कि हम एक-दूसरे से ऐसी-ऐसी उम्मीदें लगा लेते हैं कि सामने वाले को पता चल जाए, तो वह शायद ही कल तक नज़र आए। दुःख चाहिये, तो उम्मीदें रखो; अन्यथा रहने दो।

122

जीवन में व्यक्ति जब परेशान होता है अधिकांशतः तब ही वह मंदिर, मस्जिद, गुरुद्वारे या चर्च इत्यादि जाता है और हमेशा किसी कामना या भय से ही जाता; प्रेम और आनंद में व्यक्ति मंदिर जाता ही नहीं है। जब हम शांत, संतुष्ट, मुक्त, प्रेमपूर्ण और आनंदित होते हैं तब हमें किसी ईश्वर की याद नहीं आती। क्योंकि वास्तव में ईश्वर के रूप में जिसे हम खोज रहे होते हैं; वह प्रेम, मुक्ति, बल, आनंद और संतुष्टि ही है। यदि वह हमें उपलब्ध ही है, तब उसकी कल्पना करने या उसे खोजने की कोई आवश्यकता नहीं रह जाती है।

कोई व्यक्ति पूरी तरह स्वस्थ हो और फिर भी वो डॉक्टर और अस्पताल की तलाश करे तो यह हास्यास्पद होगा। जो बीमार होता है उसे ही डॉक्टर और दवाई की याद आती है। डॉक्टर और दवाई के माध्यम से उसकी बीमारी हटती है और उसे उपलब्ध होता है स्वास्थ्य, उसी प्रकार मन्दिर, मूर्ति, ग्रंथ आखिरी चीज़ नहीं हैं, उनके माध्यम से आगे बढ़ना होता है मगर इंसान या तो आगे बढ़ने के लिए कभी उनके पास जाता ही नहीं है और जो जाता है वह वहीं अटक जाता है। सोचो तुम स्वस्थ हो जाओ और फिर भी डॉक्टर के ही आगे-पीछे नाचो, तो कैसा लगेगा? इसी तरह जिस डॉक्टर के उपचार से तुम्हारी बीमारी नहीं मिटती है, वहाँ पड़े रहना भी उचित नहीं। तो कौन से मंदिर जाने लायक हैं? कौन सी पुस्तकें, ग्रंथ कहलाने लायक हैं? यह इससे तय करो कि वह आपका अज्ञान, भ्रम, दुख, अशांति, बेचैनी मिटा रहे हैं या नहीं? उसी तरह बिना जांचे-परखे ही किसी भी पुस्तक को अच्छा या बुरा कह देना भी मूर्खता है। किन्तु वास्तव में इंसान प्रेम के नाते कभी मंदिर नहीं जाता है, न श्रद्धा में उसका सिर झुकता है, ना मुक्ति के लिए जाता है। मन्दिर वो जाता है; कामना, भय और स्वार्थ के चलाए।

यदि मनुष्य के जीवन से उसके दुःख-दर्द, भय आदि समस्याओं को खत्म कर दिया जाए तो शायद वह कभी मंदिर न जाएगा, न किसी ईश्वर-मूर्ति के सामने सिर झुकाएगा। अधिकांशतः वही लोग मंदिर-मस्जिद, गुरुद्वारा, चर्च आदि जाते हैं जो अपने जीवन में दुखी और परेशान होते हैं। ईश्वर के माध्यम से अधिकांश लोग वास्तव में जीवन से पलायन करते हैं और जो जीवन से पलायन करता है वह कभी किसी ईश्वर को नहीं पाता है। जीवन को जानकर, जीवन को उसकी परिपूर्णता में स्वीकार कर के और उसे गहराई से जीकर ही उसको उपलब्ध हुआ जा सकता है जो प्रत्येक मनुष्य की गहरी से गहरी चाह है।

123

शारीरिक सुख भोग ही यदि सर्वोच्च होता तो प्रत्येक शादीशुदा व्यक्ति का जीवन खुशहाल होता, लेकिन ऐसा तो देखने को नहीं मिलता है। किन्तु फिर भी अधिकांश पुरुष विवाह करने के लिए किसी भी स्त्री में जिस एकमात्र चीज़ को सबसे ज्यादा महत्व देते हैं वह है उसका शरीर। प्रेम, समझ, बोध, ज्ञान, करुणा, कला इनकी तो कोई बात ही नहीं करता। उसी तरह एक स्त्री भी एक पुरुष में जिन चीज़ों को सबसे ज्यादा महत्व देती है वह है उसका पद, धन, शरीर और पहचान। उसका मन कैसा है? वह हिंसक है या प्रेमपूर्ण है? वह व्यक्ति कैसा है? अपने से कमज़ोर जीवों, प्रकृति और पशु-पक्षियों के साथ उसका संबंध कैसा है? इन सब बातों की तो वह परवाह ही नहीं करती है।

अब यदि तुमने सामने वाले व्यक्ति में प्रेम को, समझ, ज्ञान और बोध को, करुणा और कला इत्यादि को महत्व ही नहीं दिया है तो फिर इन सब की उससे उम्मीद भी मत करना। प्रेम के स्थान पर हिंसा करे तो शिकायत मत करना। किन्तु प्रेम और समझ के बिना यदि दो व्यक्ति साथ हैं, तो उनकी जैसी जिंदगी होती है; उसी को नरक कहते हैं। सामने वाले व्यक्ति के कारण तुम्हारा जीवन नर्क नहीं बनता है, बल्कि तुमने स्वयं ही इस नर्क को चुना है।

"आज के हमारे सारे दुःख, अतीत में हमारे द्वारा ही चुने गए हैं"। तुम कहोगे कि हम जानबूझकर क्यों अपने जीवन में दुःख लाएंगे? तो महोदय, यदि रावण भी अपना असली चेहरा लेकर माता सीता के सामने जाता तो वह लक्ष्मण रेखा पार करती क्या? नहीं करती न। 'इसी तरह दुःख सदा सुख का मुखौटा पहन कर आता है' और हम भी बड़ी धूम-धाम से, बैंड बाजे बजाकर उसे अपने जीवन में प्रवेश देते हैं। कबीर साहब कहते हैं; दुःख में सुमिरन सब करे सुख में करे न कोय, जो सुख में सुमिरन करे, दुःख काहे को होय।

अब दुःख में रोने का क्या लाभ, जब सुख आता है तब तो तुम विचार ही नहीं करते, ध्यान ही नहीं देते; कहते हो कि आने दो, और आने दो और जब उसकी कीमत वसूली जाती है तब जांच-पड़ताल करते हो। फिर पछताए क्या होय, जब चिड़िया चुग जाए खेत। भूलना मत; तुम वैसे ही हो जाते हो जैसी तुम्हारी संगत होती है। अपने जीवन में किसे प्रवेश दे रहे हो? किसे अपना समय दे रहे हो? कहाँ पर अपना धन और ऊर्जा समर्पित कर रहे हो? इन सबके प्रति सतर्क रहो।

124

यदि हमें जीना आता है, संबंध की अगर हमें समझ है तो यही संसार हमारे लिए स्वर्ग हो जाता है अन्यथा यही संसार अधिकांश लोगों के लिए नर्क रहता है। क्योंकि संसार अपने आप में कुछ नहीं है। हमारे लिए यह संसार कैसा होगा? हमारे लिए यह संसार क्या होगा? स्वर्ग होगा या नर्क होगा? सब कुछ इसपर निर्भर करता है कि संसार के साथ आपका संबंध कैसा है? और संबंध कैसा होगा यह इसपर निर्भर करता है कि आप कैसे हैं? आप प्रेमपूर्ण, आज़ाद और सजग हैं या ईर्ष्यालु, भयभीत और बेहोश? इसी से सब तय हो जाता है। क्योंकि वास्तव में जिस संसार में तुम जीते हो उसके रचयिता तुम स्वयं हो। हर व्यक्ति का अपना एक व्यक्तिगत संसार होता है और वह संसार ठीक वैसा ही है जैसा वह व्यक्ति है, जिसकी शुरुआत स्वयं उस व्यक्ति से ही होती है क्योंकि आप ही संसार हैं।

एक मुर्गा हो सकता है कि तुम्हारे लिए सुबह का नाश्ता हो, उससे तुम्हारा संबंध भोग का हो सकता है और वही मुर्गा मेरे लिए एक सुंदर जीव हो सकता है। उसके साथ मेरा प्रेम का संबंध हो सकता है। जिस प्रकार जीव तो वही है किन्तु उसके साथ मेरा संबंध; यह तय करता है कि मेरे लिए वह क्या है? उसी प्रकार यह पूरा अस्तित्व भी प्रत्येक व्यक्ति के लिए भिन्न-भिन्न होता है। कोई व्यक्ति इसी अस्तित्व के साथ सही संबंध बनाकर आनंद, शांति और प्रेम भरा जीवन जी सकता है और दूसरा व्यक्ति इसी में दुख, दर्द और अशांति में हो सकता है। यह सब इससे तय होता है कि प्रकृति, अन्य जीवों, जीवन और लोगों से आपका सम्बन्ध कैसा है? प्रेम और मैत्री का या स्वार्थ और हिंसा का?

जैसा तुम अस्तित्व के साथ व्यवहार रखते हो, वैसा ही वह तुम्हारे लिए हो जाता है। मगर आत्मज्ञान के अभाव में व्यक्ति ना स्वयं को जानता है, ना स्वयं की मूल बेचैनी को और ना ही उस बेचैनी के उपचार की उसे कोई समझ होती है। किन्तु आत्म-अज्ञान के कारण दुख, भय, चिन्ता और अशांति तो लगातार बनी ही रहती है। उसी बेचैनी और आंतरिक अपूर्णता को मिटाने के लिए फिर वह संसार में दौड़ता है और जगत के साथ एक सहज और स्वाभाविक संबंध बनाने के स्थान पर वह भोग और शोषण का संबंध बना लेता है और जगत के साथ यही गलत संबंध उसे और नर्क में धकेल देता है फिर वह और गलत संबंध बनाता है फिर और पीड़ा पाता है और यह ऐसे ही जीवन भर चलता रहता है। जगत से शरीर की ज़रूरतें पूरी करो, मन की नहीं। मन तो आत्मज्ञान से ही शांत होता है।

125

एक होती है आसक्ति अर्थात् किसी चीज़ से कुछ इस तरह चिपक जाना कि उसके बिना स्वयं को अपूर्ण जानना। जैसे उसे अपने अस्तित्व का ही एक हिस्सा बना लेना। अपने होने के लिए उसपर निर्भर हो जाना। उसके बिना जैसे कहीं चैन ही ना मिलना। जैसे समाज के अधिकांश लोग अपनी संपत्ति, परिवारों, रिश्तों, पहचानों, पदों, सम्मान इत्यादि से चिपक जाते हैं।

दूसरी होती है विरक्ति अर्थात् किन्हीं मान्यताओं, विश्वासों, निर्णयों, पूर्वाग्रहों, संस्कारों आदि के कारण किसी चीज़ को इस तरह से त्याग देना कि यदि गलती से कभी वह सामने दिख भी जाए तो बिल्कुल आँख-नाक-कान सब बंद कर लेना और स्वयं को पापी इत्यादि मानकर ग्लानी जैसे भावों से भर जाना। जैसे एक तथाकथित सन्यासी होता है। जिसकी यह मान्यता होती है कि स्त्री नर्क का द्वार होती है इसलिए उसे देखना भी नहीं चाहिए। अब जैसे ही कोई स्त्री उसके सामने पड़ती है तो इसके नाटक शुरू हो जाते हैं, जैसे कि उस स्त्री ने कोई पाप कर दिया हो।

वास्तव में यदि तुम किसी चीज़ से भागने का प्रयास कर रहे हो, तो हो सकता है कि वह स्थूल रूप से तुम्हारे निकट न हो किन्तु सूक्ष्म रूप से वही चीज़ तुम्हारे मन में हर समय घूमते रहेगी। और स्त्री कोई वस्तु तो नहीं है कि जिसे तुम अस्वीकार कर दो, बल्कि यह तो दुनिया की लगभग आधी आबादी है जो तुम्हें हर जगह नज़र आएगी और इसके बिना तो तुम भी नहीं हो सकते थे। कैसे बचोगे उससे? उसी स्त्री से तुम पैदा हुए हो। मगर हम इस तरह की मूर्खता करते हैं।

तो इन दोनों तरीकों के आधार पर यदि हम संसार के किसी भी व्यक्ति, वस्तु, विचार या अन्य किसी भी चीज़ से संबंधित होते हैं तो यह संबंध ही इस संसार को हमारे लिए नर्क बना देता है। इसलिए न तो अपने संसार में इस तरह से लिप्त हो जाओ कि उसी में तुम्हारी जान बस जाए और न ही संसार से ऐसे भागो जैसे यह कोई दुश्मन हो। क्योंकि जब तक जीवित हो तब तक तुम इस संसार को छोड़कर कहीं नहीं भाग सकते। तुम किसी न किसी रूप में संसार से जुड़े ही रहोगे। तुम न तो संसार में लिप्त हो जाओ और न संसार से भागो, न स्वयं किसी के मालिक बनो और न किसी अन्य को अपना मालिक होने दो, न आसक्ति और न ही विरक्ति वरन बोधपूर्वक अनासक्ति में जियो। जगत से सही संबंध बनाओ। सहज रहो।

126

धन कोई बुरी वस्तु नहीं है अपितु धन का यदि समुचित उपयोग किया जाए तो वह व्यक्ति के जीवन को सरल बनाने में सहायक हो सकता है। इसलिए धन को फेंक कर मत भागो वरन उसका सही काम के लिए उपयोग करो और सही काम क्या होगा यह तो तुम्हें आत्मज्ञान से ही समझ आएगा। क्योंकि जिसे अपनी वर्तमान स्थिति का ही बोध नहीं है कि अभी उसकी क्या हालत है, वह कोई भी उचित निर्णय कैसे लेगा? अपनी वर्तमान हालत को साफ़-साफ़ जानने समझने को ही आत्मज्ञान कहते हैं।

साथ ही जो धन तुम सही काम में प्रयोग करने जा रहे हो उसके स्रोत भी सही होना ज़रूरी है अन्यथा भला काम करने का कोई अर्थ नहीं रह जाएगा। यह तो वैसी ही बात हुई कि पहले बीमारी फैला दो और बाद में वाह-वाही लूटने के लिए अस्पताल खोल दो। जैसे कोई व्यक्ति मुर्गा, गाय, भैंस आदि जीवों का व्यापार करता हो, अपने स्वार्थ और स्वाद के लिए उनका उपयोग करता हो, उनपर खूब हिंसा करके खूब धन कमाता हो और इसके परिणाम स्वरूप जलवायु परिवर्तन (climate change), पर्यावरण प्रदूषण, प्राकृतिक आपदाओं, नदियों, पहाड़ों, जंगलों, जीवों की बर्बादी और अनेक तरह की बीमारियों का कारण बनता हो और धन का सही उपयोग करने के नाम पर फिर यही व्यक्ति अगर सरकार या समाज की कुछ सहायता कर दे, तो न इसे सहायता कहेंगे और न ही धन का सही उपयोग कहेंगे।

पहले सही, सच्चा और होशपूर्ण जीवन जियो और सही काम करो फिर सही काम से, सही तरीके से जितना अधिक धन-संपत्ति कमाया जा सके कमाओ और फिर उसका सही उपयोग करो। कमाई का स्रोत ही यदि गलत है तो उस स्रोत से कमाना बंद करो और हो सके तो ऐसे स्रोत को ही बंद कर दो। ये बिल्कुल मत सोचिये कि जो साधु, संत, सच्चा या ईमानदार इंसान होता है वह तो गरीब और लुटा-पिटा ही होता है। साधु-संतों की ना कोई निश्चित छवि हो सकती है ना उनका कोई निश्चित भेस। लालची लोगों के लिए यह तो भ्रष्टाचार, चोरी, अन्याय और शोषण को करते रहने का तर्क हो जाएगा, कि देखो अगर धन कमाना है और एक अच्छा जीवन जीना है तो भ्रष्टाचार, चोरी, अन्याय तो करना ही पड़ेगा ना वरना गरीब रह जाएंगे। नहीं।

ऐसा नहीं है। साधु भी कमाता है और जितना उसे ख़ुद के लिए, सही और ज़रूरी काम करने के लिए चाहिए; वह कमाता है मगर सही स्रोत से और ईमानदारी से।

127

मनुष्य की बढ़ती जनसंख्या, मनुष्य का भोगवाद, मांसाहार और दूध ये कुछ सबसे बड़े कारण हैं जिनकी वजह से आज पूरी पृथ्वी जल रही है और विनाश की राह पर आ चुकी है। अज्ञान, अंधविश्वास, गलत सूचनाएं ये सब इन समस्याओं को बढ़ाने के लिए बहुत अधिक ज़िम्मेदार होते हैं। जलवायु परिवर्तन की समस्या के लिए सबसे ज्यादा यदि कोई ज़िम्मेदार है तो वे हैं दुनिया के अमीर लोग, जैसे नेता, अभिनेता, सेलिब्रिटी, व्यापारी इत्यादि। किन्तु इस तबाही के दुष्परिणाम जिसे सबसे ज्यादा झेलने पड़ रहे हैं, वह है आम इंसान। मगर वह लोग इतना पैसा लाते कहाँ से हैं? किसने उनको इतना ऊपर बैठाया है? उनके पास इतनी ताक़त कैसे आई? हम आम लोगों ने ही उनको चुना है, उनको हमने ही इतना ऊपर बैठाया है। इसलिए आज हमारी दुर्दशा के लिए हम स्वयं ज़िम्मेदार हैं। जो लोग तुम्हारा शोषण करते हैं, जिन्हें तुम्हारी कोई परवाह ही नहीं है, उन्हीं को तुम पूजते हो। तुम्हारी अशिक्षा, गरीबी, बेरोजगारी, अनेक तरह की बीमारियां, नदियों और जंगलों की बर्बादी, वायु और जल प्रदूषण, बढ़ता तापमान ऐसी ही अनेक समस्याओं के लिए तुम्हारी बढ़ती आबादी, भोग, माँस और दूध; बहुत अधिक ज़िम्मेदार हैं। समाज के वे लोग जो समाज को सबसे अधिक प्रभावित करते हैं और पूरे समाज को दिशा देते हैं; वे सब इन मुद्दों के प्रति बिल्कुल मौन हैं। बल्कि वे ही इन समस्याओं के लिए सबसे ज्यादा ज़िम्मेदार हैं। किन्तु इसके बाद भी आम इंसान उन्हीं की चाटुकारी करने में लगा है क्योंकि उसे ख़ुद नहीं पता है कि जलवायु परिवर्तन की यह समस्या कितनी भयानक है और वही है जो इसमें सबसे ज्यादा बर्बाद हो रहा है और होगा भी। हमारे राजनेता लोग, सोशल मीडिया, फिल्मी कलाकार, तथाकथित धार्मिक गुरु किसी को इस मुद्दे की भयावहता की कोई फिक्र नहीं है या शायद वो इतने गँवार और मंद बुद्धि हैं कि वो इसे समझ ही नहीं पा रहे हैं। इसी के साथ जो सबसे ज्यादा ज़िम्मेदार है वह है आम इंसान जो इन्हीं को अपना आदर्श मानता है, इन्हें ही पूजता है, सुनता है और लगा हुआ है अपना भोग और आबादी बढ़ाने में, बिना यह सोचे कि पृथ्वी पर पहले ही संसाधनों की कमी है। भूलना मत; तुम भी उन्हीं में से एक हो, तुम्हें क्या करना है देख लो। सबसे पहले तो जलवायु परिवर्तन की समस्या और समाधान क्या हैं? उसको समझो और किस प्रकार यह अन्य समस्याओं के लिए ज़िम्मेदार है वह भी समझो।

128

शारीरिक आँख होने का अर्थ यह नहीं है कि आपको दिखाई भी देता है। अधिकांश लोग आँख के अंधे और कान के बहरे हैं। आप हैं कि नहीं इसका निर्णय स्वयं करें। मनुष्य कितना अंधा है वो इस बात से पता चलता है कि जब उसका स्वाद और स्वार्थ बीच में आ जाता है तब प्रत्यक्ष होती हिंसा को भी उसकी आँखें देख नहीं पाती हैं, उसकी बुद्धि उसे पढ़ नहीं पाती है।

और समस्या सिर्फ़ यह नहीं है कि अपने स्वाद और स्वार्थ के लिए तुमने किसी जीव की हत्या की और उसका मांस खा लिया। जीव तो मर गया, मरने के बाद उसे तो शायद कोई समस्या नहीं होगी। वह तो गया। लेकिन अपने स्वाद और स्वार्थ के चलते जिस क्षण तुमने किसी जीव को मारा या उसका मांस खाया अथवा दूध, मांस, चमड़े आदि किसी भी पदार्थ के लिए किसी भी तरह से यदि उसपर हिंसा और क्रूरता की; तो उसी क्षण तुम्हारे अंदर भी कुछ मर जाता है।

अपने स्वाद और स्वार्थ के लिए किसी जीव पर हिंसा करके तुमने अपने अंदर से प्रेम, संवेदनशीलता, कोमलता और करुणा को मिटा दिया; अब तुम स्वयं कैसे शांति पाओगे? उसे मारकर तुमने अपने हृदय को प्रेमविहीन कर दिया।

अब कैसे तुम अपने पति या पत्नी से, बच्चों या माता-पिता से प्रेम कर पाओगे। जिसने अपने स्वाद के लिए अभी थोड़ी देर पहले मुर्गा चबाया हो, एक जिन्दा जीव को मारा हो वही व्यक्ति अपने बच्चों, पति या पत्नी के प्रति यदि प्रेम जताए; तो वह कितना नकली और झूठा होगा न। मांसाहारी व्यक्ति प्रेम नहीं कर सकता और दूध आज मांसाहार जितना ही क्रूरतापूर्ण है। तुम किसी दूसरे पर हिंसा करते समय पहले स्वयं पर हिंसा करते हो, अपने अंदर प्रेम को मार देते हो। जिस व्यक्ति के अंदर प्रेम नहीं है, बताओ वह बेचैन और अशांत नहीं रहेगा तो और कैसा रहेगा?

दुनिया और समाज में इतनी अशांति इसीलिए है क्योंकि तुम अपने जीवन में वह सारे काम करते हो जो अशांति और हिंसा को बढ़ाते हैं। तुम अपने से कमज़ोर का शोषण करते हो इसीलिए समाज में जो ताक़तवर होता है वह तुम्हारा भी शोषण कर पाता है। इसीलिए मैं कहता हूँ कि अधिकांश लोग आँख के अंधे और कान के बहरे हैं।

129

बस एक सूत्र जीवन में उतार लो तो सारा संसार तुमसे अभिन्न हो जाएगा। फिर न कोई अपना होगा न पराया होगा केवल होना मात्र होगा। भेद तो रह ही नहीं जाएगा। हिंसा कर नहीं पाओगे। "सारे संसार के लिए तुम वही चाहो जो तुम अपने लिए चाहते हो, वही बाँटो जो तुम अपने लिए चाहते हो और किसी के भी साथ वैसा कुछ मत करो जो तुम अपने लिए नहीं चाहते"। वही दो जो तुम अपने लिए चाहते हो, वह मत दो जो तुम अपने लिए नहीं चाहते हो।

यह छोटा सा सूत्र अगर जीवन में उतर जाए तो हर तरफ़ तुम स्वयं को पाओगे। तुम्हारे अतिरिक्त और कुछ होगा ही नहीं। मगर इसके लिए तुम्हें भी तो पता हो कि आखिरकार तुम्हें क्या चाहिये? तुम यदि दुख में हो तो तुम्हें सुख चाहिये या दुख से मुक्ति? तुम यदि बेचैन, अशांत, परेशान हो तो तुम्हें वस्तुएँ, नशा और भोग चाहिये या अशांति और बेचैनी से मुक्ति? तुम्हें चाहिये दुख से मुक्ति। तुम्हें चाहिये चैन, शांति और आनंद। और यही हैं जो अन्य लोगों को भी चाहिए क्योंकि हैं तो वे भी तुम्हारी ही तरह जीव ही। मगर प्रेम, शांति, आनंद, चैन और सुकून; ये मिलेंगे कैसे? इनको पाने के लिए इन्हें खोजना नहीं है क्योंकि ये तुम्हें पहले ही मिले हुए हैं। आनंद ही आपका स्वभाव है, आप स्वयं आनंद हैं। इसके लिए बस यह करना है कि जीवन में जो कुछ कर रहे हो उसे देखना है कि आखिर कर क्या रहा हूँ? या जो कर रहा हूँ वही क्यों कर रहा हूँ? और उसमें ऐसा कुछ नहीं करना है जो आपके जीवन, प्रेम और शांति को को नष्ट करे। जीवन से बस उन सारी मूर्खताओं को हटा दो जो जीवन में हिंसा, नफ़रत, भेदभाव, शोषण, अशांति और बेचैनी को बढ़ाती है। इनको देखो यही आत्मज्ञान है।

हिंसा, नफ़रत, द्वेष और भेदभाव बाँटोगे तो वही बढ़ेगा और प्रेम, मैत्री, करुणा और ज्ञान बाँटोगे तो वही बढ़ेगा। यह जगत तो समन्दर जैसा है और तुम उसकी मछलियाँ। इसमें गंदगी डालोगे तो यह गंदा हो जाएगा और तुम्हें ही इसमें जीने में पीड़ा होगी और इसी में अगर गंदगी नहीं डालोगे तो यह साफ़ ही रहेगा और तुम भी आनंद और शांति से इसमें जी पाओगे। यह जगत तुमसे भिन्न नहीं है। इसे गंदा करने का अर्थ है कि तुम स्वयं को ही हानि पहुँचा रहे हो। पता करो कि किस प्रकार यह अस्तित्व और तुम एक ही हो और तुम पाओगे कि जैसे तुम ही विराट आकाश हो गए हो। जैसे तुम शुद्ध मुक्त और शाश्वत हो गए हो।

130

हम जीवन भर दौड़ते रहते हैं भटकते रहते हैं इस उम्मीद में कि कुछ मिल जाएगा, कुछ ऐसा पा लेंगे जो कभी नहीं छूटेगा। किन्तु ऐसा कुछ मिलता नहीं, जो भी कुछ मिलता है वो पीछे छूटता जाता है और दौड़ जारी रहती है। हम कुछ भी ऐसा नहीं पाते हैं जो सारी नश्वरता के बीच भी शांत और स्थिर रहे। कुछ ऐसा नहीं मिलता जिसे अपना कह सकें और पूरा भरोसा हो कि अपना ही है। क्यों? क्योंकि जो सचमुच तुम्हारा अपना होगा वह तुमसे कहीं दूर या बाहर थोड़ी ना होगा। मगर हम उसे लगातार बाहरी चीज़ों में, सफलताओं और उपलब्धियों में, धन और भोग में खोजते रहते हैं।

जिस दिन तुम्हें यह दिख जाएगा, जिस दिन तुम साफ़-साफ़ यह जान लोगे कि पूरी दुनिया भी अगर मिल जाए तो भी कुछ हाथ नहीं आएगा, हाथ तो खाली ही रहेंगे। यहाँ कुछ ऐसा नहीं है जिसे तुम पकड़ सको फिर चाहे वह तन, मन, धन, यौवन, विचार, भावनाएं या कुछ भी क्यों ना हो क्योंकि यहाँ कुछ भी अपना नहीं है, सब कुछ लगातार परिवर्तनशील है। 'है' जैसा तो यहाँ कुछ नहीं। किसी वस्तु को 'है' कहो इतनी देर भी वह नहीं ठहरती और बदल जाती है किन्तु तुम्हारी आँखें इस बदलाव को देख नहीं पाती हैं इसलिए तुम्हें यह भ्रम हो जाता है कि वह वस्तु अभी वही है।

जिस दिन सचमुच तुम्हें हर चीज़ की क्षणभंगूरता, उसकी अनित्यता, उसकी नश्वरता समझ आ जाएगी उस दिन तुम यह भी जानोगे कि कुछ है जो शाश्वत है। है कुछ जो इन सबसे मुक्त और स्थिर है। सब कुछ मिट जाने के बाद भी वह नहीं मिटता। फिर तुम खूब दौड़ोगे, खूब नाचोगे, खूब गाओगे लेकिन यह दौड़, यह नाच और यह गीत अब कुछ पाने के लिए नहीं, बस प्रेम में होगा।

तुम ठहर जाओगे यह जानकर कि जो खोज रहा था वह तो मिला ही हुआ है। उससे दूर तो कभी हुआ ही नहीं था, बस आँखें कभी उसकी ओर मुड़ी ही नहीं। वही रास्ते जो काटे नहीं कटते थे अब तुम्हें यात्रा का आनंद देंगे, जो अस्तित्व तुम्हें दुश्मन और डरावना लगता था अब तुम उसकी गोद में स्वयं को नन्हें बच्चे की भाँति छोड़ दोगे। नश्वरता के बीचों-बीच तुम्हें शाश्वत का बोध होता है। जैसे-जैसे गहरे उतरोगे तो पाओगे कि नष्ट तो कुछ होता ही नहीं। जो है, वह तो है ही; बस नए-नए रंगो में, रूपों में नाच रहा है। वह ना कभी मरता है ना जन्मता है, वह तो बस है।

131

एक नदी को देखो, वह कभी बहुत तेज बहती है तो कभी बहुत धीमी हो जाती है। कभी उसका जल बहुत साफ़ हो जाता है तो कभी बहुत गंदा हो जाता है। वह कभी बहती है तो कभी सूख भी जाती है। कभी वहाँ नहाते-मस्ती करते बच्चों की किलकारियां होती हैं तो कभी बिल्कुल सुनसान होकर वह चुपचाप कल-कल करती बहती रहती है। कुछ इसी तरह हमारा जीवन भी होता है। अलग-अलग अनुभव, स्थितियाँ, समय, स्थान, चुनौतियाँ सब कुछ जीवन में समाया हुआ है। नदी की भांति यह जीवन भी ऐसे ही सतत बहता रहता है। उसी नदी के किनारे एक वृक्ष खड़ा होता है। वह धारा के साथ बह नहीं जाता, वह इस सबको बस देखता भर है। उस वृक्ष की भाँति ही तन-मन, धन-यौवन, सुख-दुख भावनाएं और वृतियों की इस नदी से, इस खेल से स्वयं को अलग जानकर इसको बस देखो। इनसे चिपको मत। इनमें कुछ भी ऐसा नहीं जिसे तुम पकड़ सको और अपना कह सको। इस बोध में जियो कि जो आज है वह कल नहीं रहेगा।

मन के विचार चाहे जैसे हों किन्तु तुम उन्हें अपनी पसंद-नापसंद, पाप-पुण्य, अच्छे-बुरे, मेरा-तेरा के रूप में न तो बांटो और न उनके साथ बह जाओ, तुम बस उनके प्रति सजग रहो। देखो की चल क्या रहा है। जो जैसा है उसे वैसा ही देखो, उसपर अपनी पसंद-नापसन्द, अपनी धारणा, अपनी मान्यता मत थोपो। भय, चिन्ता, भावनाएं, विचार आएंगे और चले जाएंगे, तुम उनके साथ बह जाओगे तो दुख पाओगे। यह जीवन उस बहती धारा की भाँति है, इसलिए तुम भी उस वृक्ष की भांति इसको बस देखते रहो। जीवन तो नदी की भाँति है उस नदी में बहते पत्ते की भाँति यह तन उसमें बहता जाता है। इस तन और तन से संबंधित जो कुछ भी है, उससे लगाव ना रखो, वह सत्य नहीं है। वह प्रकृति का ही एक रूप मात्र है। इसे बहने दो और तुम उस वृक्ष की भाँति उस पत्ते यानी तन और मन को बहते-बदलते बस देखते रहो। इस देखने में ही आनंद है।

मगर यह देखना कहीं आलस, तमसा और कमज़ोरी को छुपाने का तरीका ना बन जाए अन्यथा इसका अर्थ होगा कि वृक्ष बह गया धारा के साथ। आनंद; संघर्ष के बीचों-बीच होता है। वृक्ष केवल खड़ा नहीं होता है, वह जगत को फल, फूल, लकड़ी, छाया, घोंसले के लिए आसरा, वायु और भी बहुत कुछ देता है। जीवन का वृक्ष हो, सूखा पेड़ नहीं।

132

चाहे कितना ही बड़ा महल हो यदि उसकी बुनियाद कच्ची है तो उसे ढह जाना पड़ेगा। उसी तरह आपका भविष्य आपके वर्तमान चुनावों से तय चाहे कितना ही बड़ा महल हो यदि उसकी बुनियाद कच्ची है तो उसे ढह जाना पड़ेगा। उसी तरह आपका भविष्य आपके वर्तमान चुनावों से तय होता है। वर्तमान के आपके चुनाव ही आपके जीवन की बुनियाद बनते हैं। वर्तमान में आप जो चुनते हैं वह बीज की तरह होते हैं; फिर चाहे वह आपका काम हो, पढ़ाई हो, रिश्ते हो अथवा दैनिक जीवन के आपके निर्णय। बीज जैसा होता है फल भी उसी के अनुसार होता है। अभी इसी क्षण तुम जो निर्णय लेते हो उससे तुम्हारा अगला क्षण प्रभावित होता है। अभी इसी क्षण में सही निर्णय लो, आगे जो भी होगा वह सही ही होगा, फिर भले ही वह आपको गलत लगे। अगर तुम इस तरह सोचते हो कि अभी जो कुछ गलत है उसे चलने देते हैं अथवा उसके बीत जाने पर सब सही हो जाएगा, तो ऐसा शायद कभी ना होगा। जो बनकर तुम जी रहे हो, तुमसे वही बंटेगा, वही बढ़ेगा और तुम और अधिक वही होते जाओगे। तुम्हारे पास केवल अभी और यही क्षण है, इसमें वो करो, वो चुनो जो आपकी पूरी समझ से उचित है।

अपने सारे भय, चिंताएं, शंकाएं, मान्यताएं और अतीत के अनुभवों को एक तरफ़ रख दो। उनसे प्रभावित हुए बिना निर्णय लो। जो बीज बोना है उसे आज ही बो लो, अभी बो लो; पता नहीं अगला पल भी रहे न रहे। मुक्त होना है तो अभी हो लो, मौत का भरोसा नहीं वह कब, कहाँ और कैसे आ जाए? वह आएगी ज़रूर लेकिन बताकर नहीं और फिर एक पल भी अधिक नहीं देगी। समय सीमित है, जो जीना है जैसे जीना है अभी जी लो। झूठा, दबा-कुचला, बंधन में, रोते-रोते जीना है तो ऐसे जिए जाओ और आज़ाद, असली, बेपरवाह जीना है तो ऐसे जी लो; चुनाव तुम्हारा है। जो असली बेड़ियाँ हैं वह तुम्हारे मन में मान्यताओं, विश्वासों, भय और निष्कर्षों के रूप में हैं और वह तुमने ही पकड़ी हैं। तुम ही चाहो तो उन्हें तोड़ भी सकते हो और तुम ही न चाहो तो कोई भगवान भी उन्हें नहीं छुड़ा सकता। सबकुछ तुमपर निर्भर है।

वे बेड़ियाँ तुम्हें तब दिखाई देंगी जब तुम अपनी सीमाओं से थोड़ा बाहर निकलोगे। घर से जो निकला नहीं उसे पता कैसे चले की उसमें कितनी कमियाँ हैं और कितने उसपर बंधन हैं। अपने घोंसले से, अपने सीमित, सुरक्षित और निश्चित दायरे से तुम्हें बाहर निकलना होगा। जो झूठ है उसे झूठ कहना होगा और जो जाना है उसे जीना होगा।

133

तुम पूरी ईमानदारी से बस यह स्पष्ट कर लो कि तुम जो काम कर रहे हो उसमें सचमुच 'तुम्हारी मुक्ति और संसार का कल्याण' है; तय कर लो कि वह तुम्हारी ईमानदारी, समझ और प्रेम से आ रहा है। फिर ऐसी सारी समस्याएं खत्म हो जाती हैं कि लोग क्या कहेंगे? लोग क्या सोचेंगे? लोग खोट निकालते हैं। अगर तुम्हारा काम सही है और ज़रूरी है तो फिर किसी को भी सफ़ाई देने में या स्पष्टता देने में अपना कीमती समय बर्बाद मत करो। क्योंकि अधिकांश लोग वही सुनते हैं जो वह सुनना चाहते हैं।

मैं जानता हूँ कि मैं क्या कर रहा हूँ? क्यों कर रहा हूँ? कैसे कर रहा हूँ? मैं जानता हूँ कि किन चुनौतियों और कमजोरियों से लोहा लेकर मैं आज तुम्हारे सामने यहाँ हूँ कि तुम मुझमें खोट निकालने की कोशिश कर रहे हो। मैं जानता हूँ कि मैं जो कर रहा हूँ वो मेरी समझ, प्रेम, करुणा और मेरी सही नीयत से आ रहा है। अब ऐसे में कोई गँवार, घोंचू; जिसने अपने जीवन में कभी कोई ढंग का काम नहीं किया है; वो आकर मेरे काम में दखल दे, जबरन की बकवास करे तो मैं क्यों उसकी बात सुनू? यहाँ लगभग हर व्यक्ति अपने संस्कार, अनुभव, शिक्षा, अपने विश्वासों, मान्यताओं और धारणाओं के द्वारा सीमित होता है और उसी के चश्मे से वह हर बात को देखता और सुनता है। इसलिए तुम जो भी कहोगे उसे प्रत्येक व्यक्ति अपने-अपने ढंग से सुनेगा और उसका अर्थ लगाएगा। अब चुंकि हर व्यक्ति तो प्रेम जानता नहीं इसलिए उसमें समझ होगी ही; इसकी तो कल्पना करना भी मूर्खता है। जब तुम्हारी कही गई सीधी, साफ़ और सरल बात को भी कोई व्यक्ति गलत कह रहा हो, उसका गलत अर्थ लगा रहा हो और तुम्हें बुरा लग रहा हो; तब जरा एक बार उसके जीवन को भी देख लेना। उसका जीवन और चेहरा दिखा देगा कि वह कितना समझदार है?

'जो लोग ख़ुद अपने जीवन में कुछ न कर सके, उनकी मूर्खतापूर्ण बातों से परेशान होकर, तुम अपने जीवन में जो कुछ सही काम कर रहे हो; उसे मत छोड़ देना'। "हर व्यक्ति इस योग्य नहीं होता कि उसकी प्रत्येक बातों को महत्व दिया जाए"। अगर व्यक्ति दमदार है तो बात को बिसार दो। अगर बात दमदार है तो बात को रख लो और जहाँ न व्यक्ति दमदार है न बात, वहाँ एक कान से सुनो और दूसरे से निकाल दो। किन्तु बात उसी व्यक्ति की दमदार हो सकती है जो व्यक्ति ही दमदार हो। मगर यह देख पाने के लिए तुम्हारी अपनी आँखें भी साफ़ होना ज़रूरी है।

134

जिस तरह नदी, तालाब, कुएँ, झरने आदि का जल किसी न किसी तरह समंदर से जुड़ा होता है; उसी प्रकार प्रत्येक जीव उस एक तत्व से जुड़ा हुआ है, कोई भी उससे अछूता नहीं है। किसी भी जीव को स्वयं से अलग समझकर उसपर हिंसा मत करो। जैसे तुम जीना चाहते हो वैसे ही वह भी जीना चाहते हैं, उन्हें अपने स्वाद और स्वार्थ के लिए मत मारो। जैसे तुम मुक्त और आज़ाद जीना चाहते हो वैसे ही वह भी मुक्त और आज़ादजीना चाहते हैं इसलिए अपने शौक़ या मनोरंजन के लिए किसी भी जीव को कैद मत करो। जो पक्षी आकाश में उड़ता है उसे अपने मनोरंजन के लिए पिंजरे में कैद करना हिंसा है। जो पशु जंगल में आज़ाद घूमता है उसे सर्कस और जू (ZOO) में कैद करना, उनके साथ अन्याय है। प्रत्येक जीव के लिए जो भी ज़रूरी है, उसकी व्यवस्था प्रकृति ने स्वयं कर दी है और समझदारी इसी में है कि हम उसके साथ छेड़खानी न करें।वे स्वयं अपनी देखभाल के लिए सक्षम हैं यदि हम उनके जंगलों और व्यवस्था को न छेड़ें। जैसे किसी भी माँ का दूध अपने बच्चे के लिए होता है, इसलिए जब तक बच्चे को दूध की ज़रूरत होती है तब तक बच्चे की माँ को दूध आता रहे; इसकी व्यवस्था प्रकृति ने स्वयं कर दी है। उसी तरह इंसान के बच्चे को जब तक दूध की ज़रूरत होती है तब तक उसकी माँ को दूध आता है और जब दूध की ज़रूरत नहीं होती तब दूध आना बंद हो जाता है। लेकिन हम, इंसान होकर जानवर का दूध उस बच्चे को पिलाना शुरू कर देते हैं। यहाँ तक कि इंसान जब बड़ा हो जाता है तब भी दूध पीता है और वह भी पशु का; जो न तो प्राकृतिक रूप से ज़रूरी है और न ही वैज्ञानिक ढंग से। इसी के साथ गाय, भैंस आदि पशुओं से उनके बच्चों के हिस्से का दूध छीनकर हम उनके छोटे से बच्चे के साथ कितनी हिंसा और अन्याय करते हैं और अपने आप को भला, समझदार और धार्मिक इंसान समझते हैं। बेचारा बच्चा देखता रह जाता है और अपनी ही माँ का दूध पीने से वंचित रह जाता है। सोचो अगर तुम्हारे या तुम्हारे बच्चे के हिस्से का दूध कोई जानवर पी ले और बाजार में बेच दे; तो तुम्हें कैसा लगेगा? फिर उस गाय और उसके बच्चे के बारे में ऐसा तुम क्यों नहीं सोचते? क्यों तुम व्यर्थ के तर्क देते रहते हो? जब तुम किसी जीव पर हिंसा करते हो, तब तुम्हारे अंदर से प्रेम मर जाता है, फिर तुम किसी से भी प्रेम नहीं कर पाते हो। अपने आप से भी नहीं। दूसरे के साथ वैसा व्यवहार बिल्कुल मत करो जो तुम्हें अपने लिए अच्छा नहीं लगता। भूलना मत; जो व्यक्ति किसी पशु से प्रेम नहीं कर सकता, वह इंसान से कभी नहीं कर सकता।

135

बोध के आधार के बिना कर्म; विनाश ही लाता है, सृजन नहीं और बोध से यदि सार्थक कर्म न उपजे तो ऐसा बोध; बाँझ है। भूलना नहीं की कर्म तो तुम लगातार कर ही रहे हो। यहाँ कोई नहीं है जो कर्म से बच सके। कर्म तुम कर भी नहीं रहे हो, बल्कि तुम्हारे होने मात्र से कर्म हो रहे हैं। तुम्हारा होना ही कर्म है। कर्म से कोई नहीं बच सकता। हाँ, कर्म यदि बोध से, ज्ञान से आ रहा है तो वह तुम्हें बाँधेगा नहीं अपितु मुक्त ही करेगा और अज्ञान से उठा कर्म ही व्यक्ति के लिए बंधन होता है। अज्ञान से उठा कर्म तुम्हें और अधिक अज्ञान में ही ले जाएगा और बोध से उठा कर्म तुम्हें बुद्धत्व की ओर ले जाएगा। दो तरीके हैं ऊँचा जीवन जीने के, या तो ज्ञान को जीवन (कृत्य) में उतार लो या जीवन ऐसा जियो, कर्म ऐसे करो कि उसी से ज्ञान उठे। ज्यादातर लोगों के लिए ज्ञान केवल स्मृति बन कर रह जाता है, जीवन में तो उतरता ही नहीं। कोई बात अभी तक तुम्हें पता नहीं थी मगर अब वह तुम्हें पता चल गई, तो अब वह भी तुम्हारे मस्तिष्क की सामग्री हो गई किन्तु किसी बात की जानकारी हासिल कर लेने का अर्थ उस बात को जान लेना और जीवन में उतार लेना नहीं होता है। किन्तु अधिकांश लोगों को यही लगता है कि उन्होंने अगर कोई बात जान ली, तो इसका अर्थ है कि वह बातें उन्हें समझ भी आ गई हैं। आप में भी अधिकांश लोग जो कुछ भी पढ़-सुन लेते हैं, वह वैसा ही है जैसे मेरे मोबाइल में कोई गाना अभी तक नहीं था अब डाउनलोड कर लिया। लेकिन इसका अर्थ यह नहीं है कि मोबाइल को वह गाना समझ आ गया, वह बस उसकी स्मृति का हिस्सा हो गया है।

ज्ञान तब ही समझ बनता है जब वह जीवन में उतरता है। यह हो नहीं सकता कि कोई बात आपको स्पष्ट समझ आ जाए और वह जीवन ना बने। उसी तरह यदि कोई व्यक्ति सचमुच सही जीवन जिए, स्वयं के प्रति ईमानदार रहे, जानने-समझने की नीयत हो और सही काम करे; तो उसका जीवन ही उसे वह ज्ञान दे देता है जिसे हजारों किताबें पढ़कर भी अनेक लोग नहीं जान पाते हैं। यह दोनों तरीके इतने कठिन भी नहीं हैं, यह तो केवल हमारे चुनाव, हमारी ईमानदारी और नीयत की बात है। हम सबकुछ समझते हैं, इतनी समझ सबको मिली होती है। ऐसा हो नहीं सकता कि हमारी नीयत गलत हो, हमारे चुनाव और निर्णय गलत हो और उसकी हमें भनक भी न लगे। पता तो हमें चल ही जाता है, निर्भर सब आप पर ही करता है कि आप क्या चुनते हैं।

136

समाज में जिससे भी पूछोगे वही कहेगा कि मैं तो ठीक इंसान हूँ, ईमानदार हूँ और मैंने तो कभी किसी का बुरा नहीं किया। मैं तो बिल्कुल चाहता हूँ कि समाज में शांति, न्याय और भाईचारा स्थापित हो। आप भी अपने बारे में ऐसा ही कुछ सोचते होंगे? अगर प्रत्येक व्यक्ति इतना भला है, आप भी भले हो तो फिर समाज में इतनी बुराइयां क्यों हैं? यदि हर व्यक्ति समाज में शांति और व्यवस्था चाहता है तो इतनी अशांति और अव्यवस्था क्यों है? क्योंकि हम भले नहीं हैं, हम झूठे, बेईमान और मक्कार लोग हैं और आप भी उसी समाज के एक व्यक्ति हो। समाज और समाज की व्यवस्था अपने आप में कुछ नहीं होती है, लोग जैसे होते हैं उनसे निर्मित समाज और समाज की व्यवस्था भी वैसी ही होती है। समाज यानी कुछ लोगों के आपसी संबंधों से निर्मित एक व्यवस्था। तो समाज वैसा ही होता है जैसे लोग होते हैं और यदि समाज ठीक नहीं है तो इसका अर्थ है कि लोग ठीक नहीं हैं और लोग ठीक नहीं हैं तो इसका अर्थ है कि तुम ठीक नहीं हो। जो कुछ भी समाज में गलत है उसके लिए मैं, तुम और हम सब ज़िम्मेदार हैं। "हमारी मूर्खता यह है कि हम प्रार्थना तो करते है शांति की; किन्तु कर्म सारे ऐसे किए जाते हैं जो केवल अशांति लाते हैं। शांति तो उपलब्ध ही है यदि आप वह सब कुछ करना बंद कर दें जिससे अशांति आती है"। क्योंकि जहाँ प्रत्येक व्यक्ति प्रेमी होता है वहाँ चारों तरफ़ प्रेम के ही फूल खिलते हैं, शांति और भलाई होती है। लेकिन अपने चारों तरफ़ देखो, अपने काम में, घर में और जीवन में देखोगे तो पाओगे कि घृणा, हिंसा, नफ़रत, अज्ञान और शोषण जैसे दुर्गुणों का ही बोलबाला है और इस सब में हम भी शामिल हैं। किन्तु अहंकार इतना कि हम यह स्वीकारते भी नहीं कि इस सबके लिए हम ही ज़िम्मेदार हैं। हम चाहते हैं कि हम तो बुरे बने रहें, लेकिन समाज सुधर जाए और जब सब सुधर जाएंगे तब हम भी सुधरने की कोशिश करेंगे। मगर हर व्यक्ति यही सोचेगा तो सुधरेगा कौन? अगर सचमुच स्वयं का और संसार का भला चाहते हो तो बदलाव की शुरुआत स्वयं से करो। अभी और इसी क्षण से करो। हर बुराई से अपना कदम पीछे हटाओ और स्वयं के माध्यम से अच्छाई को दूसरों तक भी पहुँचाओ। तुम जो हो, जैसे हो तुमसे वही बँटेगा। अगर अभी तुम मुझे पढ़ रहे हो, मुझमें अगर थोड़ी भी ऊँचाई तुम्हें नज़र आती है तो यह मेरा चुनाव है, मेरा संघर्ष है जो यहाँ तक मुझे लाया है। तुमने जो सुंदर से सुंदर और ऊँचे से ऊँचा जाना है, उसे जियो। वही तुम्हें और ऊपर उठाएगा। अपने जीवन से मूर्खताओं और कमजोरियों को निकाल फेंको।

137

वो जो स्वयं को जवान, देशभक्त और राष्ट्रभक्त समझते हैं, जिनको अपने अवतारों, क्रांतिकारियों, पूर्वजों और अपने समाज सुधारकों पर बड़ा गर्व है, सुनो। जिनके नाम पर तुम बड़ा गर्व करते हो, उछलते रहते हो, जिनके नाम पर तुम समाज में शौर मचाकर मूर्खतापूर्ण हरकतें करते रहते हो; कभी उनकी जिंदगी को भी तो पढ़ लो। क्या उन्होंने भी यही सब किया था? अगर सचमुच उनसे प्रेम है तो उनका जो अधूरा काम रह गया है, उसे ही आगे बढ़ा दो। उनके नाम पर भीड़ लगाकर यह हुल्लड़ बाजी ही करते रहोगे या उनके जैसा जीवन भी जियोगे? उन्होंने अपने जीवन के माध्यम से तुमसे कहा था कि तुम भी ऐसे ही जीना और तुम उन्हीं के नाम पर घटिया नाच-गाने बजाते हो और मस्ती करते हो। उनकी कहानियाँ क्या इसीलिए पढ़ाई गई थी कि एक दिन तुम उन्हें भुला दो? अगर उन्होंने भी तुम्हारे ही जैसी हरकतें की होती तो क्या आज उन्हें कोई याद भी करता? जरा देखो उनकी उम्र और जवानी और फिर नज़र डालो अपने जीवन पर। देखो अपनी जवानी को, कैसे तुम उसे पानी की तरह बहाए जा रहे हो? किन्तु भूलना मत, जैसे पानी के बिना जीवन नहीं वैसे ही जवानी को जिए बिना तुम्हारे जीवन का कोई अर्थ नहीं। अगर उनके जैसा तुम नहीं जी रहे हो, तो उनके नाम पर हंगामा करके तुम बस उन्हें बदनाम कर रहे हो। आज सिर्फ़ एक देश नहीं बल्कि पूरी पृथ्वी को ऐसे जवानों की ज़रूरत है जो सत्य की राह चले, प्रेम और करुणा जिनमें हो, जो स्वयं जाग सकें और अज्ञान के अंधकार में सोए हुए दुनिया के इन लोगों को जगा सके जिनके कारण आज अधर्म, अज्ञान, अंधविश्वास और जलवायु परिवर्तन (climate change) की भयानक समस्या संसार के सामने है। चुनाव तुम्हारा है, चाहो तो अपनी जवानी को यूँ ही व्यर्थ और अपने छूद्र स्वार्थों के पीछे दौड़ते-दौड़ते बर्बाद कर दो या निष्काम हो और उठाओ बीड़ा एक सुंदर संसार बनाने का। 'आज अगर तुम सुकून की थोड़ी भी सांस ले पा रहे हो तो उन्हीं के कारण; जो अपने स्वार्थ से आगे बढ़कर जिए'। अब तुम देख लो कि तुम्हें आने वाली पीढ़ियों के लिए कैसा संसार छोड़कर जाना है? भूलना नहीं, "सही और ज़रूरी काम करने की ज़िम्मेदारी सिर्फ़ कुछ लोगों की ही नहीं होती है, बल्कि प्रत्येक व्यक्ति की होती है और ज़िम्मेदार व्यक्ति को इस बात का इंतजार करने की जरूरत नहीं है कि कोई आएगा और उसे बताएगा कि क्या करें और कैसे करें? जहाँ हो वहीं से शुरुआत करो। जो कुछ गलत है, उसे ठीक करो। सच्चाई, प्रेम, शांति, आज़ादी और करुणा के पक्ष में अपने हर निर्णय करो।

138

वो सारे क्रांतिकारी, अवतार, समाज सुधारक और अन्य लोग जिन्होंने संसार के कल्याण के लिए अपना सर्वस्व बलिदान कर दिया, वो न जाने कितने कष्ट से गुजरे होंगे। संसार के कल्याण की खातिर कोई सिर कटा गए तो कोई फाँसी के फंदे पर झूल गए। उन सबकी तरफ़ से तुमसे कुछ कहना चाहूँगा और कुछ पूछना चाहूंगा; जो कि आज अगर वो होते तो शायद कहते और पूछते तुमसे। सुनो;

"नहीं था शौक़ हमें झूलने का फाँसी के फंदों पर; मगर इतनी गहरी नींद में तुम सोए हुए थे, अपने स्वार्थों के पीछे इतने पागल थे तुम, कुछ इस तरह बेच दिया था तुमने अपनी ही माँ को कि मजबूर होकर हमें झूलना पड़ा ताकि 'तुम' जाग सको। चाहते थे हम भी जीना मगर गुलाम होकर नहीं, बिक सकते थे हम भी मगर बिके नहीं, झुक सकते थे हम भी, रुक सकते थे हम भी मगर न झुके, न रुके। करते रहे कीमत अदा जो करनी पड़ी इस राह पर और बढ़ते रहे हम आज़ादी (मुक्ति) के लिए ताकि जी सको तुम प्रेम से आज़ाद और मिल-जुलकर।

मगर ये क्या तुमने किया? हश्र क्या प्रकृति का तुमने कर डाला! तुम आज़ाद हुए तो तुमने पूरी पृथ्वी को ही भोग डाला। हर तरफ़ तुमने सिर्फ़ इंसान को ही बसा डाला। नदी, पहाड़, समुद्र, जंगल, जीव सबको तुमने अपने स्वार्थ के लिए बर्बाद कर डाला। हमने अपना जीवन कुर्बान करके तुम्हें नर्क भरी गुलामी से आज़ादी दी, तो तुमने अपने से कमज़ोर प्रकृति के अन्य सभी जीवों को; अपने मनोरंजन, स्वाद और स्वार्थ के लिए नर्क दे डाला।

अपने भोजन में तुम जीव की हत्या करके उसका माँस खाते हो और एक बछड़े से उसके हिस्से का दूध छीनकर जानवर का दूध पीते हो। क्या यही तुम्हारा प्रेम है? क्या अपनों से भी तुम ऐसे ही प्रेम करते हो?

तुम्हें कष्ट न हो इसके लिए, हमने सब कुछ छोड़ दिया, यहाँ तक की घर छोड़ दिया, आराम से खाना-पीना और सोना छोड़ दिया और जहाँ ज़रूरत लगी वहाँ हमने जीना छोड़ दिया और स्वयं का बलिदान दिया; मगर तुमसे जब दूध, मांस, अंडा जैसी कुछ हिंसक चीज़ों को छोड़ने का बोलें, पशुओं, जीवों पर हिंसा न करने का बोले; तो तुम पूछते हो कि यह सब कैसे छोड़ दे? इनसे तो हमारा स्वाद और स्वार्थ जुड़ा है? तो यहाँ पर, कैसे छोड़े की क्या बात है?

यह मत पूछो कैसे छोड़ें? बल्कि यह जानों की क्यों छोड़ें? इसलिए छोड़ो क्योंकि इसके कारण उस निर्दोष जीव की हत्या होती है, इसके कारण वह जीव भूखा और प्यासा मरता है, तड़प-तड़प कर मरता है। इसलिए छोड़ो क्योंकि तुम इंसान हो और जब तुम अपने स्वाद और स्वार्थ के लिए हिंसा करते हो तब तुम्हारे अंदर से प्रेम, करुणा और संवेदनशीलता खत्म हो जाती है। फिर तुम पूरे समाज में भी अलग-अलग तरीकों से, अपने जीवन के माध्यम से हिंसा, नफ़रत और स्वार्थ ही फैलाते हो।

इसलिए छोड़ो क्योंकि जब तुम अपने स्वाद और स्वार्थ के लिए एक जीव की हत्या कर देते हो; तो तुम भी अपने पति-पत्नी, माता-पिता, अपने बच्चों, देश किसी से भी प्रेम नहीं कर पाते हो। इसलिए भी छोड़ो क्योंकि समाज की बीमारी, गरीबी, भुखमरी और प्राकृतिक आपदाओं जैसी अनेक समस्याओं के लिए भी बहुत हद तक हमारी यही मूर्खतापूर्ण हरकतें ज़िम्मेदार हैं। अब तुम देखलो कि तुम्हें अपने आदर्शों का सम्मान कैसे करना है?

अपनी आज़ादी का उपयोग अन्य जीवों को दुख-दर्द और पीड़ा से मुक्त करने के लिए करो ना कि उनकी आज़ादी छीनने के लिए। आज़ादी का मतलब यह नहीं है कि तुम कुछ भी करो, जो आज़ाद होता है वह दूसरों को भी आज़ादी देता है। यदि तुम अन्य जीवों और किसी भी मनुष्य का शोषण करते हो, उसकी आज़ादी छीनते हो, तो तुम अभी भी अपने अंदर बैठे दुश्मनों के गुलाम ही हो।

तुमसे वही बंटता है जो तुम होते हो, जैसे फूल से खुशबू और गंदगी से बदबू। तुम आज़ाद होते तो तुमसे आज़ादी बंटती, तुम प्रेमी होते तो तुमसे प्रेम बंटता, तुम ज्ञानी होते तो तुमसे ज्ञान बंटता, तुम शांत और अहिंसक होते तो तुमसे शांति और अहिंसा बंटती। देख लो कि तुमसे बंटता क्या है, इसी से पता चल जाएगा कि तुम क्या बने बैठे हो? फिर यह तुम्हें चुनाव करना है कि तुम्हें वही बने रहना है या नहीं।

139

जिसको क्रांति करनी होती है, जिसे आज़ाद और बेपरवाह जीना होता है वो यह नहीं देखता कि उसकी उम्र कितनी है? वो लड़का है या लड़की? संसाधन कम हैं तो कैसे काम शुरू करें? वो इंतजार नहीं करता कि कोई आएगा और उसे बताएगा कि क्या करूं और क्या नहीं? क्रांति करने वाले इस बात की ज्यादा परवाह नहीं करते कि बदले में उन्हें क्या मिलेगा? वे परवाह नहीं करते कि लोग सुधरेंगे और समझेंगे भी या नहीं? वे तो कर्म और क्रांति की आवश्यकता देखते हैं और जो उचित है, उसे करने के लिए कूद पड़ते हैं। क्रांति करने के लिए आज़ादी से प्रेम, सुधार की नीयत और समझ चाहिए होती है जो कि दो पैर वाले हर जीव के पास नहीं होती है, सिर्फ "इंसानों" के पास होती है। इंसान जैसे दिखने से तुम इंसान नहीं हो जाते क्योंकि ऐसी तो मशीनें भी दिखती हैं और जो कुछ तुम अपने जीवन में करते हो; वह सब तो पशु-पक्षी भी करते हैं। “तुम्हारी समझ, प्रेम, करुणा और चुनाव करने की क्षमता ही तुम्हें मनुष्य बनाती है और उसी से क्रांति आती है”।

क्रांति का संबंध हुल्लड़ बाजी और मूर्खतापूर्ण हरकतों से बिल्कुल नहीं है। क्रांति का संबंध “स्वयं की मुक्ति तथा संसार और इस पूरी प्रकृति के कल्याण हेतु जो भी उचित कर्म हैं, उन्हें व्यवहार में लाने से है”। क्रांति का संबंध व्यर्थ को, बेड़ियों को और अहम केंद्रित जीवन को गलाने और सार्थक के सृजन से है। क्रांति का संबंध उन सभी मूर्खतापूर्ण मान्यताओं, व्यवस्थाओं, परंपराओं इत्यादि को भस्म करना है, जो किसी भी प्रकार से; किसी भी वर्ग, संप्रदाय और लिंग के मनुष्य अथवा जीव के शोषण और भेदभाव पर आधारित है।

कोई भी बात सिर्फ़ इसलिए सही अथवा गलत नहीं होती है; क्योंकि वह बहुत पुरानी है अथवा उसके पक्ष में बहुत अधिक या बहुत कम लोग हैं । किसी भी बात की ‘वर्तमान उपयोगिता’ यह निश्चित करती है कि वह सार्थक है अथवा नहीं। जैसे अतीत के हथियारों से वर्तमान लड़ाई आप नहीं लड़ते, अतीत के यंत्र, वस्त्र, गाड़ी, वस्तुएँ इत्यादि आज उपयोग नहीं करते उसी प्रकार अतीत की मूर्खताओं को हमें त्याग देना चाहिये, केवल तब ही वर्तमान में क्रांति हो पाती है। अतीत को ढोते रहना, सड़ी हुई लाश को ढोते रहने जैसा ही है। क्रांति का रूप अलग हो सकता है मगर उसका उद्देश्य सदा स्वयं की मुक्ति और संसार का कल्याण ही होना चाहिये अन्यथा वह क्रांति नहीं कहला सकती और अहंकार का भोजन बनके रह जाती है।

140

किस बात के लिए तुम अपने प्रियजनों को उपहार दे रहे हो? और उपहार के नाम पर क्या दे रहे हो? इन दोनों बातों के प्रति सतर्क रहना। बच्चों को किन बातों, कामों और व्यवहारों के लिए वाहवाही देते हो? जिस तरह की बातों के लिए तुम आज उन्हें उपहार दोगे, आगे भी वे अधिक उपहार और पुरस्कार पाने के लिए उसी तरह के कृत्यों को करेंगे? यदि आप किसी को भी उसकी गलत बात अथवा गलत काम इत्यादि के लिए उपहार भेंट करते हैं, तो उसके माध्यम से बुराई ही आगे बढ़ती है। व्यर्थ बातों के लिए अपने बच्चों और प्रियजनों को कोई पुरस्कार न दें और जिनको पुरस्कार देते हो; उनको भी व्यर्थ के पुरस्कार ना दें। सही और सच्चे कामों के लिए, प्रेम, करुणा और भलाई जैसे कामों के लिए उन्हें उपहार दें। अच्छी शिक्षा, आध्यात्मिक ज्ञान, खेल, कला, साहित्य जैसे क्षेत्रों में उनकी उपलब्धियों पर उन्हें पुरस्कार दें। जब वह किसी सही, ज़रूरी और मुश्किल चुनौती से लोहा लेकर कुछ सुंदर करके दिखाते हैं, तब उन्हें उपहार दें। जब वे तुम्हारे ऊपर निर्भर न रहकर ख़ुद के दम पर जीने लगे, जब वे स्वयं अपने निर्णय लेने लायक बनें; तब उन्हें उपहार दें। गलत और व्यर्थ कृत्यों के लिए बिल्कुल उपहार न दें और सही कृत्य के लिए अवश्य दें। मगर सही और गलत का भेद कर पाओ, इसके लिए आपको भी उचित-अनुचित की समझ होना ज़रूरी है। इसलिए सबसे पहले स्वयं को काबिल बनाओ, तब ही किसी को जीवन में लाओ। इसी के साथ इस बात का भी ध्यान रखें कि आप उपहार स्वरूप उन्हें दे क्या रहे हैं? जो कुछ भी आप उन्हें दे रहे हैं क्या सचमुच वह उसके जीवन को और सुंदर बनाएगा? क्या उससे वह अपने जीवन को और अधिक समझ पाएगा? क्या उस वस्तु से उसका जीवन सुधरेगा? उपहार के नाम पर केक काटना, फूल, कपड़े, चॉकलेट, खिलौने इत्यादि देना, ये सब मूर्खतापूर्ण है। "उपहार का अर्थ है, किसी को ऐसा कुछ देना जो सामने वाले के जीवन को; सुंदर, सरल और सहज बनाए। जिसके माध्यम से उसके जीवन में बोध आए। कुछ ऐसा देना जो उसकी समझ को बढ़ाएं। कुछ ऐसा देना जो उसको जीवन की सही राह दिखाए। कुछ ऐसा देना जो उसे जीना सिखाए। अगर किसी को उपहार दे ही रहे हो तो ऐसा उपहार दो ना, जो उसे जीवन भर काम आए, हर समय काम आए। और ऐसे उपहारों में सबसे सुंदर उपहार है, ज्ञान का उपहार। ऐसा उपहार आप बोध साहित्य की पुस्तकों के माध्यम से उन्हें भेंट कर सकते हैं। ऐसी किताबें जो स्वयं को जानने समझने से संबंधित हों। इस पुस्तक के रूप में यह उपहार आपके लिए है।

141

उम्र से नहीं कोई जवान होता है। उम्र तो गधे, घोड़े, हाथी सबकी बढ़ जाती है। कोई इंसान चाहे पागल हो, अनपढ़ या मंदबुद्धि हो, चाहे हत्यारा और बलात्कारी ही क्यों ना हो, उम्र तो हर इंसान की बढ़ जाती है। सिर्फ़ उम्र बढ़ जाने से तुम; जवान, समझदार या सम्माननीय नहीं हो जाते हो। जवानी का प्रतीक तो होती है बेपरवाही। वह जो मुक्त है, जिसका हृदय विराट है, जो प्रेम और करुणा से सराबोर है केवल वही जवान है। जवान कौन है? वो जो अकेले जीने से डरता नहीं और हर छोटी-छोटी बात के लिए दूसरों पर निर्भर करता नहीं। जो अपने निर्णय स्वयं ले और उनके प्रति स्वयं को प्रतिबद्ध जाने। जवान वह जो उठाए बीड़ा, स्वयं की मुक्ति और जगत के कल्याण का। वह जो सच्चाई से मुँह न चुराए और सत्य की राह चले वही है असली जवानी। जो सही और ज़रूरी काम की ज़िम्मेदारी ख़ुद उठाए और अगर कभी गिरता है; तो फिर खड़ा हो जाए। जवान सिर्फ़ वो है, जो इस बात की परवाह न करे कि सही जीवन जीने के लिए क्या और कितनी कीमत चुकानी पड़ेगी और बदले में मुझे क्या मिलेगा? सत्य की राह पर अकेले हो जाने के भय के बावजूद जो अपने कदम पीछे नहीं खींच लेता, जो सही काम को बेखौफ होकर सही ही कहे और करे। अकेले चलने से जो घबराए नहीं। जवान वो जो अपनी कमजोरियों को सहज स्वीकार करे और उन पर हथौड़े जैसी चोट देकर उन्हें तोड़ते हुए आगे बढ़े जो सिर्फ़ खाने के लिए न जिए, वरन जीने के लिए खाए और स्वयं यज्ञ की आहुति बन जाए। कुछ ऐसी होती है जवानी। बाक़ी जो खूब मेहनत करके कमाते हैं, खाते और सोते हैं और एक पशुवत (निम्न चेतना का) जीवन बिता कर मर जाते हैं, उनमें अभी इंसान जैसा कुछ नहीं। जो अपनी भरी जवानी में हर समय; सिर्फ़ बुढ़ापे की चिन्ता से ग्रस्त हैं, जिसकी सारी ऊर्जा लग रही है बुढ़ापे की तैयारियां करने में; वह तो जवान ही नहीं है। वह तो जीवित ही नहीं है। मुर्दा है वह तो। क्या तुम इसलिए पैदा हुए थे कि अपने बुढ़ापे को सँवार सको? आज अगर बुढ़ापे को सँवारोगे तो जियोगे कब घोंचू (अहं)? क्या करोगे इतना संभल-संभल कर और सुरक्षित जीवन बिताकर? क्या बचा लोगे? मौत एक पल में सब छीन लेगी। सारी तैयारियों के बावजूद, तुम अपने जीवन में कहीं चैन ना पाओगे। क्योंकि चैन मिलता है बेपरवाही (बोध) में। जो अनिश्चितताओं के प्रति बेपरवाह नहीं हो सकता, वह आनंद कैसे पाएगा।

142

समाज का व्यक्ति एक-दूसरे से ही डरा हुआ है। हर किसी को इस बात की परवाह है कि लोग क्या कहेंगे? और इसीलिए फिर समाज की टूटी-फूटी, सड़ी-गली, शोषणकारी, भ्रष्ट और व्यर्थ व्यवस्था (अव्यवस्था) के खिलाफ़ कोई आवाज नहीं उठाता और सब कुछ जैसा चल रहा है वैसा चलने देते हैं। तुम भी इसी बात का बहाना बनाकर सच्चाई और अच्छाई से अपने कदम पीछे हटा लेते हो, यह कह कर के कि मेरे अकेले के बदल जाने से क्या होगा?

मगर जो भी होगा, वह तुम्हारे ही बदल जाने से होगा। किन्तु समाज के खिलाफ जाने का भय वास्तव में समाज के नहीं बल्कि स्वयं के खिलाफ जाने का भय होता है। तुम्हारे बदलने से तुम्हारे अंदर बैठे अहंकार को अपने मिट जाने का भय है। क्योंकि तुम्हें यदि समाज को बदलना है तो सबसे पहले समाज को नहीं बल्कि स्वयं को बदलना पड़ेगा, तुम्हें अपने ही विश्वासों, अपनी ही धारणाओं, अपनी ही मान्यताओं और पूर्वाग्रहों के खिलाफ जाना होगा।

क्योंकि समाज अपने आप में कुछ नहीं है, बल्कि व्यक्तियों से मिलकर ही समाज बनता है और जैसा व्यक्ति होता है; समाज भी वैसा ही होता है। तो वास्तव में तुम्हें समाज की नहीं बल्कि स्वयं की परवाह है, तुम्हें समाज के विरोध का नहीं बल्कि अपने ही अंदर से उठते अपनी ही मान्यताओं, धारणाओं के विरोध और उनके टूटने का भय है।

क्योंकि जब आप कहते हैं न कि 'अगर मैंने ऐसा कुछ किया तो लोग क्या कहेंगे' तब लोग क्या कहेंगे? इस बात की परवाह तुम्हें इसलिए होती है क्योंकि जब लोग वैसा कुछ करते हैं, तब तुम भी जाकर अपनी मूर्खता दर्शाते हो, उनकी हंसी उड़ाते हो। तुम जानते हो कि अगर वो व्यक्ति ऐसा कुछ करता, सच्चाई और भलाई के रास्ते पर चलता तो मैं भी जाकर उसपर हँसता, उसका मज़ाक उड़ाता; इसलिए जब तुम भी वैसा कुछ करते हो या करने का सोचते हो तो तुम्हें इस बात की परवाह होती है कि लोग (समाज) क्या कहेंगे?

तो समस्या यह नहीं है कि लोग क्या कहेंगे? असली समस्या यह है कि क्या आप वैसे हो सकते हैं कि अगर समाज का अन्य कोई व्यक्ति सही निर्णय ले तो आप उसकी खिल्ली न उड़ाएँ, उसको उलाहना न दें? क्योंकि जब तुम स्वयं सत्य का सम्मान नहीं करते, सही दिशा में बढ़ रहे किसी व्यक्ति का बुरा करते हो; तब ही तुम्हें इस बात का भय होता है कि कहीं वह भी मेरा बुरा न कर दे। जब तुम दूसरों का भला करते हो तब तुम्हें इस बात का भय नहीं होता कि कोई तुम्हारा बुरा न कर दे? तो जो भी होगा, वह तुम्हारे अकेले के बदलने से ही शुरू होगा

क्योंकि तुम ही समाज और संसार हो।

अगर व्यक्ति ही न हो तो कैसा समाज और किसका समाज? जैसे मान लो कि, पहले तो मैंने बहुत मेहनत की, ऊँची पढ़ाई की, उसके लिए दूर शहर गया, बहुत पैसा और समय लगाया लेकिन बाद में मुझे यह बात बहुत अच्छे से समझ आती है कि जो काम मैं करने जा रहा हूँ, उसमें तो मेरी जिंदगी ही बर्बाद होगी क्योंकि मैं तो उसको करके खुश नहीं रहूँगा, ना मेरा उसमें कुछ भला होगा और न ही लोगों का कुछ भला कर पाऊँगा। या नौकरी लग जाती है और बाद में पता चलता है कि जैसा सोचा था वैसा तो नौकरी में कुछ भी नहीं। तब मैं वह सब छोड़कर अपना कोई नया काम शुरू करने का सोचता हूँ।

ऐसा काम जो मुझे पसंद है, जो मेरे लिए हितकर है, जिसके साथ में जी सकता हूँ और जिसके माध्यम से मैं स्वयं का और लोगों का भला कर सकता हूँ। लेकिन तभी अचानक मुझे याद आता है कि लोग क्या कहेंगे? कि देखो इसे, बड़ी नौकरी के लिए पहले तो इतना सारा पैसा और समय सब बर्बाद कर दिया, माता-पिता की सारी मेहनत पर पानी फेर दिया, उनके सपने तोड़ दिए और सब कुछ छोड़कर यह छोटा सा फालतू काम करने लगा है, बड़ा सदाचारी और समाजसेवी बनने लगा है।

फिर तुम्हें ख्याल आता है कि समाज के वे लोग कैसे तुम्हारी हँसी और खिल्ली उड़ाएंगे? लेकिन क्यों? तुम्हें क्यों इस बात की परवाह है की लोग अब तुम्हारे साथ कैसा व्यवहार करेंगे? पहला इसलिए क्योंकि जब तुम्हें भी ऐसा मौका मिलता है तब तुम भी यही मूर्खता करते हो। दूसरा इसलिए भी क्योंकि अभी तक जो तुम कर रहे थे उसके माध्यम से इन्हीं लोगों से वाह-वाही और सम्मान बटोर रहे थे और उसपर बहुत खुश हो रहे थे अर्थात् अब उनसे वह सब वाह-वाही और सम्मान नहीं मिलेगा; क्योंकि सम्मान तुम्हारा नहीं उस नौकरी और पैसों का था।

तीसरा इसलिए भी लोगों की परवाह होती है क्योंकि इनसे जो सहायता मिल रही थी अब वो मिलना बंद हो जाएगी और चौथा इसलिए भी परवाह करते हो, क्योंकि अभी तक यह भीड़ तुम्हारे साथ थी और अब अकेले हो जाने का भय है। अगर तुम इस तरह की सारी सुख-सुविधाओं को छोड़ने को राजी हो जाओ, अकेले चलने को राजी हो जाओ तो तुम्हें किसी की परवाह नहीं होगी। इस तरह हमें लोगों की कम बल्कि ख़ुद की ज्यादा परवाह होती है।

जब लोगों से स्वार्थ होता है, तब ही उनकी परवाह भी होती है। स्वार्थ छोड़ो, डर हटाओ और आगे बढ़ो।

143

जैसी यह दुनिया है, जैसा हमने समाज निर्मित कर लिया है; इसमें सही, सच्चा और आज़ाद जीवन जीने का अर्थ ही है कि लोग तुम्हारे खिलाफ होंगे ही। या तो यह दुनिया तुम्हें पूजेगी या मार देगी या बदनाम करेगी और कुछ ना कर सकी तो नजरंदाज करेगी मगर साथ नहीं चलेगी। क्योंकि जब आप सचमुच एक सही, सच्चा और आज़ाद जीवन जीते हैं तो आप किसी भी तरह की व्यर्थ और अर्थहीन रूढ़ियों, मान्यताओं, परम्पराओं, धारणाओं, विश्वासों, दासता और मालकीयत इत्यादि को स्वीकार नहीं करते हैं। सही, सच्चा और आज़ाद जीवन जीने वाला हर व्यक्ति जवान होता है और केवल वही जवान होता है।

उसका जीवन मौलिक होता है, उसका मन मुक्त और बेपरवाह होता है और ऐसी जवानी इस तरह की सभी बेड़ियों को, अंधविश्वास, अत्याचार, अज्ञान और शोषण से भरी इस व्यवस्था (अव्यवस्था) को रौंदती हुई आगे बढ़ती है। उसे किसी भी तरह के व्यर्थ और अर्थहीन बंधन और सीमाएं स्वीकार नहीं होते। तुम सचमुच एक सही जीवन जीने लगे हो, इसका एक प्रमाण यह भी होगा कि जानने के प्रति जिज्ञासा बढ़ेगी, भविष्य की चिंताएं कम होंगी, भीड़ छटने लगेगी, तुम्हारे घर, परिवार, रिश्तेदार और समाज के अधिकांश लोग तुम्हारे खिलाफ होने लगेंगे। इन लोगों के लिए तुम लगभग पागल कहलाओगे। क्योंकि इन लोगों ने समाज की पहले से चली आ रही, बनी-बनाई, व्यर्थ और अर्थहीन व्यवस्था, मान्यताओं, परंपराओं इत्यादि को स्वीकार कर लिया है और उसी में अपने स्वार्थों की एक दुकान खोल ली है। और तुम आज के पढ़े-लिखे लोंडा-लोंडी (जवान) इनकी पूरी व्यवस्था को ही नकार रहे हो, क्योंकि वह इंसान को उसके दुखों से मुक्ति दे पाने में असमर्थ है। इसलिए तुम उनके लिए समस्या हो जाओगे और वे तुम्हें हर तरह से गिराने का प्रयास करेंगे।

मगर तुम तब ये नहीं रहोगे जो अभी बने बैठे हो, तुम भी फिर एक अलग ही इंसान हो जाते हो। इसको इस तरह भी कह सकते हो कि "जीते जी यदि समाज के स्वार्थी, परम्परावादी लोग तुम्हें अपना दुश्मन नहीं समझते हैं, तो अभी तुम सच्चे मार्ग पर बहुत आगे नहीं आए हो। उसी समाज के इर्द गिर्द घूम रहे हो और एक बहुत छोटा और झूठा जीवन जी रहे हो"। तो जो कोई भी बेपरवाह जीना चाहता हो वह एक बात ध्यान रखना, "सही, सच्चा, बेपरवाह और आजाद जीवन जीने के लिए अगर गिरना पड़े, तो दुनिया की नज़रों में गिर जाना बेहतर है; बजाय गलत और छोटा जीवन जीकर अपनी ही नज़रों में गिर जाने के... ।

144

एक बच्चा जब पैदा होता है तब क्या वह अपनी सारी पहचानें साथ लेकर आता है? जब आप पैदा हुए थे तब क्या आपको वह सब कुछ पता था, जो आज आप स्वयं को और स्वयं के बारे में मानते हैं? बच्चा जब पैदा होता है तो उसे अपना और अपने बारे में कुछ भी पता नहीं होता है और फिर समाज की नज़रों में वह अपनी पहचान खोजता है।

परिवार, समाज, वातावरण और शिक्षा आदि उसे बताते हैं कि तुम कौन हो और क्यों हो? और उस जानकारी को ही वह सच मान लेता है कि यही तो हूँ मैं। किन्तु परिवार और समाज के द्वारा भी तुम्हें क्या पहचानें दी जाएँगी? क्या शिक्षा, संस्कार और मान्यताएँ दी जाएँगी? यह सब भी इस पर निर्भर करता है कि तुम किस स्थान, देश, काल, धर्म, जाति और वातावरण इत्यादि में पैदा हुए हो?

इस झूठी पहचान से तुम चिपक जाते हो, इसके लिए लड़ते हो, इसी के लिए अपमानित होते हो मगर इसमें क्या है जो तुम्हारा अपना है? तुम जो कुछ भी स्वयं को माने बैठे हो, जो भी तुम अपने बारे में जानते हो वह सब नकली और दूसरों का दिया हुआ है, फिर क्यों तुम इससे इतने चिपके हुए हो? सिर्फ़ एक बच्चा पैदा होता है और समाज उसे नाम, लिंग, धर्म, जाति, राष्ट्रीयता इत्यादि की पहचान देकर अन्य सभी से उसे बाँट देता है और उसे सीमाओं में कैद कर देता है।

अब जिसे अपनी सारी पहचान ही समाज से मिली हो, वह समाज की भ्रष्ट व्यवस्था के खिलाफ कैसे जा पाएगा? कैसे उसकी गुलामी छोड़ पाएगा? क्योंकि वही सामाजिक मूल्य व्यवस्था तो उसकी जड़ें हैं। यही कारण है कि तुम्हारे जीवन में बेपरवाही नहीं है। यही कारण है कि तुम समाज की इतनी परवाह करते रहते हो और गुलाम की तरह जीते हो क्योंकि तुम्हें अपनी असली पहचान का कुछ पता नहीं और नकली पहचान मिली है उन्हीं लोगों से।

आत्मज्ञान तुम्हें है नहीं, इसलिए तुम स्वयं को वही माने बैठे हो जो दूसरों ने तुम्हें बता दिया है। किन्तु जब जागे, तब सवेरा। अब तक अगर नहीं पता था कि जो तुम स्वयं को माने बैठे हो, जिसे तुम अपनी असली पहचान समझते हो वह तो बाहर से थोपी हुई जानकारी भर है, तो अब जागो और अपनी असली पहचान का पता करो और असली पहचान समझ आती है, नकली पहचानों से मुक्त होकर। सारी नकली पहचानों को छोड़ दो, तब जो बचेगी वही तुम्हारी असली पहचान है।

नकली पहचानों को पहचान पाना ही आत्मज्ञान है। जंगल के राजा शेर को भी यदि पता न हो की वह शेर है और जंगल का राजा है, तो भेड़ों के बीच रहने के कारण वह भी स्वयं को भेड़ ही मान लेता है, गुलाम की तरह जीता है और वही सब करता है जो अन्य भेड़ें करती हैं। क्योंकि तुम क्या करोगे? यह भी इसी पर निर्भर करता है कि तुम स्वयं को मानते क्या हो?

तुम भी हो राजा ही लेकिन अपनी असली पहचान से अनभिज्ञ होने के कारण, एक गुलाम की तरह जी रहे हो और वही सब किए जा रहे हो जो एक गुलाम करता है।

पोंछ डालो वे सारी झूठी पहचानें जो तुम्हारा उपयोग करके, अपने स्वार्थों की पूर्ति करने के लिए; समाज ने तुम्हारे ऊपर चिपका दी हैं। "समाज ने तुम्हें मशीन बनाया है ताकि तुम उसकी व्यवस्था को सुचारू रूप से चलाने में मदद करो"। मगर तुम मशीन नहीं हो, इसीलिए मशीन बन कर जीने में इतनी पीड़ा और बेचैनी रहती है।

देख लो अब क्या करना है। चुनाव तुम्हारा है। कोई दूसरा तुम्हें बचाने नहीं आएगा। तुम्हें ही मुक्त होना है। ना मालिक बनो और ना ही गुलाम बनो। बेपरवाह जियो और जीने दो।

145

तुम्हारा होना ही बंधन है। तुम्हारा होना माने मैं का होना और मैं का होना माने अहं का होना और अहम् माने 'मैं कुछ हूँ, मेरा कुछ है'। यह जो आप कुछ न कुछ बने बैठे हैं यही आपका बंधन है, यही आपके दुख और बेचैनी का मूल कारण है। आप कुछ बन जाते, स्वयं को कुछ मान लेते हैं और फिर जो अपने स्वयं को माना है, समाज ने उसके लिए बहुत सारी मूर्खतापूर्ण ज़िम्मेदारियां और सीमाएं बना रखी हैं और यही सब फिर आपके लिए बेचैनी और तनाव का कारण बन जाते हैं। इससे मुक्ति चाहिये तो आप वो रहो ही मत, जो आप बने बैठे हो। अनंत होते हुए भी यह 'कुछ न कुछ हो जाना' ही आपको सीमित कर देता है।

मैं के साथ जो कुछ भी आपने जोड़ रखा है यही आपका बंधन है और उस सबके बिना मैं(अहं) का कोई अस्तित्व नहीं है। अर्थात् मैं मिथ्या है क्योंकि उसकी अपनी कोई हस्ती नहीं है। अपने होने के लिए वह किसी अन्य पर निर्भर है। तो जो मिथ्या है फिर उसके साथ कुछ भी जुड़ कैसे सकता है? अर्थात् आपका बंधन भी वास्तविक नहीं है, यह केवल आपकी मान्यता है कि आप कुछ हैं। आप जो स्वयं को माने बैठे हैं, आप वह हैं नहीं, बस आपकी मान्यता है कि आप वह हैं और वह कुछ होने के कारण जो कर्तव्य आप पर थोप दिए गए हैं वह भी झूठे हैं। अर्थात् यह मान्यता कि मैं कुछ हूँ, यह मान्यता ही बंधन है।

बंधन माने क्या? बंधन अर्थात् वह जो आपको सीमाओं में बांध दे माने जो आपको सीमित कर दे, छोटा कर दे और अस्तित्व से काट दे। बंधन माने वह जो आपको द्वैत में लाकर खड़ा कर दे। बंधन माने वह जो आपको समस्त से काट दे। समंदर का स्वयं को लहर या बूंद भर ही मान लेना और उसी के मिट जाने के भय में जीना ही बंधन है। अहं का कुछ होना ही अहं को सीमित कर देता है अन्यथा अहं ही ब्रह्म है। मैं (अहं) का कुछ होना ही आपको सीमित कर देता है। कैसे? जब आप कहते हैं कि "मैं भारतीय, हिंदू, स्त्री हूँ" अर्थात् अब आपने स्वयं को पहचानें दे दीं। आपने स्वयं को इन पहचानों में सीमित कर दिया।

स्त्री कह देने से आप स्त्री हो नहीं गए, मगर आपने इसे ही अपनी असली पहचान मान लिया कि आप स्त्री हैं और जैसे ही आपने स्वयं को स्त्री माना वैसे ही आपने स्वयं को उन सबसे अलग कर लिया जो स्वयं को स्त्री नहीं मानते। ये पिंजरा है जिसमें आपने स्वयं को कैद किया है। मुक्ति जिसका स्वभाव है, वो पिंजरे में रहेगा तो बेचैनी तो होगी न। और भारत में तो स्त्री को घर के अंदर रहना होता है, तो जिसको कहा जाता है कि वह (आत्मा/सत्य)

अनिकेत (जिसका कोई घर नही) है, घर में कैद हो जाएगी तो खालीपन, अपूर्णता, अशांति नहीं होगी तो और क्या होगा। आपने स्वयं को भारतीय कह कर अन्य को पराया कर दिया। स्वयं को हिंदू, ईसाई या कुछ अन्य कह कर आपने बाक़ी सब से स्वयं को काट कर इस पिंजरे में कैद कर दिया। फिर कैसे चैन मिले? नहीं मिल सकता।

पिंजरे में ना चैन है ना मुक्ति। आपने स्वयं को पहचान में कैद करके अस्तित्व से काट लिया। आप सीमित हो गए। 'मैं' अब 'स्त्री' हो गया। अर्थात् मैं अब स्त्री बन कर अस्तित्व में रहेगा अन्यथा 'मैं' हो नहीं सकता। इसी तरह जब आप मानते हैं कि मैं हिंदू हूँ या ईसाई हूँ तब आपने स्वयं को तथाकथित धर्म तक सीमित कर लिया। अब आपने स्वयं को और छोटा कर लिया। आप स्त्री हैं और वह भी सिर्फ़ ईसाई या हिन्दू या कोई अन्य।

इसी तरह आप मानते हैं कि मैं इस देश का नागरिक हूँ (जैसे भारतीय हूँ) तब आप स्वयं को उस देश की ईसाई या हिंदू जो भी, स्त्री तक सीमित कर देते हैं। इसी तरह आप स्वयं को किसी मत, संगठन, समाज, वर्ण, जाति इत्यादि में सीमित कर देते हैं। कभी आप माता बन कर बैठ जाते हैं तो कभी पिता बन कर, कभी पत्नी तो कभी पति। इस तरह आप स्वयं को बहुत सीमित कर लेते हैं और इस सीमा का होना ही असली हिंसा है, यही सारी हिंसाओं की मूल जड़ है फिर चाहे वह घर के अंदर हो या दो देशों के मध्य।

सीमाओं से ही संसार के सारे द्वंद, युद्ध, लड़ाई-झगड़े, भेदभाव, शोषण, ईर्ष्या, द्वेष, नफ़रत इत्यादि उत्पन्न होते हैं। यह सीमाएं ना हों तो कोई पराया ही ना होगा और जहाँ कोई पराया नहीं होता है वहाँ कोई किसी का शोषण नहीं करता, कोई किसी पर हिंसा नहीं करता। हिंसा शोषण, नफ़रत करने के लिए पहले सामने वाले को पराया मानना पड़ता है। यदि यह सीमाएं ना हों; जो कि आपके कुछ होने से अस्तित्व में आती है, यदि मैं का यह भाव न हो तो आप एक छोटे से कीड़े को भी जानते-बुझते मारना नहीं चाहेंगे। फिर यूँ ही चलते-फिरते आप पेड़ की पत्तियाँ भी नहीं तोड़ पाएंगे क्योंकि आप उन्हें भी स्वयं से अलग नहीं मान रहे होंगे।

मनुष्य के जीवन में जितनी भी छोटी-बड़ी समस्याएं हैं, घर के भीतर से लेकर दो देशों की सीमाओं तक; वह तब तक चलती रहेंगी जब तक की व्यक्ति इस मैं (अहं) को न समझ ले। जब तक आप स्वयं को किसी पहचान में बांधे हुए हैं, सीमित किए हुए हैं, तब तक मुक्ति नहीं है और तब तक आपके जीवन में उसका आगमन नहीं हो सकता जिसे आप चाहो तो प्रेम कह लो, आज़ादी कह लो, सत्य कह लो और चाहो तो ईश्वर, आत्मा अथवा बेपरवाही कह लो। आप उसे कोई भी नाम दे सकते हैं।

नाम से फर्क नहीं पड़ता। नाम; वस्तु नहीं होती और वस्तु; नाम नहीं होती। मगर मैं के नहीं होने का अर्थ यह नहीं है कि आप नहीं होंगे। लहर के मिटने से भला क्या समंदर मिटता है? डरते क्यों हो? तुम समन्दर हो। अब तो मौज करो। बेपरवाह जियो।

146

जब आप पूछते हैं कि आखिर मेरा जन्म हुआ ही क्यों है? तब आप यह नहीं पूछ रहे हैं कि 'आख़िर मेरा जन्म हुआ ही क्यों'? तब आप वास्तव में यह पूछ रहे होते हैं कि आख़िर जीवन में इतना दुःख-तकलीफ, भय, चिंता, इतनी पीड़ा और अंदर इतनी बेचैनी क्यों हैं? आप पूछ रहे होते हैं की मृत्यु क्यों है? अगर गहराई से समझें तो आप पाएंगे की जन्म से तो आपको कोई समस्या होती नहीं है। अगर जन्म होना ही समस्या होता तो प्रकृति के अन्य जीव भी आपकी भाँति परेशान होते, किन्तु उनमें तो हम ऐसा कुछ नहीं देखते। मस्त जीते हैं वे तो। हाँ, हम अज्ञानी मनुष्य जरूर उन्हें अपने स्वार्थ और स्वाद इत्यादि के लिए परेशान करते हैं।

यदि आपके जीवन से सारे दुःख-तकलीफ, सारी समस्याएं, चिंताएँ, भय इत्यादि खत्म कर दिए जाएं तो क्या तब आप पूछेंगे, कि जन्म क्यों हुआ? तब आपको यह सवाल ही नहीं उठेगा कि जन्म क्यों हुआ। क्यों? क्योंकि जीवन होता है जीने के लिए और जब आप सचमुच जी रहे होते हैं, तब यह सवाल नहीं उठता कि मैं पैदा क्यों हुआ? आप अबोध थे मगर फिर भी जब आप छोटे बच्चे थे, मुक्त, बेफिक्र, बेपरवाह, न खाने की चिंता न पीने-सोने की, न घर की चिन्ता न नौकरी की, न भविष्य का बोझ, न किसी तरह का भय; क्या तब आपको यह सवाल उठे थे की आख़िर मैं पैदा क्यों हुआ? नहीं। क्योंकि तब आप बहुत हद तक जीवन को जी रहे होते हैं, तब आप में जीवंतता और कुछ हद तक सहजता और सरलता होती है। तब आप जान रहे होते हैं। कुछ भी मानकर नहीं बैठे होते हैं। तब तितलियाँ, फूल, पेड़-पौधे, हरी घाँस सब आपके मित्र होते हैं और उनके प्रति आप जिज्ञासा से भरे होते हैं।

लेकिन जैसे ही माँ आपसे कहती है कि यह मत करो, वह मत करो, वहाँ मत जाओ अर्थात् जैसे ही आप स्वयं को बंधन और सीमाओं में पाते हैं तब आपको उससे समस्या होती है। तब आप कहते हैं, कि माँ मुझे क्यों नहीं जाने दे रही? माँ इतनी बुरी क्यों है? अब आप समझ गए होंगे कि हम क्यों पूछते हैं कि आख़िर मेरा जन्म क्यों हुआ? यदि यह सवाल उठता है कि आख़िर मेरा जन्म हुआ ही क्यों है, तो इसका अर्थ है कि आप जी नहीं रहे हैं। आप बंधन में हैं। और इसका मूल कारण है कि आप स्वयं को नहीं समझते हैं; कि आप क्या चीज़ हैं? तो असली सवाल यह है कि आखिर आपके जीवन में इतने दुःख, चिंताएँ, सीमाएँ, भय आदि क्यों हैं? क्यों आप जी नहीं रहे हैं? और यह सब आपको तब समझ आता है जब आप स्वयं को समझते हैं। तब आपकी बेचैनी मिटती होती है। आत्मबोध ही मुक्ति है।

147

मनुष्य जितना मृत्यु से डरता है उतना ही या कहो कि उससे भी ज्यादा वह प्रेम से डरता है क्योंकि सिर्फ़ मृत्यु ही नहीं मिटाती है, प्रेम भी मिटाता है। जो प्रेम तुम्हें अंदर से मृत्यु ही ना दे-दे, वह प्रेम है ही नहीं। प्रेम और मृत्यु अलग नहीं हैं। प्रेम का दूसरा नाम मृत्यु है। प्रेम का अर्थ है मैं का मिट जाना। जब तक आपका 'मैं' (अहं) बचा हुआ है, तब तक आपने प्रेम जाना ही नहीं।उसके जीवन में प्रेम का आविर्भाव हो ही नहीं सकता जिसने मैं और मैं के इर्द-गिर्द अपना एक निजी और व्यक्तिगत संसार रचा-बसा रखा है।

जो इस मैं को यानी स्वयं को जितना अधिक बचाने की कोशिश करता है उतना ही वह प्रेम से दूर होता जाता है। प्रेम में प्रेमी मिट जाता है। यही मृत्यु है। इसीलिए हरकोई प्रेम नहीं कर पाता है क्योंकि वह स्वयं को भी बचाना चाहता है। जो स्वयं को बचाने में लगा हो वह प्रेम नहीं पा सकता। जो मिटने को राजी हो वही बचता है प्रेम के रूप में। 'प्रेम मार्ग में संसार नहीं बल्कि तुम स्वयं बाधा हो'। प्रेम आ सके इसके लिए तुम्हें हटना पड़ेगा।

आपने देखा है, वृक्ष में जब नए पत्ते आते हैं तो वह कितने सुंदर, कोमल और ताजे होते हैं लेकिन वे आ सकें इसके लिए उन सूखे पत्तों को हटना पड़ेगा जो कई महीनों से मालकीयत जमाए बैठे हैं। इसी तरह आपके जीवन में प्रेम आ सके, परमात्मा आ सके इसके लिए उस सबसे मुक्ति आवश्यक है जो सूखे पत्तों की तरह मुर्दा और बोझ हैं। मन में जो कुछ प्रेम के नाम पर मूर्खताएं, मान्यताएं, निष्कर्ष, संस्कार इत्यादि भर रखे हैं; स्वयं को उनसे खाली करो।

प्रेम जीवन में आ सके इसके लिए तुम्हें बिल्कुल अकेले और खाली खड़ा होना होगा और ऐसा तभी संभव है जब तुम, तुम ना रहो; तुम मिट जाओ और बस होना मात्र रहे। प्रेम तो उस वृक्ष की भांति होता है जिसकी शाखाएं, टहनियां और पत्तियां हर दिशा में होती हैं। वो पेड़ कितना बंजर होगा जिसके फल, फूल, पत्तियां सब एक ही शाखा पर है और बाक़ी शाखाएं सूखी हैं। मगर पेड़ जब खिलता है तब वह पूरा खिलता है।

हम कभी खिल नहीं पाते क्योंकि हम स्वयं को समस्त अस्तित्व से, उसके रंगों से काट लेते हैं और स्वयं को किसी एक विशेष दिशा में झोंक देते हैं। हम एक ढर्रेनुमा और पहले से तयशुदा जिंदगी जीते हैं। ये ढर्रा ही है जो तुम्हें प्रेम और आज़ादी से दूर रखे हुए है। ढर्रे हटाओ और प्रेम पाओ।

148

हम सब ऐसे रिश्तों में जीते हैं जिनमें न सत्य होता है, न प्रेम और न किसी तरह की आज़ादी, होते हैं तो केवल झूठे चेहरें और छवियां। हमारे अधिकांश रिश्ते झूठ की बुनियाद पर टिके होते हैं। रिश्ते सड़ चुके होते हैं किन्तु फिर भी हम उन्हें ढोते रहते हैं। आप देखते हैं कि सामने वाला व्यक्ति गलत है किन्तु कहीं उसे बुरा न लग जाए, कहीं उससे जो मिल रहा है वह मिलना बंद न हो जाए यह सोचकर आप उसे उसकी गलती से अवगत नहीं कराते हैं और इस तरह आप झूठ की बुनियाद पर अपने रिश्तों को बनाए रखते हैं। आपका रिश्ता इतना सड़ा हुआ, झूठा और कमज़ोर है कि सामने वाले व्यक्ति के बारे में जो कुछ आप अपने मन में सोचते हैं यदि वह आपके मस्तक पर दिखने लगे तो आपका रिश्ता अभी खत्म हो जाए। यही आपके जीवन का नर्क है। जिस रिश्ते का आधार ही झूठ हो, तो वहाँ प्रेम और किसी का भला कैसे हो सकता है। इसलिए सामने वाला व्यक्ति, चाहे वह आपके माता-पिता हों, पति, पत्नी या अन्य कोई व्यक्ति हो; उसे उसी समय उसकी गलती बताओ। यदि वह गलत है तो उसी क्षण उसको गलत कहो। सच्चाई अगर रिश्ते को तोड़ती है तो टूट जाने दो मगर झूठ बोलकर उसे बचाने की कोशिश मत करो। अन्यथा जब बार-बार आप व्यक्ति की गलतियों को, उसके द्वारा किए जा रहे दुर्व्यवहार को नज़रअंदाज़ करते हैं तो एक समय के बाद उसे यह भ्रम हो जाता है कि वह गलत नहीं है और उसमें कोई खोट नहीं है। अब दुर्व्यवहार करना उसके लिए एक साधारण बात हो जाएगी। फिर एक समय के बाद उसके द्वारा की गई एक छोटी सी गलती भी यदि आप उसे बताओगे तो उसके अहंकार को बड़ा बुरा लगेगा और वह हिंसक होने लगेगा। क्योंकि आप उसकी यह मान्यता तोड़ रहे हैं कि वही हर समय सही होता है। जिसने आपके मुँह से कभी 'ना' नहीं सुना वह आपसे सदा हाँ की उम्मीद रखने लगता है। इसलिए किसी भी संबंध में यह ध्यान रहे कि यदि कोई गलत है तो उसी समय उसे अपनी गलती बता दो अन्यथा वह भी परेशान होगा और आप भी और दोनों दुख पाओगे। सही को सही और गलत को गलत कहना सीखो। सामने वाले का भला चाहते हो तो उससे कभी झूठ मत बोलो, 'बुरा लगे लग जाने दो मगर कोशिश करो की बुरा होने न पाए'। यह वैसे ही है जैसे बच्चे के हाथ से चाकू छुड़ा लो तो उसे बुरा लगता है लेकिन उसके साथ जो बुरा हो सकता था उससे आपने उसे बचा लिया। अक्सर यह होगा कि जिसका आप भला कर रहे हैं उसी व्यक्ति की नज़रों में आप बुरे बन जाएँगे। कोई बात नहीं। प्रेम में यह भी स्वीकार है।

149

तुमसे वही बँटेगा जो तुम हो। तुम प्रेम हो तो प्रेम तुमसे बँटेगा, घृणा हो तो घृणा और यदि तुम आज़ाद हो तो आज़ादी ही तुमसे बँटेगी। यह हो नहीं सकता कि तुम प्रेम हो और तुमसे घृणा, नफ़रत और हिंसा बंटे और यदि तुम हिंसा बाँट रहे हो तो अभी तुमने प्रेम जाना ही नहीं।

फूल को कभी भेदभाव करते देखा है? फूल यदि सौंदर्य है, फूल यदि खुशबू है तो उससे सौंदर्य और खुशबू ही बँटेगी। इस बात से फर्क नहीं पड़ता कि तुम बुद्ध हो या बुद्धू, इंसान हो या कि पशु-पक्षी। जो कोई भी उसके निकट आएगा, उसके पास से होकर गुजरेगा, उसके निकट बैठेगा तो खुशबू और सौंदर्य ही बंटेगा। इस बात से भी फर्क नहीं पड़ता है कि कोई उसके पास से गुजरता भी है अथवा नहीं, उसका होना ही खुशबू और सौंदर्य बिखेरेगा। प्रेम भी ऐसा ही है। यदि सचमुच तुम प्रेम को उपलब्ध हुए हो तो अब तुम्हारे अंदर रत्तीभर भी घृणा, नफ़रत या हिंसा नहीं रह जाएगी। तुम भेदभाव नहीं कर पाओगे।

तुम यह नहीं कर पाओगे कि एक इंसान से प्रेम करो और दूसरे से घृणा, तुम यह नहीं कर पाओगे कि एक पशु को प्रेम करो और दूसरे को मारकर उसका माँस खा जाओ, तुम यह नहीं कर पाओगे कि इंसान से प्रेम करो और अन्य प्रजातियों के प्रति घृणा, हिंसा, नफ़रत, शोषण और स्वार्थ का रिश्ता रखो। तुम प्रेम को उपलब्ध हुए हो या नहीं इसके लिए यह जान लो कि अब तुम्हारे अंदर घृणा, हिंसा, शोषण, भेदभाव जैसे विकार बचे हैं या नहीं। क्योंकि इनके होते हुए प्रेम का आविर्भाव नहीं हो सकता। कबीर साहब कहते हैं; प्रेम गली अति सांकरी, ता में दो न समाय। 'एक ही हृदय में एक साथ प्रेम का फूल और हिंसा की आग नहीं हो सकती। या तो प्रेम हो सकता है या हिंसा। तुम देख लो कि तुम क्या हो?

"अपनों से तुम्हारा संबंध कैसा है यह जानना हो तो देख लो कि दूसरों से तुम्हारा संबंध कैसा है? यदि दूसरे मनुष्य, दूसरी प्रजाति इत्यादि के साथ तुम्हारा रिश्ता स्वार्थ, शोषण, झूठ और हिंसा का है तो जिन्हें तुम अपना कहते हो उनके साथ भी तुम्हारा रिश्ता प्रेम का नहीं हो सकता। मनुष्य को मनुष्य होने के लिए और मनुष्य को मनुष्य से प्रेम करने के लिए पहले पशु-पक्षियों के प्रति प्रेम से होकर गुजरना होगा और यह तुम्हारा चुनाव है। तुमने ही घृणा, नफ़रत, भेदभाव, झूठ और हिंसा को चुना है और तुम ही चाहो तो अभी ही प्रेम, मैत्री और करुणा को भी चुन सकते हो।

150

मृत्युः यदि वैसी मौत नहीं मरना चाहते हो जैसी हर कोई मरता है तो फिर तुम जीवन भी वैसा ही कैसे जी सकते हो जैसा हर कोई जीता है। क्योंकि मृत्यु भी उसी की गौरवपूर्ण होती है जिसने जीवन भी गौरवपूर्ण जिया हो। अन्यथा आज दुनिया में हर दिन लाखों लोग वैसे ही मर जाते हैं जैसे पैरों के नीचे आकर कीड़े-मकौड़े मर जाते हैं। यदि तुम उन सबसे अलग नहीं जी रहे हो, यदि तुम भी बिना सोचे-समझे उधर को ही दौड़े जा रहे हो जिधर बाक़ी दुनिया दौड़ रही है तो तुम्हारा जीवन और तुम्हारी मृत्यु, कुछ भी उन सबसे अलग कैसे होगा?

तुम भी यदि समाज, संस्कार, संयोग प्रकृति, देश, काल, वातावरण इत्यादि के केंद्र से संचालित होकर जिए तो तुम्हारा भी हश्र बाक़ी सबसे अलग नहीं होगा। तुम एक कठपुतली बनकर रह जाओगे और कोल्हू के बैल की तरह जीवन बिता कर मर जाओगे। जहां समझ नहीं वहां जीवन नहीं हो सकता। अगर जिए ही नहीं तो जीवन का कोई अर्थ नहीं। जीवन में बेपरवाही हो तो ही वह जीवन कहने योग्य है अन्यथा बंधनों में रहना, डर-डर कर जीना, व्यर्थ चीज़ों के पीछे दौड़ते रहना, एक के बाद एक कामना को पूरा करते रहना फिर भी संतुष्ट न होना और मशीन की तरह जीते-जीते एक दिन मर जाना, यह तो जीवन नहीं है। एक जवान व्यक्ति को ऐसा जीवन कभी स्वीकार नहीं होगा और तुम्हें यदि यह मुर्दा जिंदगी स्वीकार है तो तुम कभी जवान हुए ही नहीं।

तुम्हारी सारी शारीरिक जवानी तो सरकारी नौकरी के चक्कर में चार दीवारी में ही खत्म हो जाती है। फिर बाक़ी जिंदगी दूसरों की तरह ही लोगों की नज़रों में इज्जत तलाशने में चली जाती है। लेकिन वो जो सचमुच जवान होगा वो इससे बाहर आएगा, चार दीवारी में अपनी जवानी को बर्बाद नहीं करेगा, न अकेले चलने से डरेगा, ना सम्मान की भीख माँगेगा और न मिटने से डरेगा। वो है जो आज़ाद जिएगा और आज़ाद मरेगा। जीवन में प्रेम और आज़ादी को सबसे ऊपर रखो और इनकी कीमत पर कुछ भी स्वीकार मत करो फिर चाहे मौत आ जाए। "मौत से मत डरो, डरना है तो छोटी मौत मर जाने से डरो"। छोटी मौत का अर्थ होता है, जिंदगी को जिए बिना ही मिट्टी हो जाना और मिट्टी होने से पहले जिंदगी भर गुलाम की तरह घुट-घुट कर जीना।

151

जिस प्रकार रेत, गिट्टी, मिट्टी, सीमेंट, लोहा और काँच आदि चीज़ों से मिलकर जो व्यवस्थित संरचना बनती है, उस संरचना को हम अपने मकान का नाम दे देते है। इसी तरह पृथ्वी पर करोड़ों-अरबों मकान हैं जो सब ऊपर- ऊपर से देखने पर अलग दिखाई पड़ते हैं किन्तु क्या वास्तव में वह अलग हैं? नहीं। उन सबके मूल में यही सारे तत्व हैं। इसी तरह जितने भी मनुष्य और जीव तुम्हें दिखाई देते हैं वह सब और उनकी जातियाँ, प्रजातियां, रंग, रूप, यह सारे भेद झूठे हैं।

जिस प्रकार सारे मकान उन्हीं तत्वों से बने हैं उसी प्रकार यह शरीर भी पंचभूतों की ही एक व्यवस्थित संरचना है। जो कुछ आपकी शारीरिक ज़रूरतें हैं वही दूसरे की भी हैं। जैसे आप जल, सूर्य, मिट्टी, वायु इत्यादि के बिना नहीं जी सकते वैसे ही अन्य व्यक्ति और जीव भी इनके बिना नहीं जी सकते। फिर अलगाव में जीने का कोई अर्थ नहीं रहा। सारे भेद मिथ्या हैं। सबके मूल में वही एक तत्व है।

चाहे कोई व्यक्ति किसी भी धर्म, जाति, संप्रदाय का हो, चाहे वह भारतीय हो, अमेरिकी हो अथवा किसी अन्य देश का हो, वह चाहे पुरुष हो अथवा स्त्री, जवान हो अथवा बच्चा; इन सबके बावजूद इनका सबका दुख, दर्द, पीड़ा, चिंता, तनाव, भय एक जैसा ही है। सबको दुख होता है, सबको डर लगता है, सब जीना चाहते हैं, सब सुरक्षा तलाशते हैं। फिर हम कैसे किसी को पराया और किसी को अपना कह सकते हैं?

तुम विचार करते हो, सोचते हो, हँसते-रोते हो, तुम्हारा दिल धड़कता है, तुम्हारे शरीर में मांस, खून, मवाद, मल, मूत्र है और वही सब दूसरे के शरीर में भी है। फिर कैसे किसी में कोई अंतर हो सकता है? कैसे कोई पवित्र और अपवित्र हो सकता है। वास्ताव में जो लोग झूठे भेदभाव में जीते हैं वही लोग अपवित्र हैं और जो भेदभाव से मुक्त जिएं वे ही पवित्र हैं।

अंततः तो प्रत्येक जीव को जो चाहिए वह तो मूल रूप से एक ही है फिर चाहे आप उसे कोई भी नाम दे। आप उसे चैन, संतुष्टी, प्रेम, मुक्ति, आनंद, शांति कुछ भी कह सकते है। नदियों की राह भिन्न हो सकती है मिलना तो उन्हें सागर में ही है

152

तुम जीवन को जीते नहीं हो, जीवन को तुम हमेशा कल पर ऐसे टालते रहते हो जैसे कल फिर आएगा। टालते-टालते एक दिन जीवन कब ख़तम हो जाता है पता भी नहीं चलता और फिर तुम पछताते हो कि जीवन हाथ से फिसल गया क्योंकि अब सारे कल खत्म हो गए अब तो केवल काल (मृत्यु) आता है। इसलिए कहता हूँ कि केवल मृत्यु ही है जो तुम्हें जीना सीखा सकती है। जिसको आज, अभी मृत्यु का स्मरण आ गया वह फिर कल पर नहीं टालता और जी उठता है।

जो कुछ मृत्यु छीन लेगी उसे आज ही गँवाने को जो राजी हो जाएगा वह जी उठेगा। मत करो इंतजार की अभी तो 60 साल बाक़ी हैं, तुम हर पल मृत्यु में जियो, पल-पल मरो। बड़े-बड़े सम्राट यहाँ अपना वंश नहीं बचा पाए, फिर तुम किस खेत की मूली हो जो अपने कुल को बचाने में जिन्दगी नर्क किए जा रहे हो। क्या खोने से डरते हो? यहाँ है क्या तुम्हारा जो तुम बचा रहे हो? क्या लेकर आए थे तुम? मौत जिसे छीन ही लेगी उसे अपने हाथों से छोड़ दो। पकड़ो मत। जीवन को जीने से अधिक मूल्यवान यहाँ कुछ भी नहीं और वही अमीर है।

यदि तुम्हारे पास बहुत कुछ हो किन्तु जो है उसे ही पकड़ने-संभालने के कारण तुम अगर जी ही नहीं पा रहे हो तो किस काम का वह सब? जीवन महत्वपूर्ण है इसे जियो। जीवन को ऐसे मत जियो की अभी तो 60-70 वर्ष बाक़ी हैं। जीवन पल-पल जियो। ऐसे जियो जैसे थोड़ी देर में ही मृत्यु होने वाली है।

मैं 60 वर्ष जियूँगा, मैं 40 वर्ष जियूँगा, मैं 20, 10, 1 वर्ष जियूँगा, मैं एक महिना जियूँगा, मैं 1 दिन जियूँगा, मैं 1 घंटा जियूँगा, मैं 1 सेकंड जियूँगा, मैं एक पल जियूँगा, मैं जी लिया, मौन! जो इस तरह जीवन और मृत्यु का फासला जितना कम कर देगा या जो जीवन और मृत्यु को एक जान लेगा वह उतना ज्यादा और उतना गहरा जियेगा।

'जो है' में जीने का यही अर्थ है कि आप इस तरह जिएं की अतीत के प्रति मृत हो जाएँ और भविष्य की कल्पना करने के पहले ही फिर मर जाए। इतना छोटा जीवन जो जिएगा वही जीवन को उपलब्ध हो पाएगा। उसी के जीवन में उस बेपरवाही का आगमन होगा जो सौंदर्य, प्रेम, करुणा, आनंद, आज़ादी और सत्य से ओतप्रोत है।

153

यहाँ कौन है जिसने कभी कोई गलत निर्णय नहीं लिया हो? है कोई? नहीं हैं? यहाँ जो भी आज सही है कल वो गलत हो जाता है। एक समय था, समझ का एक स्तर था, उसके अनुसार जो तुम्हें सही लगा तुमने वह निर्णय ले लिया और आगे बढ़ गए। आज तुम्हें दिख रहा है कि उससे बेहतर निर्णय लिया जा सकता था। लेकिन समझो, तो, कि यह तुम्हें 'आज' दिख रहा है।

आज तुम जिस स्थिति में हो वहाँ तुम्हें दिख रहा है कि गलत दिशा में बढ़ रहे हो। लेकिन आज न वो स्थिति है, न वो समय है, न तुम वह व्यक्ति हो और न ही तुम्हारी समझ का वो स्तर है; आज तुम पूरी तरह एक नए व्यक्ति हो।

तो सबसे पहले तो स्वयं को दोष देना बंद करो कि तुमने कुछ गलत किया, तुम्हारी जितनी समझ थी उसके हिसाब से तुमने निर्णय लिया और आगे बड़े। किन्तु आज तुम्हारे लिए जो महत्वपूर्ण है वो यह है कि तुम देखो; कि अभी जिस दिशा में आगे बढ़े चले जा रहे हो क्या वह मेरे लिए सही है? कहीं फिर से वही गलती तो नहीं दौहरा रहा हूँ?

कही ऐसा तो नहीं कि आज भी में जिस ओर दौड़े जा रहा हूँ उधर केवल इसलिए दौड़े जा रहा हूँ क्योंकि डर है, लालच है, किसी तरह की मजबूरी है या ऐसे ही किसी दबाव इत्यादि के कारण उस ओर जा रहा हूँ?

गलती करने में समस्या नहीं है, समस्या तब है जब आप जानते-बूझते मूर्खता करें और मूर्खता की सजा होती है दुःख, तनाव, भय, शोषण इत्यादि। यदि सचमुच यह जान गए हो कि जिस ओर बढ़ रहे हो वह दिशा गलत है या कम से कम तुम्हारे लिए तो ठीक नहीं है या तुम उसके लिए नहीं हो; तो वहीं रुक जाओ अन्यथा तुम पछतावा करना चाहोगे किन्तु बाद में पछताने का भी समय तुम्हारे पास नहीं बचेगा।

बहुत सरल शब्दों में इसे समझ लो, मान लो मैं हूँ सीहोर में और मुझे जाना है भोपाल लेकिन गलती से मैं इंदौर जाने वाली रेलगाड़ी में बैठ जाता हूँ जो की भोपाल से बिल्कुल दूसरी दिशा में है। जब तक मुझे पता नहीं था कि मैं गलत दिशा में बहुत तेजी से आगे बड़े जा रहा हूँ तब तक मैं आराम से बैठा रहा। लेकिन जब रेलगाड़ी पहले स्टॉप पर पहुँची तब मुझे पता चला कि मैं गलत गाड़ी में बैठ गया हूँ। लेकिन जब तक कुछ समझ पाता तब तक गाड़ी अगले स्टॉप के लिए निकल चुकी थी।

अब आप स्वयं को इस स्थिति में रखो और ईमानदारी से ख़ुद से पूछो कि आप क्या करेंगे? क्या आप बैठे रहेंगे? क्या आप अभी उतर जाएँगे? या आप अगले स्टॉप पर उतरेंगे?

अब पूछो ख़ुद से कि जो निर्णय आप यहाँ ले रहे हो वही निर्णय फिर वहाँ क्यों नहीं ले रहे हो जहाँ दिख रहा है कि गलत दिशा में आगे बढ़ रहे हो? जीवन की कीमत क्या रेलगाड़ी की टिकट से भी सस्ती है। क्योंकि नुकसान दोनों तरफ़ है और नुकसान क्या है वह भी देख लो;

अगर आप बैठे रहे तो आप कहीं भी पहुंचने वाले नहीं हैं, आप बस बैठे ही रहोगे और अंत में एक ऐसी जगह उतार दिए जाओगे जहाँ सिवाय भटकने के आपके पास कुछ नहीं होगा और चूँकि आप जानते-बुझते भी बैठे रहे इसलिए और अधिक पछतावा होगा। अगर बीच में ही उतर गए तो थोड़ी दिक्कत आएगी और किसी स्टॉप तक पहुंचने के लिए पैदल चलना पड़ सकता है।

कहने का तात्पर्य है कि एक दम से उसे छोड़ना शायद आसान न हो जो गलत है, उसमें थोड़ी ज्यादा मेहनत लग सकती है। लेकिन बैठे रहने से तो वह भी अच्छा है। और यदि आप अगले स्टॉप पर उतरते हैं तो आप सही दिशा जाने वाली रेलगाड़ी में बैठ सकते हैं और थोड़ा देर से ही सही लेकिन वहाँ पहुँच जाएँगे जहाँ आपको पहुँचना है, जो आपकी मंजिल है।

अब आप देखिए कि आपको क्या करना है? क्योंकि गलत निर्णय लेकर गलत ही दिशा में बढ़ते रहने पर तीन बड़े भारी नुकसान होते हैं।

पहला; जैसे-जैसे आप गलत दिशा में आगे बढ़ते जाएंगे वैसे-वैसे आप अपनी सही मंजिल से अधिक दूर होते जाएंगे।

दूसरा; गलत दिशा में आप जितना आगे बढ़ेंगे, सही दिशा की ओर लौटना उतना मुश्किल हो जाएगा क्योंकि दूरी बहुत बढ़ जाएगी। और तीसरा;

वापस लौटने के लिए आपके पास पर्याप्त समय, संसाधन और ऊर्जा नहीं बचेगी क्योंकि यह आपके पास सीमित है। आपका चुनाव ही आपकी नियति है।

154

सामने दुश्मन (चुनौती) है लेकिन बहुत कमज़ोर है, बहुत छोटी है और तुमने अगर उसे हरा भी दिया तो तुम्हारी जीत का कितना मूल्य है? तुम्हें ही शर्म आएगी बताने में की देखो मैं जीता और यदि तुम उससे भी हार गए तो यह और अधिक शर्म की बात होगी। छोटी सी चुनौती थी और उससे भी हार गए।

अब डालो नज़र अपनी जिन्दगी पर और देखो कि जिस चुनौती को तुम अपनी पूरी जिन्दगी दिए दे रहे हो क्या वह सचमुच इस लायक है कि तुम्हारा सारा समय, संसाधन, ऊर्जा और तुम्हारी जवानी उसमें लग जाए।

जिन चीज़ों के पीछे तुम अपनी जिंदगी बर्बाद कर रहे हो जरा रुक कर देखो तो, क्या उनकी इतनी कीमत है भी कि तुम उन्हें अपनी पूरी जिंदगी सौप दो? जरा पूछो तो कि जिन्होंने वह सब कुछ हासिल कर लिया है, क्या उनकी जिंदगी में शांति, आनंद और संतुष्टि है? जिन चीज़ों को पाकर उन्हें ही नहीं मिली, वही सब पाकर तुम्हें कैसे चैन मिल जाएगा? लेकिन इन सबके चक्कर में जिंदगी ज़रूर खत्म हो जाएगी।

अगर उन सब में चैन नहीं है तो जो सचमुच सही और बड़ी चुनौती है उनको उठाने से क्यों डरते हो? उस लड़ाई को लड़ने में कोई मज़ा नहीं जो बहुत आसानी से जीती जा सके। लड़ने का मज़ा तब ही है जब लड़ते-लड़ते तुम ही मिट जाओ और लड़ाई जारी रहे। लड़ाई फिर अपने निजी स्वार्थ की ना रह जाए।

तुम्हें यदि लगता है कि सच्ची चुनौती बहुत बड़ी है इसलिए तुम्हें डर लग रहा है कि कहीं इसमें मैं ही न खो जाऊँ? तो भूलो नहीं कि अंधकार जितना घना होता है, छोटा सा दिखाई देने वाला चाँद भी उस घने अंधकार को चीरकर हर किसी की आँखों को अपनी ओर आकर्षित कर लेता है।

अंधकार जितना घना होता है, चाँद उतना अधिक सुंदर और साफ़ दिखाई देता है। उसी प्रकार संसार में चारों ओर व्याप्त इस अंधकार से मत डरो, बस ख़ुद को प्रकाशित करो। सच्चा जीवन जियो। सबके लिए प्रेम, करुणा और आज़ादी चुनो।

155

सच और झूठ, आज़ाद और गुलाम जिंदगी; चुनौती दोनों तरफ़ हैं, संघर्ष दोनों तरफ़ हैं और दुःख भी दौनों तरफ़ हैं। कीमत भी दोनों तरफ़ चुकानी पड़ती है। अब यह हमारा चुनाव होता है कि हम किस राह को चुनते हैं।

शुभ (सच) और अशुभ (झूठ); दोनों ही तरहं की शक्तियाँ हमारे भीतर हैं किन्तु हम किसको पोषण देते हैं यह हमारा चुनाव होता है। जिसको पोषण मिलता है वह शक्ति और अधिक बढ़ती है। जिस शक्ति को हम पोषण देते हैं, वह भी हमें पोषण देती है।

जब आप शुभ शक्ति को पोषण देते हैं (उसका चुनाव करके) तब आपकी भी शुभ करने की शक्ति और शुभता को चुनने की शक्ति बढ़ जाती है और जब आप अशुभ शक्ति को पोषण देते हैं तब शुभ को चुन पाने की आपकी शक्ति भी कम होती जाती है और अशुभता बढ़ती है।

जो कोई भी शुभ की खातिर सही दुःख को सहन करता है, सही विरोध का सामना करता है; उसके लिए वह दुःख, वह विरोध ही आनंद बन जाता है, वे ऊपर उठने वाली सीढ़ियां बन जाते हैं। वह पाता है कि जैसे-जैसे वो बड़े और सही विरोधों का सामना करता है तो सामना करने की उसकी शक्ति भी बढ़ती जाती है।

इसके विपरीत यदि आप गलत दुःख, गलत विरोध, गलत अपमान को सहन करते हैं तो आपका दुःख भी बढ़ता जाएगा। अतः कोई शुभ को चुने या अशुभ को; चुनौती और संघर्ष तो दोनों तरफ़ हैं किन्तु जो शुभ को चुनता है वह स्वयं को आज़ाद पाता है और अशुभ को चुनने वाला स्वयं को बंधनों में पाता है।

आपके भीतर जो शुभता है, उसे पोषण दीजिए, फिर पोषण चाहे कितना ही अधिक कठिन अथवा कीमती ही क्यों न हो। गुलामी में भी मेहनत, संघर्ष, चुनौती सब हैं और आज़ाद जीने में भी हैं; लेकिन आज़ाद जीने में आज़ादी है और गुलाम जीने में इस सबके बावजूद भी गुलामी ही है।

156

'यदि आप यह भी मानते हैं, कि जो व्यक्ति इस जन्म में अच्छे कर्म करता है, पाप कर्म नहीं करता, हिंसा नहीं करता; उसे अगला जन्म अच्छा मिलता है और वह सुखी रहता है। अगर आपकी यही धारणा है कि आज तुम जैसे कर्म करते हो, उसी का फल आगे भी मिलता है।

तो इस स्थिति में भी आपके लिए महत्वपूर्ण तो आपके आज के और इसी जीवन के कर्म हैं न। आप यही तो कह रहे हैं कि 'इस जीवन में' जैसे कर्म आप करोगे वैसे ही अगले जीवन में फल मिलेंगे। इस जन्म में जो सही कर्म करेगा, उसे ही तो अगले जन्म में सुंदर जीवन मिलेगा।

तो फिर महत्वपूर्ण तो यही जीवन हुआ। इसी जीवन को जो जितना अधिक सही, सुंदर और खुशहाल बनाएगा, जो इसी जीवन में वह करेगा जो सही है और ज़रूरी है; उसे ही इस जीवन में और अगले जन्म में शांति और मुक्ति मिलेगी। और जो इस जन्म में पाप कर्म करेगा, गलत जीवन जियेगा; फिर उसे अगला जन्म भी सही क्यों मिलेगा?

इसलिए अपने इसी जीवन को जितना अच्छा बना सकते हो बनाओ, जितना सुंदर और खुशहाल बना सकते हो बनाओ क्योंकि यही जीवन बीज है आने वाले दिनों के लिए। जैसा बीज होगा वैसे ही फल लगेंगे।

अगर यह जीवन तुम्हें इसलिए मिला होता कि तुम किसी पिछले जन्म के कर्मों का फल भुगतो, तो इस जीवन में तुम्हें कर्म करने के लिए यह हाथ-पैर, शरीर, बुद्धि, ताक़त क्यों मिली होती? आप अगर इस जीवन में कर्म कर पा रहे हो, अस्तित्व से आपको यदि बुद्धि, विवेक और चुनाव कर पाने की ताक़त मिली है तो इसका मतलब है कि आप कर्म करते हुए सही जीवन जीने के लिए पैदा हुए हो, ना की भुगतने के लिए।

एक बात बताऊँ; यदि अभी तुम अपना हाथ आग में डालोगे तो क्या तुम्हारा हाथ अगले जन्म में जलेगा? नहीं। आज और अभी जलेगा! हे ना? उसी तरह कर्म का फल भी इसी जीवन में और अक्सर कर्म के साथ-साथ ही मिलता है। शायद कर्म से पहले ही मिल जाता है, क्योंकि कर्म से पहले कर्ता आता है और कर्ता कौन है? यही कर्म का फल है।

157

किसी से भी कुछ माँगो तो माँगते समय होशपूर्वक माँगना और देते समय भी सजग रहना क्योंकि तुम किसी दूसरे को वही दे सकते हो जो तुम्हारे पास है। तुम्हारे पास यदि धन है तो धन दोगे, प्रेम है तो प्रेम और दुःख है तो दुःख ही तुम दे पाओगे। इसी तरह दूसरा व्यक्ति भी तुम्हें केवल वही दे सकता है जो उसके पास है। हाँ, लेन-देन किसी भी रूप या माध्यम से हो सकता है।

स्थूल रूप से क्या लिया अथवा दिया जा रहा है? यह बहुत महत्वपूर्ण नहीं है, महत्वपूर्ण यह है कि लेने अथवा देने वाला कौन है? कर्ता अहं है या बोध? अहं चाहे कुछ भी दे, वह गड़बड़ ही होगा। बड़ी अजीब बात है कि कबीर साहब कह गए हैं, माँगन मरण समान है। क्यों?

क्योंकि हमारे आसपास जितने भी लोग हैं उनमें से अधिकांश तो स्वयं ही अपने जीवन में दुःखी, परेशान, अशांत, भयभीत और बंधनों में जकड़े हुए हैं और यदि इन्हीं से हम कुछ माँगेंगे तो ये हमें क्या दे पाएँगे? जो व्यक्ति स्वयं अपने जीवन में आनंदित नहीं है, दुखी, अशांत और परेशान है, बंधनों में जकड़ा हुआ है; उससे तुम चाहे कुछ भी माँगो किन्तु वह सुख के रूप में भी तुम्हें दुःख, परेशानी और बंधनों के सिवा कुछ नहीं दे सकता। वो देना चाहे, तो भी नहीं दे सकता क्योंकि दुःख और बंधन ही उसके पास हैं।

अक्सर ऐसे ही लोग हमारे आसपास होते हैं जिनसे हम कुछ माँगते हैं। इसीलिए कबीर साहब कहते हैं कि "माँगन मरण समान है"। इसलिए सहायता माँगते समय ध्यान रखें क्योंकि जिसने भी तुम्हारी सहायता की है उसी ने किसी न किसी रूप में तुम्हें दुःख, परेशानी या बंधन ज़रूर दिए होंगे। और जब मांगते हो तो तुम मर जाते हो। तुम ख़ुद को बहुत छोटा कर देते हो। बादशाह होकर तुम भिखारी बन जाते हो, क्योंकि तुम असल में वह मांगते हो जो तुम्हारा स्वभाव है।

इसी के साथ यदि कभी किसी बुद्ध पुरुष से कुछ माँगने का अवसर मिले तब भी सजग रहना। कहीं ऐसा न हो कि वह तुम्हें कुछ बहुत बड़ा और सुंदर दे सकता था लेकिन तुम कोई तुच्छ वस्तु ही माँगने में रह गए। बुद्ध से यदि तुम पैसे और नौकरी माँगने लग गए तो शायद वह तुम्हारी सहायता न कर पाएं। उनके पास प्रेम होगा, करुणा होगी, मुक्ति और ज्ञान होगा। क्या माँग रहे हो और किससे माँग रहे हो, इसके प्रति सजग रहना। मांगकर संयोगों के गुलाम मत बनो।

158

तुम अकेले आए हो, अकेले जाओगे और यहाँ भी भले ही तुम भीड़ के बीच हो किन्तु भीड़ में भी तुम स्वयं को अकेला ही पाओगे। बाहर-बाहर होगी बहुत भीड़ किन्तु जब टटोलोगे अपने हृदय को तो वहाँ संन्नाटा ही पाओगे। इससे बचा नहीं जा सकता। व्यर्थ है बचने का प्रयास, इसे केवल स्वीकार कर सकते हो। इसे न अस्वीकार किया जा सकता है और न इससे बचा जा सकता है, बस इसे स्वीकारो। इसमें कोई समस्या नहीं है, समस्या तो इसे तुमने मान लिया है। तुमने कभी इसका सामना ही नहीं किया और बस मान लिया कि यह तो भयानक है। चूंकि तुम्हें स्वयं से प्रेम नहीं, इसीलिए तो ख़ुद के साथ समय नहीं कटता। इसीलिए तो तुम किसी अन्य जैसा होने का प्रयास करते हो। मगर जिसकी तरह तुम होना चाहते हो, वह भी तुम्हारी ही तरह किसी अन्य जैसा होने में लगा हुआ है।

अतः किसी के जैसा होने का प्रयास करना छोड़ो, अपनी हालत से पलायन करना छोड़ो और वर्तमान स्थिति को साफ़-साफ़ देखो। अकेले जीना कहीं बेहतर है, बजाय उस अकेलेपन को किसी व्यर्थ वस्तु अथवा गलत इंसान की संगत से भर लेने के। मृत्यु का भय इसलिए भी होता है क्योंकि वह तुम्हें बता देती है कि तुम अकेले ही हो। जब आए अकेले, जाना अकेले है तो अकेले जीना भी सीखो, अकेले चलना भी सीखो, अकेले लड़ना भी सीखो (वास्तव में; ना कहीं से आए हो ना कहीं को जाओगे, मिट्टी के पुतले हो, मिट्टी से उठे हो और मिट्टी ही हो जाओगे)। उससे मोह या आसक्ति मत रखो जिसे मौत तुमसे छीन ही लेने वाली है। प्रत्येक वस्तु जैसी भी है, वह तुम्हारी कामना का ही प्रक्षेपण मात्र है। किसी के मालिक मत बनो। दूसरों का मालिक बनने का प्रयास तुम्हें उसका गुलाम बना देगा।

जिसपर तुम अपने सुख के लिए निर्भर हो जाते हो, तुम उसी के गुलाम हो जाते हो और हर समय उसे खोने के भय से भरे रहते हो। यह समझ लो कि उसे खो ही जाना है, उसे छिन ही जाना है और उसे आज़ाद करो। जैसे तुम अकेले हो वैसे ही वह भी अकेला ही है, आज़ाद करो उसे भी। ना तुम किसी के मालिक बनो ना किसी अन्य को अपना मालिक बनने दो। सबके साथ रहो, मगर अकेले होने से मत डरो। तुम अपनी मौज में जियो; जो साथ आए उसे साथ लो और जो जाना चाहे उसे भी मत पकड़ो विदा करो। चाहे अकेले रहो अथवा भीड़ में मगर जानो, समझो और सीखो। स्वयं को यदि जानते-समझते हो तो अकेला होना तुम्हारे लिए एक अच्छा उपहार जैसा है। लोगों से समस्या नहीं है, मगर वो बेहोशी में शौर बहुत करते हैं।

159

अगर आप अपने बच्चों का सचमुच भला चाहते हैं, यदि उनसे प्रेम है; तो कुछ बातें ध्यान से समझ लेनी ज़रूरी हैं। छोटे बच्चे जितना पुस्तकों से सीखते हैं उससे कहीं ज्यादा अपने माता-पिता, शिक्षकों और मित्रों के जीवन और उनके व्यवहार से सीखते हैं। अभिभावक यह नहीं कह सकते कि बच्चों के भविष्य की ज़िम्मेदारी केवल विद्यालयों की है और न ही विद्यालय ऐसा कह सकता है। यह दोनों की ही ज़िम्मेदारी होनी चाहिए और है भी; कि वह इस बात का ध्यान रखें कि बच्चा क्या सीख रहा है? किसकी संगत कर रहा है? अपना समय किन चीज़ों को दे रहा है? और इसके लिए बच्चे पर पाबंदियां लगाने से ज्यादा ज़रूरी और बेहतर यह होगा कि अभिभावक और शिक्षक अपने जीवन को देखें, अपने व्यवहार को देखें, अपने उद्देश्यों को देखें; कि अपने जीवन और व्यवहार के माध्यम से आप कौनसा जीवन दर्शन अपने बच्चों को परोस रहे हैं? क्योंकि वह आपको सुनकर या पढ़कर बहुत कम सीखता है बल्कि आप क्या करते हैं? कैसे रहते हैं? यह सब देखकर ज्यादा सीखते हैं। घर और विद्यालय को मैं बच्चे के दो पैर समझता हूँ। यह आवश्यक है कि उसके दोनों पैर सही जगह रखे हों। यदि एक पैर भी आग में रखा है तो वह जलेगा और दूसरा पैर भी सही जगह नहीं ठहरेगा। बच्चों के लिए जितना ज़रूरी है विद्यालय के विषयों को पढ़ना, उतना ही ज़रूरी है अन्य बोध साहित्य पढ़ना, खेलना, गाना, बजाना, दुनिया घूमना और भी बहुत कुछ।

बच्चों को कुछ भी करने के लिए ना बोलें अपितु जो आप चाहते हैं कि आपके बच्चें सीखे अथवा करें, वह यदि सचमुच इतना ज़रूरी और सुंदर है! तो सबसे पहले आप स्वयं उसे करिये। बच्चों पर कुछ भी थोपिए मत बल्कि उसे उन चीजों के बारे में स्पष्टता दें। उन्हें पढ़ने या खेलने का ना बोलें बल्कि सबसे पहले तो ख़ुद पढ़ें और खेलें और फिर उन्हें भी स्पष्टता दें कि कोई भी पढ़ाई या खेल क्यों तुम्हारे लिए ज़रूरी है? उससे तुम्हें क्या लाभ होगा? तुम्हारी मूर्खता वो जल्दी सीखते हैं, इसलिए मूर्खता ना करें; ना उनके सामने,ना चोरी छिपे। उनसे कभी झूठ ना बोलें क्योंकि तुम्हारा झूठ कभी न कभी वे जान ही जाएंगे। उनके साथ विनम्र रहें, उन्हें भी झूठ बोलने के लिए मजबूर न करें। कभी भी उन्हें उस बात के लिए कोई सजा न दें अथवा दोषी न ठहराएं; जहां वे गुनहगार ही नहीं हैं। कभी उनपर एहसान न जताएं, कहकर न सुनाएं कि हमने तुम्हारे लिए यह किया, वह किया क्योंकि यह एहसान नहीं बल्कि उनके प्रति आपकी ज़िम्मेदारी है क्योंकि उन्हें; अपने पैदा किया है।

160

समाज में अधिकांश लोग ऐसे हैं जिन्हें यदि किसी महापुरुष द्वारा दी गई किसी सीख को नकारना है; तो वो उनकी कमियाँ खोजने लगते हैं, ठीक वैसे ही जैसे कोई सुअर सारी सफाई को छोड़कर किसी गंदे नाले को खोजता है। यह लोग ऐसा सिर्फ़ इसलिए करते हैं क्योंकि वे स्वयं ऊपर नहीं उठना चाहते हैं। अपनी हकीकत को देखने से उन्हें बहुत चोट लगती है। किन्तु आपमें से जो कोई भी सीखना चाहता हो, जानना और समझना चाहता हो; वह ध्यान रखना कि मनुष्य होने का अर्थ ही होता है कि आपमें गुण भी होंगे और दोष भी होंगे। अगर आज कोई महान है, तो अतीत में अवश्य वो महान नहीं रहा होगा। तो यदि किसी व्यक्ति की हजार अच्छाईयों के बीच तुम्हें कोई एक-दो खोट दिख जाए, तो उस व्यक्ति को पूरी तरह ही नकार मत देना अन्यथा यह मूर्खता होगी। अगर तुम ऐसा कोई इंसान ढूँढ़ने जाओगे, जिसमें कोई खोट ही न हो; तो वह तुम्हें कभी नहीं मिलेगा।

कोई भी व्यक्ति भला इंसान है अथवा नहीं, यह इससे तय नहीं होता है कि उसमें गुण हैं या दोष? यह तो इस बात को देखकर समझा जाता है कि वह व्यक्ति जीवन में महत्व किन्हें दे रहा है? अगर वह सद्गुणों को ऊपर उठाने में अर्थात दोषों को कम करने में लगा हुआ है; तो उसके दोषों को देखकर उससे भाग मत जाना। फिर ख़ुद को भी जरा देख लेना। आप भी कैसे इंसान हैं, यह इस बात से पता चलता है कि आप व्यक्ति के गुणों को महत्व दे रहे हैं या उसके दोषों को? उसके अतीत में घुस रहे हैं या उसके वर्तमान को देख रहे हैं। यदि आपकी नीयत ही नहीं है सुधरने की; तो आप कुछ भी बहाना बनाकर उससे दूर भाग जाएँगे जो आपको सच्चाई दे रहा होगा।

इसी तरह किसी व्यक्ति में एक-दो अच्छी बातें देखक बहुत प्रभावित मत हो जाना; क्योंकि हो सकता है अपने सैकड़ों अवगुणों के बीच में कुछ गुण आपको प्रभावित करने के लिए ही उसने रखे हों और वह भी झूठे सदगुण। मगर इन सबसे पहले तो आप स्वयं आते हैं, यदि आपकी ही आँखें साफ़ नहीं देख पा रही हैं, तो आप यह भी देख ही नहीं पाएंगे की कौन सही और कौन गलत है? जो स्वयं को ही नहीं जानता है वह अन्य को भी साफ़-साफ़ नहीं देख पाता है। यदि आपको ही देखना-सुनना नहीं आता है तो आप सामने वाले को कैसे समझेंगे? स्वयं को जान सको इसके लिए बस यही बात है कि; मुक्ति की नीयत हो, दैनिक जीवन का अवलोकन हो और स्वयं के प्रति ईमानदारी हो। जितना हो सके, दूसरों से भी सीखो।

161

अगर आप यह अहंकार छोड़ दें कि कोई भी व्यक्ति आपके हिसाब से चले, तो आप अनेक बंधनों से मुक्त हो जाएँगे। हर व्यक्ति को अगर आप आज़ाद कर दें तो शायद वह लोग आपकी बात सुनेंगे भी और कुछ बातें आपको भी समझाएंगे। किन्तु आप यदि यह चाहते हैं कि सब आपके हिसाब से चलें; तो आप सबको खो देंगे और हर समय अशांत परेशान रहेंगे। यदि आप उनके मालिक बनने का प्रयास करेंगे तो कोई भी आपके साथ नहीं रहना चाहेगा। कोई भी व्यक्ति क्यों चले आपके हिसाब से? कौन हैं आप? कितनी औकात है आपकी? क्या हस्ती है आपकी इस जगत में?

अपने हिसाब से चलकर आपने क्या पा लिया? अपने हिसाब से जीकर अभी तक आपको इतनी सी बात समझ नहीं आई, कि किसी से कोई उम्मीद रखना ही दुख है, किसी का मालिक बनने का प्रयास ही बंधन है; और आप चाहते हैं कि लोग आपके हिसाब से चलें, आपकी सुनें। हर माता-पिता, घर-परिवार-समाज के बड़े बुजुर्ग और रिश्तेदार चाहते हैं कि सारे बच्चे उनके हिसाब से चलें; लेकिन तुमने अपने हिसाब से जीकर क्या उखाड़ लिया? सारी जिंदगी रो-रोकर, घुट-घुट कर जिए, गुलामों की तरह छुप-छुप कर जिए, झूठ में जिये। जीवन भर झूठ बोले, सच बोलने की और ईमानदार जीवन जीने की तुम्हारी कभी हिम्मत ना हुई लेकिन तुम चाहते हो कि वो बच्चा तुम्हारे हिसाब से जिए।

इसका मतलब यह नहीं है कि सारे बच्चे मूर्खता करें। इसका मतलब बस यह है कि बच्चे उनकी सुनें जिन्होंने जीवन को ईमानदारी से जिया है, जिन्होंने प्रेम, ज्ञान और करुणा को महत्व दिया, जिन्होंने आज़ादी को महत्व दिया। जिन्होंने अनेक विरोधों के बावजूद; दुख और बंधनों से स्वयं की मुक्ति और संसार के कल्याण हेतु वह सब किया, जो किया जा सकता था। तुम (जवानों) याद रखो, जिनको सुनोगे, जिनको पढ़ोगे, जिनकी संगत करोगे; तुम्हारा जीवन और तुम्हारा मन; सब उनके जैसा ही हो जाएगा। बाहरी दिखावे और चकाचौंध से ज्यादा, आंतरिक शांति स्पष्टता, करुणा और समझदारी को महत्व दो।

तुम किसको महत्व देते हो इसी से सब तय हो जाता है। जो प्रेम, सौंदर्य और खुशबू को महत्व देता है, वह प्रेम की बगिया तरफ़ ही जाएगा और जो बदबू को महत्व देता है वह गंदे नाले तरफ़ ही जाएगा।

162

जो कुछ भी छोटा है, छूद्र है वह छोड़ने से नहीं छूटता और छूद्र में अगर उलझोगे तो छूद्र ही रह जाओगे। जहाँ छोड़ना पड़े वहाँ छोड़ना नहीं हो सकता। हाथ से हो सकता है कि वह छूट भी जाए किन्तु मन से उसका छूटना मुश्किल होता है। दो स्थितियों में छूटना हो सकता है।

पहला; या तो तुम उसकी व्यर्थता जान लो, तो वह छूट जाएगा और दूसरा; कुछ ऐसे के साथ तुम हो लो, जो उससे बड़ा हो। जब कुछ बड़ा मिल जाता है तो भी छूद्र अपने आप छूट जाता है।

जैसे शरीर में कोई चोट लगी हो तो दर्द होता है मगर जैसे ही उससे बहुत ज्यादा बड़ी चोट लगती है; तो पहली वाली चोट हम भूल जाते हैं। थोड़ा सा सिर दर्द होता है तो हम परेशान हो जाते हैं, ऐसे में कोई बड़ी दुर्घटना हो जाए; तो हम सारा सिर दर्द भूल जाते हैं।

इसलिए या तो जो व्यर्थ है उसे व्यर्थ जान लो अथवा स्वयं को किसी ऊँचे उद्देश्य के प्रति समर्पित कर दो क्योंकि फुर्सत तो तुम रह नहीं पाओगे। कुछ तो तुम्हें चाहिये अपने जीवन में जिससे तुम जुड़ सको। लेकिन कुछ सार्थक जीवन में आ सके उसके लिए जो पहले से मौजूद है, उसकी व्यर्थता को जानकर उसे नकारना होगा।

संबंध तो जीवन में बनेंगे; इंसानों से भी और प्रकृति की अन्य चीज़ों से भी क्योंकि बिना संबंधित हुए तो आप हो ही नहीं सकते। जीवन का अर्थ ही है, संबंध। बस आप इतना कर सकते हैं कि आपका संबंध सही हो और सही संबंध का अर्थ है; एक ऐसा संबंध जो तुम्हारे धर्म, जाति, लिंग, उम्र, देश, कपड़ों जैसी चीज़ों को नहीं बल्कि तुम्हारे बोध और तुम्हारी समझदारी को महत्व दे।

जो संबंध तुम्हारे जीवन में; करुणा, प्रेम, शांति, स्पष्टता और मुक्ति को लाने में सहायता करे; वही संबंध है जिसे सही कहा जा सकता है। जिस भी संबंध से तुम्हारा अहंकार टूटे, तुम्हारी मान्यताएं और विश्वास टूटें और जो तुम्हें तुम्हारी हकीकत से रूबरू कराए; केवल वही सम्बन्ध है जो तुम्हें ऊपर उठाएगा।

163

हम किसी भी विषय की तरफ़ जाते ही इस उम्मीद से हैं कि उससे मुझे संतुष्टि मिल जाएगी। लेकिन कोई भी विषय आपको संतुष्टि दे ही नहीं सकता क्योंकि वह तो हमारी ही कामना की अभिव्यक्ति मात्र है। जहाँ कामना है वहाँ विषय की हकीकत दिखाई ही नहीं देती।

जिस भी वस्तु की कामना आप कर रहे हैं, वह वैसी है ही नहीं जैसी आप उसे समझ रहे हैं। यदि वह वैसी है ही नहीं जैसी आप उसे समझ रहे हैं, तो उससे आपकी वह कामना कैसे पूरी होगी जो आपने उससे की है?

जैसे रेगिस्तान मे आप मृग-मरीचिका को पानी समझ लें और उससे उम्मीद करें कि वह आपकी प्यास बुझा देगी। मगर क्या वह आपकी प्यास बुझा पाएगी? नहीं। भले ही मृग-मरीचिका आपको मिल गई हो। क्योंकि वह, जिसे आप पानी समझ रहे हैं वह पानी है ही नहीं; वह तो मृग-मरीचिका है।

इसी प्रकार किसी भी विषय की कामना के माध्यम से अंतत आप जो पाना चाहते हैं, वह आपको किसी भी विषय को हासिल करने से नहीं मिलेगी क्योंकि पहला तो; वह विषय ही वह नहीं है, जो आप उसे समझ रहे हैं और दूसरा यह कि जो आपको सचमुच में चाहिये क्योंकि वह कहीं बाहर या तुमसे दूर नहीं है। तो जिस विषय की तरफ़ जा रहे हो, उससे जबरन की कोई उम्मीदें मत लगाओ।

व्यवहारिक जीवन में चीज़ें उपयोगी होती हैं, उनका महत्व होता है। किन्तु वस्तुएँ, रिश्ते और काम इत्यादि हमारे लिए तब समस्या बन जाते हैं, जब हम इनसे वो उम्मीदें लगा लेते हैं जो ये पूरी कर ही नहीं सकते हैं। भोजन आपकी भूख को कुछ घंटों के लिए मिटा सकता है लेकिन आप ये सोचें की बहुत अच्छा भोजन होगा और बहुत सारा खा लेंगे तो पूर्ण तृप्ति मिल जाएगी और फिर कुछ दिन खाना ही नहीं पड़ेगा; तो भोजन आपके लिए समस्या बन जाएगा।

हर चीज़ का अपना एक स्थान होता है, उसे वहीं तक सीमित रहने दें। इसी तरह कोई भी भोग की वस्तु अथवा दूसरा इंसान आपकी जिंदगी को आनंद और खुशियों से नहीं भर सकता है। लेकिन आप उनसे उम्मीदें रखते हैं कि वे ऐसा करें, और जिनसे आपने उम्मीदें रखी हैं उनका ख़ुद का जीवन; प्रेम, शांति और आनंद से खाली है। फिर वे कैसे आपके जीवन को खुशियों से भर सकते हैं?

जो ख़ुद अपने अकेलेपन से परेशान है वो आपकी जिंदगी में आकर कैसे आपके खलीपन को, आपके अकेलेपन को मिटा सकता है? जो ख़ुद अतृप्त-अपूर्ण है वो कैसे तुम्हें तृप्ति देगा या पूर्ण करेगा। लेकिन किसी भी चीज़ या इंसान से हमारी उम्मीद यही होती है कि उसके आने से मेरी जिंदगी रोशन हो जाएगी। रोशन तो नहीं होती है, नर्क ज़रूर हो जाती है।

घर में पहले एक ही बीमार था, अब दो हो जाते हैं। पहले एक मूढ़ था, अब दो हो जाते हैं। फिर चार, फिर छः। शांति आए चाहे ना आए मगर अशांति ज़रूर आती है। मुक्ति मिले न मिले लेकिन बोझ और बंधन ज़रूर बढ़ जाते हैं। तो किसे जीवन में ला रहे हो, जरा सोच समझकर ही लाओ।

जब भी कुछ जीवन में आता है तो सुख का मुखोटा पहन कर ही आता है। अगर वो दुख बनकर ही आएगा तो कौन उसे अपने घर में प्रवेश देगा। तो जीवन में जब सुख भी आए और चाहे किसी भी रूप में आए तो पूछिए उससे; सुख तो मिलेगा, मगर "कितना और कब तक"?

दुख और बंधन हमेशा सुख के रूप में ही जीवन में प्रवेश करते हैं। रावण यदि रावण के रूप में ही देवी सीता के सामने जाता, तो क्या वे कभी रेखा पार करके बाहर आती? नहीं। चूँकि रावण (अहंकार) आया था साधु (सत्य) बन कर, सन्यासी बन कर।

जो दुख कह कर और अपने असली रूप में आए वो कम खतरनाक है, ज्यादा सावधानी की ज़रूरत तब है जब सुख जीवन में आए।

कबीर साहब कहते हैं; दुःख में सुमिरन सब करे सुख में करे ना कोय, जो सुख में सुमिरन करे तो दुख काहे होय। वह यही कह रहे हैं कि दुख में तो सभी सावधान होते हैं, मगर ज्यादा सावधानी की ज़रूरत है; सुख के क्षण में।

164

जिस राह तुम आगे बढ़ रहे हो, जिस उद्देश्य को तुम अपना सारा समय, ऊर्जा, संसाधन, जवानी और जीवन सौंप रहे हो, उसका आधार यदि किसी तरह का सामाजिक प्रभाव, डर, लालच या दबाव जैसा कुछ है तो इतना पहले ही जान लो कि उसमें केवल बर्बादी होगी, केवल पछतावा होगा। या तो तुम्हें वह सब मिलेगा ही नहीं जिसके लिए तुम अपना सब कुछ दाँव पर लगा रहे हो और यदि जो चाहा वह मिल भी गया, तो उससे तुम्हें वो नहीं मिलेगा जिसे पाकर तुम कह सको कि अब मैं संतुष्ट हूँ।

इसलिए पहले पूछो, जाँचो-परखो, विचारो, जानो, समझो कि क्या कर रहे हो और क्यों कर रहे हो? और अगर सचमुच यह समझ आ गया है कि जो राह चुनी है वह उचित है, तो फिर पीछे लौटने के सारे विकल्प, सारे मार्ग खत्म कर दो। फिर दूसरा कोई विकल्प मत रखो। क्योंकि जहाँ विकल्प होते हैं वहाँ केवल भटकाव होता है। जब विकल्प होते हैं तो अक्सर हम पीछे मुड़-मुड़ कर देखते हैं, जिससे हमारी गति धीमी हो जाती है और ऊर्जा दो हिस्सों में बंट जाती है। विकल्प यदि हैं तो उसका उपयोग तुम कर ही लोगे; यानी पूरी ताक़त से, बेपरवाह होकर तुम किसी भी काम में पूरे नहीं डूब सकोगे।

अक्सर अधिकांश लोग इसीलिए जीवन में कुछ भी सही, सुंदर, आवश्यक और बड़ा नहीं कर पाते हैं क्योंकि या तो वह सही राह ही नहीं चुनते हैं और यदि किसी न किसी तरह सही मार्ग चुन भी लिया है तो वह अन्य दूसरे विकल्प भी पकड़ के रखता है; जिस कारण उसके संसाधन बंट जाते हैं। अतः ऊँचे, सुंदर, सही और ज़रूरी काम में स्वयं को पूरी तरह झोंक दो। कर्म रहे कर्ता नहीं। जिसके जीवन में अभी विकल्प हैं वह द्वैत में जी रहा है, वह स्पष्ट नहीं है कि उसे करना क्या चाहिये और क्या नहीं? जब आप स्पष्ट रूप से देख लेते हैं कि क्या उचित है? तब आपके अंदर अन्य सभी विकल्पों को ना कहने की भी ताक़त आ जाती है।

जगत को स्पष्ट रूप से आप तब देख पाएंगे जब आप स्वयं को स्पष्ट रूप से देख पाएंगे। जब आप अपने तन, मन, कर्मों, भावनाओं, वृत्तियों, भयों, इत्यादि की प्रक्रिया को स्पष्ट समझते हैं तब आप बाहर जो कुछ है; उसे भी स्पष्ट देख पाते हैं। अतः अपने आंतरिक जगत को समझें और उसके लिए स्वयं समझने की नीयत और ईमानदारी से अपने दैनिक जीवन, अपने संबंधों, विचारों, भावनाओं और कर्मों आदि का अवलोकन करें यानी देखें?

165

ये जो इन बड़ी-बड़ी कंपनियों में ऊँचे पदों पर बैठे लोग हैं, यह जो सरकारी दफ्तरों में कुर्सियाँ तोड़ते अधिकारी हैं, तुम्हारे आसपास जो डिग्रियाँ लेकर घूमते डॉक्टर, वकील, इंजीनियर, सी.ए. इत्यादि लोग हैं और यह जो चपरासी, ठेलेवाले, किसान, मजदूर और रास्ते के भिखारी लोग हैं; इन सबमें बहुत ज्यादा अंतर नहीं है। क्यों? क्योंकि इनकी सारी दौड़ केवल अंधी कामना की दौड़ है। अधिकांश के जीवन की सारी भागदौड़ का कुल नतीजा सिर्फ़ यह है कि किसी तरह घर बस जाए, दाना-पानी मिल जाए, सुरक्षा मिल जाए, थोड़ा बहुत मान-सम्मान मिल जाए और जितना अधिक भोगा जा सके भोग पाएं। क्या इन सबके अलावा और कुछ है जिसके लिए ये लोग इतनी मेहनत करते हैं? अधिकांश लोग सिर्फ़ इसीलिए ये सारे काम करते हैं। क्योंकि इनमें से अधिकांश को अपने काम से कोई प्रेम तो होता नहीं है। काम के बदले जो मिलता है अगर वो मिलना बन्द हो जाए तो ये अभी उस काम को छोड़ देंगे। मतलब ये अपने उस काम को ज़रूरी भी नहीं समझते हैं। ना प्रेम, ना ज़रूरी, संचालित करती है इन्हें तो बस कामनाएं अधूरी। यह बात आपको इसलिए समझना चाहिए क्योंकि इन्हीं लोगों से हम घिरे होते हैं और हमें यह भ्रम होता है कि शायद इनकी जिंदगी में बड़ी रौनक है और हम उम्मीद के साथ संघर्ष करते हैं कि काश मेरी जिन्दगी भी ऐसी ही होती। अभी आपकी जो और जैसी भी हालत है वो इसीलिए है क्योंकि किसी और के जैसा बनने का प्रयास किया था। अपनी जिन्दगी से हम खुश नहीं हैं इसलिए अज्ञान में हम किसी अन्य के जैसा बनने की कोशिश करते हैं और हम यह देख ही नहीं पाते हैं कि जिसकी तरह होने की हम कोशिश कर रहे हैं, वो ख़ुद वैसा होकर खुश नहीं है और वह स्वयं किसी अन्य के जैसा बनने में लगा हुआ है। जब तक हम किसी और के जैसा बनने की कोशिश करते रहेंगे; तब तक हम स्वयं से, जीवन से और उसके सौंदर्य से चूकते रहेंगे। बाहरी उपलब्धियों को देखकर अंधे मत बनो, अपनी कामनाओं, भय और लालच को हटाकर देखो। किसी और के जैसा बनने का प्रयास मत करो, तुम बस अपने जीवन की मूर्खताओं और बेईमानी को हटाओ और वह काम करो जो सही हो, ज़रूरी हो और जिसे तुम प्रेम कर सको और क्या सही है? क्या ज़रूरी है? यह भी तुम्हें समझ आता जाएगा जैसे-जैसे तुम स्वयं को समझते जाओगे। इसलिए सबसे पहले स्वयं को जानो, स्वयं को समझो क्योंकि तुम वह नहीं हो, जो तुम स्वयं को मानते हो; मगर तुम्हारी सारी समस्याओं, दुखों और तकलीफों का कारण वही है जो तुम स्वयं को मानते हो।

166

इंसान का एक ही बोझ है, एक ही दुश्मन है और वो है उसका अपना अहंकार अर्थात् इंसान अपना दुश्मन ख़ुद है। हम हर समय अपने ही अहंकार के बोझ से दबे होते हैं जिसे हमने ही कसकर पकड़ा होता है। अहंकार के सिवा मनुष्य का और कोई दुःख नहीं है। अहंकार अपना दुःख आप है और यह तब तक रहेगा जब तक तुम अपनी औकात न जान लो।

जब तक तुम्हारे अंदर यह भाव है कि "तुम कुछ हो", तब तक यह बना ही रहेगा। जब तक तुम यह न जान लो कि मैं कुछ नहीं हूँ, तब तक दुःख अलग-अलग रूपों में आता ही रहेगा और तुम उससे परेशान होते रहोगे। इस समस्त अस्तित्व में क्या है तुम्हारी हैसियत?

यह पृथ्वी है जिसपर लाखों प्रजातियाँ हैं, उन्हीं में से एक तुम इंसान हो। सैकड़ों देश हैं, उनके अंदर दर्जनों राज्य हैं, जिनमें दर्जनों-सैकड़ों जिले हैं उनमें भी सैकड़ों-हजारों गाँव-शहर हैं और उस गाँव या शहर में भी सैकड़ों, हजारों या लाखों मकान हैं, उनमें से किसी एक मकान के एक छोटे से कमरे में तुम रहते हो।

आठ सौ करोड़ से ज्यादा इंसान हैं पृथ्वी पर, उनमें से एक हो तुम। तुम्हारे मिट जाने से अस्तित्व या पृथ्वी को तो छोड़ ही दो, तुम्हारे गाँव-शहर को भी फर्क नहीं पड़ेगा। ये है तुम्हारी औकात और वह भी सिर्फ़ इस पृथ्वी पर; मगर दुनिया भर का अहंकार और बोझ अपने सिर पर लेकर घूमते हो तुम।

अब थोड़ा समय निकालकर जरा इस ब्रह्मांड में इस पूरी पृथ्वी की ही कितनी हैसियत है? यह भी पता कर लेना। इस जाने हुए पूरे ब्रह्मांड में इस पृथ्वी की; धूल के कण के बराबर भी हैसियत नहीं है, लेकिन फिर भी तुम इस अहंकार को सिर पर लेकर घूमते हो कि तुम कुछ हो।

ये जो तुम धर्म, जाति, संप्रदाय, देश, धन, रंग, लिंग इत्यादि के नाम पर बँटे फिरते हो और इतराते रहते हो; जरा हवाई जहाज में बैठकर आसमान की ऊँचाई से देखना कोई दिखे तो। फुटबॉल की तरह घूमती पृथ्वी नज़र आएगी, जैसे हवा में कोई गुब्बारा उड़ रहा हो। ब्रह्मांड में पूरी पृथ्वी की औकात धूल के एक कण जितनी भी नहीं है, फिर तुम किस बात का अहंकार लेकर बैठे हो? तुम्हारी हैसियत कितनी है? कब तक रहोगे यहाँ?

थोड़ा सा समय मिला है जीने के लिए तो फिर यह भेदभाव, हिंसा, नफ़रत क्यों पालना? प्रेम क्यों नहीं करते? क्यों न एक-दूसरे का सहारा बनें? क्यों किसी को छोटा या हीन मानें?

क्यों किसी का शोषण करें? अपने चारों और दिखाई देने वाले इस संसार को देखो, जिसे जानने वालों ने मिथ्या कहा है।

मिथ्या माने वो जो लगातार बदल रहा है। मिथ्या माने वो जो आज है लेकिन कल नहीं होगा। जो है कुछ और दिखता कुछ और ही है। जो सपने की तरह है, जैसे सपना देखते समय लगता है कि यही सच है किन्तु जैसे ही आँख खुलती है तो पता चलता है कि यह तो सपना था। इसी तरह यह संसार भी सपने की ही भाँति है।

जरा देखो पीछे मुड़कर अपने अतीत को। ऐसे ही बीत गया जैसे एक सपना देखा हो। ऐसे ही एक दिन यह मिला हुआ समय खत्म हो जाएगा, दौड़ते रह जाओगे, दूसरों को सताते रह जाओगे, अंत में सब छूट जाएगा और जी भी नहीं पाओगे।

इसलिए अहंकार को छोड़ो और जितना अच्छे से जी सकते हो, जितना प्रेम से जी सकते हो; अभी जी लो मगर यह भी ध्यान रखो तुम्हारा जीना किसी अन्य का अहित ना करे। देखो अपने चारों ओर ऐसा कुछ भी नहीं जो बदल नहीं रहा है, ऐसा कुछ नहीं जो एक दिन मिट नहीं जाएगा। सब अनित्य है, मरणशील है।

यहाँ कुछ सदा वैसा नहीं रहता जैसा प्रतीत हो रहा है। न मोह रखो, न आसक्ति; निर्मम और अनासक्त रहो। भविष्य से कोई आशा ना रखो; निराशी हो बेपरवाह जियो। देखो स्वयं को; यह तन और यह मन दोनों लगातार बदल रहे हैं, फ़िर क्या किसी से उम्मीद लगाना?

उम्मीद लगाने वाला ही बदल गया, मिट गया; तो उम्मीद पूरी करने वाला उसमें क्या करे? तुम किसी को दुःख मत दो, प्रेम में आज़ाद जियो मगर जब तक अहंकार हुए बैठे हो तब तक दुख भी पाओगे और बाँटोगे भी।

167

बेपरवाही सिर्फ़ उसी के जीवन में हो सकती है जो अकेले चलने को तैयार है। अकेलेपन से जो घबराता है उसे तो दूसरे पर निर्भर होना ही पड़ेगा और आंतरिक संतुष्टि हेतु जो आश्रित है किसी अन्य पर उसे तो गुलामी का जीवन ही जीना होगा। किन्तु जान लो कि अकेलेपन से घबराने की आवश्यकता नहीं है क्योंकि तुम अकेलेपन से सिर्फ़ इसलिए डरते हो क्योंकि तुमने कभी अकेलेपन का सामना किया ही नहीं। जब भी अकेला होने की बारी आती है तब तुम किसी न किसी तरीके से अकेलेपन से पलायन कर जाते हो। कभी दोस्तों से बात करते हो, कभी फिल्में देखते हो, कभी मोबाइल, इंस्टाग्राम, फेसबुक के माध्यम से पलायन करते हो, कभी किसी काम तो कभी बाजार और कभी त्यौहार इत्यादि के माध्यम से तुम अकेलेपन से भाग जाते हो। इस तरह जब तुमने कभी अकेलेपन का सामना किया ही नहीं तो तुम्हें कैसे पता की अकेलापन बुरा होता है? क्या सिर्फ़ इसलिए तो नहीं क्योंकि तुमने दूसरों से सुन रखा है कि अकेलापन बुरा होता है, डरावना होता है और इसलिए फिर तुम उसकी कल्पना से भी डरते हो।

अर्थात "तुम हकीकत से नहीं सिर्फ़ कल्पना से डरते हो। तुम उससे डरते हो जिससे आजतक तुम मिले ही नहीं"। अकेला होना क्या हो सकता है तुम्हारे लिए? जरा सोचो कि तुम्हारा मन और कमरा विचारों और कचरे से भरा हो, हर तरफ व्यर्थ के विचार हैं, कचरा बिखरा हुआ है। क्या तब तुम्हें अच्छा लगेगा? या तब तुम्हें अच्छा लगेगा जब मन में विचारों की व्यर्थ उथल-पुथल नहीं है और मन एकदम शांत है। कमरा भी खाली है और बिल्कुल व्यवस्थित तरीके से जमा हुआ है, कोई भीड़ नहीं है? यही तो अकेलापन है जिसमें तुम मालिक हो गुलाम नहीं। यहाँ तुम्हें किसी अन्य की कोई परवाह नहीं, किसी बात का कोई बोझ नहीं। मन का व्यर्थ की कामनाओं, उम्मीदों, आसरों और द्वंदों इत्यादि से मुक्त होना ही असली अकेलापन अर्थात् एकांत है। ऐसा मन जो वर्तमान की व्यर्थता और झूठ को छोड़ते समय भविष्य के परिणामों की परवाह से मुक्त है; वही अकेला है और बेपरवाह है। अकेलेपन में खुश रहने का अर्थ है कि तुम अपने साथ होने से खुश हो, तुम स्वयं से प्रेम करते हो। तुम अपनी ही संगत करते हो। जो ऐसे जीता है वही बेपरवाही को उपलब्ध हो पाता है। जरा सोचो; तुम्हें ही यदि तुम्हारी संगत स्वीकार नहीं है, तुम ही यदि खुद से प्रेम नहीं कर सकते तो कोई अन्य क्यों तुम्हारे पास रहेगा? क्यों कोई तुमसे प्रेम करेगा?

168

समझ और ताक़त न तो अपने आप आती है और न ही शरीर के जवान हो जाने से आती है। तुम यदि स्वयं में इन दोनों की कमी पाते हो तो इसका कारण सिर्फ़ यह है कि तुम स्वयं के प्रति बेईमान हो, तुम जीवन से भागे हुए इंसान हो। चुनौतियाँ उठाने और उनका सामना करने के स्थान पर तुम उन चुनौतियों से भी पलायन कर जाते हो जो यदा-कदा जीवन ख़ुद तुम्हें जगाने के लिए देता रहता है।

तुम हर बात को ऐसे माने बैठे हो जैसे तुम सब जानते हो। तुम सुनना, समझना, पढ़ना और सीखना तो चाहते ही नहीं, जानने की तो कोई जिज्ञासा ही नहीं तुम्हारे भीतर। व्यर्थ की मूर्खताओं को तुम अपना सारा जीवन, समय, धन, ऊर्जा सब समर्पित कर देते और बदले में केवल दुख, तनाव, चिन्ता और बेचैनी ही पाते हो मगर जानने, खेलने और सीखने के लिए तुम्हें आलस आता है और सब महंगा लगता है। भूलो नहीं कि समझ और ताक़त उपहार में नहीं मिलती बल्कि चुनौतियाँ उठाकर, चुनौतियों का सामना करके अर्जित करनी पड़ती है। यही तो है जो तुम्हारी अपनी है।

वह व्यक्ति जो समस्याओं और परेशानियों का डटकर सामना करता है, सही और बड़ी चुनौतियाँ उठाता है, संघर्ष करने से घबराता नहीं, असुरक्षा के भय से भागकर सदा सुरक्षा की तलाश नहीं करता रहता है और समस्याओं, परेशानियों, चुनौतियों, संघर्ष और असुरक्षा के बीच जूझता हुआ जो सदा अनिश्चितता से घिरा हुआ जीवन जीता है; केवल वही ताक़त का अधिकारी है और ऐसे व्यक्ति में ही समझ का आविर्भाव होता है। ताक़त और समझ, जवानी का प्रतीक होती हैं और यह सिर्फ़ जवानों में ही पाई जाती है। तुम जवान हो अथवा नहीं यह तुम्हारे द्वारा लिए जा रहे निर्णय और चुनाव तय करते हैं।

हममें से अधिकांश लोग इस समझ और ताक़त से सिर्फ़ इसलिए वंचित रह जाते हैं; क्योंकि हम चुनौतियाँ उठाने से डरते हैं, संघर्ष करने से घबराते हैं, हमेशा सुरक्षा तलाशते रहते हैं और इस अनिश्चितता से भरे जीवन के सौंदर्य को नकार कर हम इसको भी निश्चित करने के प्रयास में लगे रहते हैं।

जिसे मजबूती और समझ से प्रेम है और जिसका मन किसी भी तरह के प्रभावों, संस्कारों, सीमाओं और मान्यताओं से आज़ाद है; सिर्फ़ वही इन चुनौतियों को अपनी ताक़त बना सकता है और उसी के जीवन में बेपरवाही का आगमन होता है।

169

तुम्हारे जीवन का दुख यह है कि तुम वह बने बैठे हो जो तुम हो ही नहीं। तुम्हें अपना कुछ नहीं पता और दूसरों ने तुम्हें जो पहचान दे दी तुम उसे ही अपनी पहचान मानकर भटकते रहते हो। जिसे अपनी असली पहचान का कुछ नहीं पता कि 'मैं कौन हूँ? मैं क्या हूँ? जो मैं स्वयं को मानता हूँ क्या वही मेरी असली पहचान है? उसे यह भी नहीं पता होगा कि मुझे चाहिये क्या और उसके लिए करूँ क्या? फ़िर वो अज्ञान में कुछ भी करते हुए जिंदगी बर्बाद करता रहेगा और बहुत दुख पाएगा। अपनी असली पहचान को वो ही उपलब्ध हो सकेगा जो संसार द्वारा दी हुई पहचानों से मुक्त होगा। तुम बस नकली पहचानों को नकली जान लो, जो रह जाएगी वह असली ही होगी। दुनिया ने, परिवार, समाज, संस्कार, शिक्षा, देश, काल और वातावरण इत्यादि काल्पनिक और अस्थाई चीज़ों ने तुम्हें कुछ पहचानें दे दी हैं और तुम उन्हें ही सत्य माने बैठे हो; इसीलिए सारा दुख है। जिसे अपनी असली पहचान चाहिए उसे नकली पहचानों और उनसे मिलने वाले सुख-सुविधाओं इत्यादि से भी मुक्त होना होगा। उदाहरण के लिए; तुम्हें बता दिया गया है कि तुम भारतीय या अमेरिकी हो और हिंदू, ईसाई या मुसलमान हो और तुमने इसे सत्य मान लिया कि हाँ; मैं यही तो हूँ। अगर तुम भारतीय हो तो किसी भी स्थिति में तुम अमेरिकी कैसे हो सकते हो? अगर तुम हिंदू हो और हिंदू होना ही यदि तुम्हारा सत्य है; तो किसी भी तरह तुम मुसलमान, ईसाई या कुछ अन्य कभी नहीं हो सकते थे। यदि तुम्हारा धर्म बदला जा सकता है; तो वह धर्म तुम्हारी असली पहचान है ही नहीं अथवा तुम जानते ही नहीं कि धर्म क्या है? मगर वही लोग जो तुम्हें बताते हैं कि तुम हिंदु हो, मुसलमान हो, ईसाई अथवा बौद्ध इत्यादि हो; वही लोग अन्य लोगों को अपने धर्म में शामिल करके उसकी पहचान ही बदल देते हैं। व्यक्ति यदि हिंदू से मुसलमान और मुसलमान से कुछ अन्य हो जाता है, तो वह उसकी असली पहचान कैसे हुई? मगर कुछ चतुर-चालाक लोग अपने स्वार्थ के लिए तुम्हें धर्म, जाति, संप्रदायों, देश, लिंग, रंग, भाषा इत्यादि में बाँटते हैं और तुम उनके शिकार हो जाते हो और आपस में लड़ते-मरते रहते हो। इस तरह की सारी सीमाएं और पहचानें किसी भी ईश्वर द्वारा निर्मित नहीं है अपितु कुछ चालाक लोगों द्वारा बनाई हुई हैं। प्रत्येक जीव का, हम सबका सिर्फ़ एक ही धर्म है और वो यह कि मैं दुखी हूँ, बेचैन हूँ, अशांत हूँ और मुझे इस दुख, बेचैनी और अशांति से मुक्ति चाहिये। मैं बंधन में हूँ और मुझे आज़ादी चाहिये और यही है बेपरवाही। यही है मुक्ति।

170

हर किसी व्यक्ति को यही लगता है कि वह चाहे जो कुछ भी करे; वह उसका व्यक्तिगत मसला है। किन्तु क्या सचमुच ऐसा ही है कि आप चाहे जैसा जीवन जिएं, चाहे जो कुछ करें और कोई आपसे कुछ न कहे? नहीं।

कोई भी कर्म, कैसा भी व्यवहार या आपके द्‌वारा लिया गया कोई भी निर्णय; कभी भी आपका व्यक्तिगत मसला नहीं हो सकता है। क्योंकि आपके द्‌वारा किया गया कर्म, व्यवहार अथवा लिया गया कोई भी निर्णय स्वयं आपको प्रभावित करता है और फिर आपके माध्यम से आपके संपर्क में आने वाले व्यक्तियों और जीवों को और फिर उनके माध्यम से उनके संपर्क में आने वाले सारे वातावरण को प्रभावित करता है। इस प्रकार आप अकेले ही पूरी दुनिया को और पूरी दुनिया; आपको प्रभावित करती है।

सोचिए, हजारों किलोमीटर दूर किसी देश के किसी शहर में कोई भूकंप या सूनामी आती है तो वह आपके मोबाइल या टेलीविज़न में दिखाई देती है और आपके मन को प्रभावित कर जाती है। आपके निर्णयों और चुनावों को प्रभावित कर जाती है। किसी देश में युद्‌ध होता है और व्यवस्था चरमरा जाती है तो उसका असर आपके ऊपर भी होता है।

इस तरह आपके द्‌वारा किया गया छोटे से छोटा सही काम भी पूरी दुनिया को प्रभावित करता है और बुरा काम भी। चुनाव आपको करना होता है कि आप क्या चुनते हैं? पडौसी के घर में सुबह से बैंड-बाजे बज रहे हैं जो कि पूरे मोहल्ले में शोर कर रहे हैं, क्या वह कह सकता है कि यह उसका व्यक्तिगत मामला है? नहीं।

उसके कारण बच्चे, बूढ़े, बीमार, पढ़ाई करने वाले, नौकरी करने वाले जैसे अनेक लोग परेशान हैं, अन्य प्राकृतिक जीव परेशान हैं। इसलिए कुछ भी आपका व्यक्तिगत नहीं हो सकता; इस बात को ध्यान में रखकर जीवन जियें।

कोई भी अभिभावक इस भ्रम में मत रहना कि तुम कुछ भी करो, कैसा भी काम करो, कैसा भी व्यवहार करो, कोई भी भाषा या शब्द बोलो, कैसा भी भोजन करो, कैसे भी कपड़े पहनों और फिर भी सोचो कि बच्चों के मन पर इनका कोई असर नहीं होगा; तो ऐसा नहीं है। तुम क्या करते हो? क्यों करते हो? किस भावना से करते हो? इन सब बातों का उसपर असर होता है।

इन्हीं सब से मिलकर उसके मन का निर्माण होता है और भूलो नहीं कि अधिकांश लोग अपने मन के चलाए ही चलते हैं। तो जैसा उसका मन निर्मित होगा वैसे ही वह भी निर्णय लेगा। अब अगर आपके बच्चे ने हिंसा, घृणा, झूठ इत्यादि ही आपसे सीखे हैं तो यही सब वो भी करेगा और इन्हीं को बढ़ाएगा। तो यह भी आपका व्यक्तिगत मसला नहीं है कि आप अपने बच्चे के साथ कैसा व्यवहार करते हैं अथवा उसे क्या सिखाते हैं?

भारत से हजारों किलोमीटर दूर किसी देश में जन्मा था सिकंदर किन्तु वहाँ बैठकर उसके माता-पिता और करीबी लोगों ने उसे जो शिक्षा और संस्कार दिए, उसी के परिणाम-स्वरूप उसने संसार भर में इतना विनाश किया। कुछ भी आपका व्यक्तिगत मसला नहीं है यहाँ तक कि आपका दुख और सुख भी आपका व्यक्तिगत मसला नहीं है क्योंकि आप जो कुछ भी करते हैं, उसका असर मुझपर भी होता है।

इसलिए मुझे अधिकार है कि मैं बोलूँ और कहूँ कि अपने बच्चों को सही शिक्षा दो, आप माँस मत खाओ, हिंसा मत करो, पशुओं से मिलने वाले किसी भी पदार्थ का सेवन मत करो जैसे दूध, दही, अंडा, माँस इत्यादि। क्योंकि इनके लिए जीवों पर हिंसा होती है। अपने स्वार्थ और स्वाद के लिए व्यक्ति हिंसा करता है, इससे व्यक्ति का मन हिंसक होता है और वह व्यक्ति फिर एक हिंसक समाज का निर्माण करता है।

साथ ही जलवायु परिवर्तन जैसी भयानक समस्या आज पूरी पृथ्वी पर मंडरा रही है और उसका कारण हम सब हैं, हमारी बढ़ती आबादी है, हमारी भोगवादी विचारधारा है और इन सबका असर मुझ पर भी होता है।

इसलिए मुझे अधिकार है और मेरी ज़िम्मेदारी भी है कि मैं सबसे बताऊँ कि भोग से चैन नहीं मिलेगा, वीगन बनो अर्थात् कुछ भी ऐसा मत करो जिसमें हिंसा हो, जिसमें किसी भी जीव के साथ या प्रकृति के साथ जोर जबरदस्ती की जा रही हो, जिसमें शोषण हो और जिसमें किसी निर्दोष जीव की आज़ादी छीनी जा रही हो।

क्योंकि आपकी बढ़ती आबादी, आपका भोगवाद, आपका दूध माँस या अंडे का सेवन करना, आपकी और आपके बच्चों की अशिक्षा इत्यादि आपका व्यक्तिगत मसला नहीं है। आपके विचार भी आपके व्यक्तिगत नहीं हैं। व्यक्तिगत जैसा यहाँ कुछ भी नहीं।

आगे से ध्यान रखिये की आप जो भी करते हैं उससे समस्त अस्तित्व प्रभावित होता है। आप हिंसा करते हैं तो समस्त मानव चेतना में हिंसा जुड़ती है और आप प्रेम करते हैं तो प्रेम जुड़ता है। क्योंकि आप ही अस्तित्व के केंद्र में हैं।

171

स्वर्ग और नर्क न तो कहीं आसमान में है और न ही मृत्यु के पश्चात् हैं। जो कुछ भी है; वह आज, अभी, यहीं और इसी क्षण में है। मृत्यु के बाद क्या होगा? किसकी मृत्यु? जिसे तुम अपना बचपन कहते हो, क्या आज तुम वही हो? तुम्हारी स्मृति हटा दी जाए तो क्या तब कह पाओगे कि वह तुम थे? क्या तब कोई बचपन रहेगा? तब केवल यही क्षण होगा तुम्हारे साथ।

मृत्यु तो लगातार घट ही रही है। तुम्हारी हर सांस तुम्हारा नया जन्म ही तो है। अतः स्वर्ग और नर्क; यह कोई आसमान की या मृत्यु के पश्चात की बात नहीं है अपितु यह तो आपके ही मन की दो अलग स्थितियाँ हैं।

जब मन किसी तरह के द्वंद में नहीं होता है, तनाव में नहीं होता है, जब मन के भ्रम और संघर्ष समाप्त हो जाते हैं, जब आपके जीवन से हिंसा, घृणा, नफ़रत, भय आदि विदा हो जाते हैं, जब आप भविष्य की कल्पनाओं और अतीत के पछताओं से मुक्त होते हैं, जब किसी तरह की कोई बेचैनी आपकी मालिक नहीं होती है और जब मन शांत और मौन होता है और आप प्रेमपूर्ण होते हैं; तब आप स्वर्ग में ही होते हैं।

इसके विपरीत जब आप द्वंद, भय, घृणा, हिंसा, नफ़रत, तनाव, बेचैनी, कामनाओं से भरे होते हैं, तब आप नर्क में ही जी रहे होते हैं। ऐसे ही सतयुग और कलयुग भी हैं। श्रीराम और श्रीकृष्ण के होने न होने से इसका संबंध नहीं है।

श्री राम के होते हुए भी रावण के लिए तो वह समय कलयुग ही था। श्रीकृष्ण के होते हुए भी वह समय अर्जुन के लिए सतयुग था किन्तु घृणा, हिंसा, स्वार्थ, वासनाओं, लालच और बदले की भावना से भरे दुर्योधन के लिए तो वह समय भी कलयुग ही था।

तो चाहे स्वर्ग-नर्क की बात हो या सतयुग-कलयुग की; दोनों का ही संबंध आपके मन से है। आपका मन यदि कलयुग में जी रहा है तो कृष्ण अगर आपके सामने भी होंगे तो भी आप उन्हें वैसे ही नहीं पहचान पाएँगे जैसे दुर्योधन नहीं पहचान पाया। जैसे रावण, श्री राम को नहीं पहचान पाया।

172

हमारे संबंधों की सारी समस्याएं, सारा दुख; गलत संबंधों को जबरन बचाने की कोशिश का ही परिणाम है। हमारे अधिकांश संबंध इस लायक नहीं होते हैं कि वह बचे रहें, उन्हें खत्म ही हो जाना चाहिए किन्तु फिर भी हम उन्हें बचाने का प्रयास करते रहते हैं। गलत संबंधों को बचाने की कोशिश आग के अंगारे को हाथ में पकड़े रहने के समान ही है। जितना आप इसे पकड़ने का प्रयास करते हैं यह आपको उतना ही पीड़ा देता है।

जो संबंध बना ही शरीर, संस्कार, समाज या संयोग के चलते हो वह किसी संयोग से अगर टूट भी जाए तो इसमें आश्चर्य की कोई बात ही नहीं। कामनाओं और संयोग के चलते बने किसी संबंध को, किन्हीं सामाजिक मान्यताओं और तथाकथित नैतिकता के नाम पर बचाने का प्रयास ही; हमारे संबंधों के दुःख, तनाव, कलह-क्लेश और अन्य परेशानियों का कारण है। संबंध और संगत अलग नहीं होते हैं और जैसी आपकी संगत होती है वैसा ही आपका जीवन हो जाता है।

यदि आपका जीवन गलत संगत से भरा हुआ है तो उसे खाली करना ज़रूरी है ताकी सही संगत के लिए जगह बन सके। जिन भी वस्तुओं, कामनाओं और लोगों के साथ आज आप हैं, जिन्हें भी आप अपना या पराया कहते हैं जरा ध्यान से देखिए; क्या ये आज वही हैं जो ये दस-पन्द्रह या बीस वर्ष पहले थे? नहीं। क्या आप भी वही हो? नहीं। न आप वही हो, ना आपकी कामनाएं और अपेक्षाएं वही हैं और ना ही सामने वाला व्यक्ति वही है, मगर दोनों के मन में एक-दूसरे को लेकर पुरानी छवियां है जिसके कारण यह भ्रम पैदा हो जाता है; कि मैं भी वही हूँ और सामने वाला भी वही है।

व्यक्ति से तो, जो है उस से तो आपका कोई सबध ही नहीं है बल्कि आपका सम्बन्ध तो उस छवि से है जो आपने उसके बारे में बना रखी है। हम व्यक्ति को नहीं देखते हैं, हमने जो उसकी छवि बना रखी है हम उसको ही प्रक्षेपित करते हैं। आपको यह समझना और जीना होगा कि आप और प्रत्येक दृश्य जगत जिसमें मनुष्य भी शामिल हैं; सब कुछ लगातार बदल रहा है और इसीलिए छवियों को छोड़ कर, हकीकत को यानी जो है और जैसा है उसे वैसा ही देखना होगा।

व्यक्ति को व्यक्ति की भाँति देखिए, (माता-पिता, भाई-बहन, बेटा-बेटी, हिंदू-मुस्लिम, भारतीय-अमेरिकी, आदमी-औरत, गरीब-अमीर, अपना-पराया) इस तरह नहीं।

173

हमारी सारी समस्या ही यही है कि हमने कुछ अतिरिक्त पकड़ रखा है। यह तो हमें भटका हुआ समाज और उसकी सड़ी-गली व्यवस्था सिखाती है कि हममें कोई कमी है और इसलिए कुछ करके दिखाओ, कुछ बनके दिखाओ, कुछ हासिल करो, इकठ्ठा करो, जोड़ो। मगर हकीकत यह है, तथ्य यह है कि हमारे दुख और बेचैनी का कारण सदा कुछ ना कुछ अतिरिक्त होना होता है ना कि किसी चीज़ की कमी।

शरीर के लिए फोड़ा अतिरिक्त होता है, बीमारी अतिरिक्त होती है और इसीलिए उसके हटते ही शरीर सहज हो जाता है। उसी प्रकार हमारे दुख और बेचैनी का कारण है, हमारे द्वारा कुछ ऐसा पकड़ लेना जो हमारा स्वभाव नहीं है। हमने झूठी पहचानें, अतीत के घाव, व्यर्थ मान्यताएं और जगत से कामनाएं पकड़ रखी हैं और यही हमारे बोझ का कारण है।

शायद आप यह अनुभव कर पाएं कि हाथ से अंगारा छोड़ देने भर से कितना आराम मिलता है? कभी सिर पर बहुत भारी बोझ रहा हो तो उसे उतार देने भर से कितना आराम मिलता है? कभी ज़रूरत से ज्यादा खा-पी लिया हो तो पेट के खाली हो जाने भर से कितना आराम मिलता है? यह सारी समस्याएं हुई ही थीं कुछ आवश्यकता से अधिक एकत्रित कर लेने से और उन्हीं को छोड़ देने भर से समस्याएं समाप्त हो गईं। यह गहरा सूत्र है, जीवन को सुंदर, सरल, सहज, स्वभाविक और प्रेमपूर्ण बनाने का।

जिस प्रकार सिर से बोझ उतार देने भर से, हाथ से अंगारा छोड़ देने भर से आराम मिल जाता है और धीरे-धीरे घाव भी स्वतः ही भर जाता है; उसी प्रकार तुम यदि अपने जीवन से व्यर्थ की मान्यताएं, झूठी पहचानें, उम्मीदें, मालकीयत, लालच, कमज़ोरी और व्यर्थ कामनाएं जैसे आग के अंगारों को पूरी ईमानदारी से त्याग दो और संतुष्ट हो जाओ; तो तुम सहज ही उसको उपलब्ध हो जाओगे जिसकी गहरी चाह प्रत्येक जीव को है।

कुछ नया नहीं पाना है अपितु जो कुछ स्मृति और जीवन में व्यर्थ ही संचित कर रखा है और इस 'मैं' के साथ जोड़ रखा है; उसी को देखना, जाँचना-परखना, उसी की व्यर्थता को जानना है और उसी से मुक्त होना है। जानना ही मुक्ति है। जो जान गया वह मुक्त हो गया। मैं के साथ जो भी कुछ जोड़ रखा है वह आग का अंगारा है, वही सिर का बोझ है, वही है जो अतिरिक्त है। उससे मुक्ति ही योग है। उसका होना ही वियोग है।

174

मौत से मत डरो और अगर डरना ही है तो छोटी मौत मर जाने से डरो। छोटी मौत मर जाने का अर्थ है कि जो अस्थाई है, नश्वर है; जो केवल माना हुआ ही है उसको बचाने की कोशिश में ही पूरा जीवन गँवा दिया।

जीवन भर उसी को एकत्रित करते रह गए जो कभी तुम्हें सुकून, शांति, चैन, आनंद कुछ नहीं दे पाया। जिसने तुम्हें अपना गुलाम बना के रखा उसी के पीछे दौड़ने में जीवन बर्बाद कर देना और एक दिन मर जाना, यही है छोटी मौत। जिए बिना ही मर जाना।

तो जरा देखो तो कि किसके छिन जाने का भय है? क्या बचाने के लिए परेशान हो? किसके पीछे दौड़ रहे हो? क्योंकि जिसे मौत छीन ही लेगी वो तुम्हारे बचाने से बचेगा नहीं और जो बचता है वो तुम्हारे मिटाने से भी नहीं मिटेगा।

वास्तव में हमें भय मृत्यु का नहीं होता है क्योंकि उसका तो हमने आज तक कभी सामना ही नहीं किया। जन्म के साथ यह शरीर, नाम, पहचान, परिवार और इतना बड़ा यह जो संसार मिल जाता है, जो अनुभव, शिक्षा, संस्कार मिल जाते हैं; वास्तव में इसी के खो जाने का भय हमें होता है। किन्तु इसे तो आप फिर भी नहीं बचा सकते, यह तो छूट ही जाना है।

तो अभी जो हो, जहाँ हो, जैसे हो, जिस स्थिति में हो; ख़ुद से एक सवाल पूछो, क्या बस ऐसे ही जीते हुए एक दिन मर जाना है? क्या जीवन में कोई बेपरवाही नहीं हो सकती? क्या इतना बड़ा संसार इसीलिए मिला था कि चार दीवारी में ही घुट-घुट कर पूरा जीवन बर्बाद कर दें? अगर नहीं, तो पूरी सामर्थ्य से आगे बढ़ो, आज़ादी और प्रेम से भरा एक बेपरवाह जीवन जियो।

मौत के बाद की परवाह मत करो। जो है; आज, अभी और इसी क्षण है। जो अभी, इसी स्थिति में बेपरवाह नहीं हो सकता वह आगे किसी अन्य स्थिति में बेपरवाह हो पाएगा यह कहना बड़ा मुश्किल है। मौत के सामने न कोई मजबूरी चलती है और न कोई बहाना, वह तो आती है और उठा ले जाती है।

इसलिए अभी जी लो। कल का कोई भरोसा नहीं। अभी जीने का अर्थ यह नहीं है कि अभी भोग लो संसार को पता नहीं मौका मिले न मिले! अभी जीने का अर्थ है गुलाम बन कर मत जियो, मन में हिंसा, घृणा, उम्मीदें और व्यर्थ की चिंताएं पालकर मत रखो।

बेपरवाही का संबंध लापरवाही, मूर्खता या भोग से नहीं अपितु मौज, आनंद और आजादी से है, सहजता सरलता और बोध से है। तुम किसी से तुलना नहीं करो तो पाओगे कि तुममें कोई कमी नहीं।

अज्ञान के कारण तुम तुलना करते हो, स्वयं में कोई झूठी खोट देखते हो, खालीपन महसूस करते हो और उसको मिटाने के लिए कामना खड़ी हो जाती है और उसकी पूर्ति के लिए तुम दौड़ते हो और इस दौड़ में व्यर्थ ही बहुत कुछ तुम जीवन में ले आते हो।

लेकिन वह खालीपन कभी नहीं भरता क्योंकि खालीपन झूठा था, मगर खालीपन को भरने के लिए जो आप जीवन में एकत्रित कर लेते हैं वही आपके खालीपन और बेचैनी को और बढ़ा देता है।

जो जान लेता है कि सारी दौड़, कुछ होने बनने का सारा प्रयास व्यर्थ है वह बेपरवाह हो जाता है। उसके जीवन में आज़ादी का आविर्भाव होता है। फिर वह खूब दौड़ता है, मेहनत करता है, खेलता है, नाचता-गाता भी है, पाता-खोता भी है मगर उस सबसे किसी तरह की कोई निजी कामना वह नहीं रखता है।

मैं के लिए वह कुछ नहीं करता। इस मैं के प्रति ही बेपरवाह होना है। इस मैं की परवाह से मुक्ति ही बेपरवाही है।

175

जीवन में जब भी तुम कुछ नया, सही, सुंदर और ज़रूरी करना चाहोगे, कोई सही निर्णय लेना चाहोगे तब ये तीन बातें किसी न किसी रूप में तुम्हें ज़रूर डराएंगी;

पहली है भविष्य (परिणाम) की अनिश्चितता। किन्तु तुम ही सोचो, क्या वह फुटबॉल मैच देखने में कोई मजा रहेगा जिसका परिणाम पहले ही सबको पता है और जिसे तुम कई बार देख चुके हो? नहीं। फ़िर तुम अपने जीवन में निश्चितता के पीछे क्यों भागते हो?

अभी गलत जीवन जीकर, बंधन और दुःख से भरा जीवन जीकर (सड़े बीज बोकर) तुम अपने भविष्य में एक अच्छे जीवन (सुंदर और फलदार वृक्ष) की कल्पना नहीं कर सकते। इसलिए अपने आज को जितना बेहतर बना सकते हो बना लो और भविष्य में 10 साल बाद या 50 साल बाद क्या होगा इसकी परवाह मत करो।

आज को यदि तुम भविष्य को सँवारने में लगा दोगे तो जियोगे कब? क्या बुढ़ापे को संभालने के लिए पैदा हुए थे? नहीं न? तो आज सही काम करो और सही जीवन जियो। मोह, ममता, डर, लालच और भविष्य की चिंता से मुक्त होकर शांति, करुणा, आज़ादी और प्रेम के पक्ष में निर्णय लो।

दूसरी बात जिससे तुम्हारा सामना होगा वह है, नयापन। आज अगर तुम एक सही, बड़ा और सुंदर निर्णय लेते हो जिसमें प्रेम है, आज़ादी है और सुकून है तो वह तुम्हारे लिए नया होगा क्योंकि उससे तुम अभी अंजान हो, जो कि अनिश्चितता से ही मिलती-जुलती बात है।

जीवन में जीवन तभी तक है जब तक कि उसमें हर समय कुछ नयापन है और वह भी अनिश्चित क्योंकि जो निश्चित होता है वह भी नया नहीं रह जाता है। सोचो, कोई बहुत बड़ा हास्य कवि हो किन्तु वह एक ही बात को बार-बार दोहराए तो क्या तुम्हें हर बार उतनी ही हँसी आएगी? नहीं न?

इसलिए जीवन भी तब तक ही सुंदर है जब तक कि उसमें कुछ नया होता है अन्यथा वह मुर्दा के समान है अन्यथा पूछ लो उन लोगों से जो किसी तरह की कोई नौकरी करते हैं और एक ही काम को पच्चीस सालों से सुबह से शाम तक करते आ रहे हैं।

जीवन में हर क्षण केवल तब ही नया हो पाएगा जब जीवन के प्रति तुम्हारी दृष्टि बदले। एक दृष्टि होती है जो सबके पास है, जिसमें कुछ भी नया नहीं और दूसरी दृष्टि होती है जो बोध से, स्वयं को जानने-समझने से आती है। आत्मज्ञान से वह दृष्टि आती है जो नएपन से

घबराती नहीं है अपितु उसे जीती है।

इसी तरह तीसरी बात जिससे तुम्हारा सामना होगा वह है, अकेले हो जाने का भय, किन्तु क्या अभी तुम अकेले नहीं हो? तुम चाहे घर में हो या परिवार में हो लेकिन स्वयं को अकेला ही पाओगे। तुम भीड़ में भी होओगे तो भी स्वयं को अकेला ही पाओगे। अकेला तुम्हें चलना पड़ेगा;

और जो अकेले नहीं जी सकता वह भूल जाए बेपरवाही क्योंकि जो अकेले मौज में है वही आज़ाद है और जिसकी मौज किसी अन्य पर आश्रित है वह अभी आज़ाद नहीं और जहाँ आज़ादी नहीं वहाँ कैसी बेपरवाही?

फिर किसका साथ खोज रहे हो? यहाँ कोई नहीं है जो तुम्हारे लिए चल सके। कोई भी व्यक्ति तुम्हारे साथ चल सकता है, कुछ समय के लिए और कुछ दूर तक चल सकता है किन्तु कोई भी 'तुम्हारे लिए' नहीं चल सकता। अपने लिए तो तुम्हें स्वयं ही चलना होगा।

जन्म अकेले का हुआ और मरोगे भी अकेले, खाते अकेले हो और सोते अकेले, रोते और हँसते अकेले, दुख भी अकेले ही सहते हो तो फिर जीवन की इस यात्रा में भी अकेले चलना सीखो और अकेले चलने में बड़ी मौज है, आनंद है।

यह जान लो कि तुम अकेले हो, जीवन अनिश्चित है और अनिश्चितता है इसीलिए कुछ नया हो सकता है और इसी में जीवन का सौंदर्य है। इसे जानो। जो कोई भी अनिश्चितता, नयापन और अकेलेपन में नहीं जी सकता; वह जी ही नहीं सकता।

अकेले होने का संबंध शरीर से अकेले होना आवश्यक नहीं है। अकेले होने का अर्थ है कि आपका मन; समाज, संस्कार, मान्यताओं, अंधविश्वासों और निष्कर्षों से मुक्त है।

176

इस समस्त अस्तित्व को और अपने पूरे जीवन को एक बहती हुई नदी की भाँति ही देखो, जिसमें कुछ भी ठहरा हुआ नहीं है, सब लगातार बहाव में है। जहाँ हर क्षण नया है, सबकुछ परिवर्तनशील है। जैसे नदी कभी एक जगह और एक जैसी नहीं रहती वैसे ही इस अस्तित्व में और इसकी हर शै में परिवर्तन जारी है। जिस व्यक्ति से तुम अभी कुछ क्षण पहले ही मिले थे अब न वह पहले जैसा रहा और न तुम; केवल स्मृति शेष है, शब्द और छवियाँ शेष हैं। अगर इस बात को तुम देख पाओ, समझ लो और जीवन में उतार लो तो जीवन में धोखे खाने से, उम्मीदें पालने से और परिणामस्वरूप दुःख पाने से बच जाओगे।

जब यहाँ सबकुछ लगातार बदल ही रहा है, थोड़ी ही देर में कुछ भी पहले जैसा ही नहीं रह जाता तो किससे उम्मीद रखूँ? क्योंकि आज जिससे मैं उम्मीद रखता हूँ यह सोचकर कि भविष्य में वह उसे पूरी करेगा, तब तक न तो वह बचता है जिससे उम्मीद की गई थी और न वह बचता है जिसने उम्मीद की थी। इसके बाद भी यदि तुम उम्मीदें रखोगे तो फिर कैसे उम्मीदें न टूटें और कैसे दुःख न मिले? "अक्सर हम उम्मीद किसी और से करते हैं और शिकायत किसी और से करते हैं"। इसीलिए किसी से भी उम्मीद रखना सदा दुःख देता है। इसीलिए जब उम्मीदें पूरी भी हो जाती हैं तो भी वह संतुष्ट नहीं कर पाती हैं क्योंकि जिसने उम्मीद की थी वह तो बदल ही गया अथवा रहा ही नहीं। उम्मीद करने वाला था 15 वर्ष का बच्चा और जब तक उम्मीद पूरी हुई तब तक वह हो गया है 18 वर्ष का, तो जिसने उम्मीद की थी वह व्यक्ति अलग था और यह अलग है; इसीलिए उम्मीद पूरी हो जाए तो भी उससे संतुष्टि नहीं मिलती।

इस होश के साथ जियो कि हर पल नया है और उसके साथ सबकुछ नया है अर्थात् अतीत से मुक्त होते चलो। अतीत का बोझ लेकर मत जियो और भविष्य की कल्पना से बचो और उसके लिए वर्तमान में स्वयं को एक बड़े और ज़रूरी काम के प्रति समर्पित कर दो। जीवन को हलके में लो जैसे नदी के किनारे कोई पेड़ खड़ा हो और नदी को बहते हुए बस देख रहा हो और देखना कुछ ऐसा हो गया है कि अब देखना भी निष्प्रयास और निष्प्रयोजन हो गया है। तुम इस जीवन को, तन, मन और सारे जगत को भी बस ऐसे ही देखो, बहते हुए इसे देखो। अगर सचमुच तुम देख पाओ तो उस देखने में ही आनंद है।

177

जीवन का अर्थ ही है द्वैत। द्वैत यानी मैं और जगत, दृष्टा और दृश्य। द्वैत का परिणाम है भेद। भेद अर्थात् दो। दो अर्थात् दूरी। दूरी यानी गति होगी। गति अर्थात समय होगा। तो जैसे ही तुम्हें यह भ्रम हुआ कि मैं और जगत दोनों की अपनी कोई पृथक सत्ता है वैसे ही तुम समय यानी कुछ होने, बनने या पाने की दौड़ में लग गए और यही दौड़ सारे संघर्ष, दुख, चिंता, भय, शोषण, कामना, हिंसा आदि का कारण बनती है। 'जो है' से 'जो होना चाहिए' तक की यात्रा ही समय है और यह समय ही है जिसे हम जीवन कहते हैं। जो समझ लेता है कि वह और जगत भिन्न नहीं है और इसीलिए जगत को भोगकर तृप्ति नहीं मिलेगी। वह संतुष्ट हो जाता है और संतुष्टि पाने की जो अंधी और व्यर्थ दौड़ थी, वह खत्म हो जाती है। दुनिया को भोग और कामनापूर्ति का साधन मानोगे तो बहुत पीड़ा पाओगे। दुनिया में जिनसे तुम उम्मीदें रखते हो वह तुम्हें कुछ नहीं दे पाएंगे, तुम बस उनके गुलाम बन जाओगे। दुनिया से तुम्हारी उम्मीदें ही तुम्हें दुख देंगी मगर तुम इल्जाम दूसरों पर लगाओगे और यह सब करके स्वयं तो दुख पाओगे ही, दूसरों को भी परेशान करोगे। तो अब क्या? जीवन जो है जैसा है उसे वैसा ही स्वीकार कर लो कि हाँ, ऐसा है और मुस्कुराओ और फिर जीवन की समझ तुम्हें जिस ओर ले जाए उस ओर होशपूर्वक बढ़ते रहो क्योंकि अभी आप जहाँ हैं, जिस हाल में हैं यदि वहाँ नहीं मुस्कुरा सकते; तो कहीं भी नहीं मुस्कुरा पाएँगे। क्योंकि जीवन तो चुनौतियों से भरा हुआ है, यहाँ एक समस्या तो खत्म होती नहीं है तब तक दूसरी आ जाती है। फिर आप कब तक और कहाँ तक इस मुस्कुराहट को टालते रहेंगे? जिन्दगी अनिश्चितता से भरी हुई है इसलिए मुस्कुराओ, यहाँ हर पल एक नई चुनौती है इसलिए मुस्कुराओ। संघर्ष के बीच मुस्कुराना सीखो क्योंकि जिस जीवन में संघर्ष नहीं है वह तो मुर्दा ही है। तुम अपने लिए कुछ नहीं कर रहे इसलिए मुस्कुराओ और चोट खा भी रहे हो तो सत्य की राह में, इसलिए दौबारा मुस्कुराओ। अब उठो और काम करो और करते-करते मुस्कुराओ। यह बेपरवाही जिसके जीवन में है, उसी ने जीवन जिया है। सारा जगत तुमसे है और तुम जगत से, यहाँ डर किस बात का? इसलिए मुस्कुराओ। जब यहाँ कुछ बचना ही नहीं है तो उसके छिन जाने के भय में अपनी शांति क्यों नष्ट करें? जब छिनेगा तब छिन जाएगा। जब तक हूँ मौज में हूँ और आज़ाद हूँ, जब नहीं हूँ तो चिन्ता कौन करेगा? कोई बचा ही नहीं चिंता करने के लिए। किसी दिन कुछ होगा तो हो जाएगा, आज क्यों घुट-घुट के जिये।

178

एक बात जो मुझे बहुत अच्छे से समझ आ गई थी वह यह कि, "वह लोग जो ख़ुद इज्जत पाने के योग्य नहीं हैं, जो अपनी ही नज़रों से गिरे हुए हैं, जो ख़ुद दूसरों की नज़रों में सम्मान तलाश रहे हैं, जो ख़ुद अभी समाज, संस्कारबद्धता, अंधविश्वास और मान्यताओं के गुलाम हैं; ऐसे लोगों से सम्मान या वाह-वाही पाने के लिए ऐसा कुछ नहीं करूँगा जो मेरे लिए बंधन बन जाए, जो मेरी आज़ादी छीने"। क्योंकि हमारे आसपास जो लोग होते हैं, घर-परिवार, रिश्तेदार, पडौसी इत्यादि; उनमें से अधिकांश स्वयं ही कोई इज्जत या सम्मान पाने के योग्य नहीं होते हैं। किन्तु हममें से अधिकांश लोग इन्हीं को खुश करने के लिए, इन्हीं की नज़रों में सम्मान और वाह-वाही बटोरने के लिए; अपनी पूरी जिन्दगी को नर्क बना लेते हैं। जरा ठहरो और देखो तो कि जिनकी नज़रों में तुम ऊँचा उठना चाहते हो, जिनसे सम्मान पाने के लिए तुम अपने जीवन को बर्बाद कर रहे हो; क्या वे ख़ुद किसी सम्मान के योग्य हैं? क्या उन्होंने अपने जीवन में कोई भी सच्ची और ईमानदार उपलब्धि पाई है?

जिनके खो जाने की तुम्हें हर दम चिंता रहती है जरा देखो तो कि उनके होने से तुम्हें क्या मिल रहा है और उनके चले जाने से तुम्हारा क्या बिगड़ जाएगा? चार लोग क्या कहेंगे? इस बात की परवाह तुम सिर्फ़ इसीलिए तो करते हो क्योंकि उन्हीं चार लोगों से तुमने किसी तरह के स्वार्थ जोड़ रखे हैं, उन्हीं से इज्जत पाते हो मगर उस छूद्र स्वार्थ के लिए तुम अपने पूरे जीवन को नर्क बना रहे हो। किन्तु तुम यह भूल ही जाते हो कि भला नर्क से भी कभी कोई खुश होता है। तुम ही अपने जीवन में यदि दुखी, अशांत और गुलाम हो तो किसी अन्य को कैसे खुशी दे पाओगे। जो फूल खुद मुर्झाया हुआ है वह क्या ख़ाक किसी को खुशबू देगा। तो जिनको खुश करने के लिए या जिनकी नज़रों में वाह-वाही पाने के लिए तुम अपने जीवन को नर्क बना रहे हो, वह भी तुम्हें वैसे ही ठुकरा देंगे जैसे बाग का माली मुर्झाए हुए फूलों को ठुकरा देता है। तुम स्वयं यदि अपनी जिन्दगी में अंदर से लुटे हुए हो तो कितना ही दूसरों को खुश करने का प्रयास करो, वे कभी भी तुमसे संतुष्ट नहीं होंगे क्योंकि जो स्वयं असंतुष्ट है उससे किसी को क्या ख़ाक संतुष्टि मिलेगी। बस एक-दूसरे का वस्तुओं की भांति उपयोग करोगे और दुख पाओगे। इसलिए दूसरों को खुश करना छोड़ो और तुम बस अपने जीवन को स्वर्ग बना लो, फिर संसार का भला भी हो ही जाएगा। फूल खिला हुआ होगा तो खुशबू और सौंदर्य अपने आप हवाओं में बिखर ही जाएगा अन्यथा तुम तो आनंदित रहोगे ही।

179

यदि तुम सचमुच एक ऊंचा, आज़ाद और सही जीवन जीना चाहते हो, यदि जीवन में सचमुच शान्ति, आनन्द और बेहतरी चाहते हो तो बस एक काम करो; सत्य को चुन लो। क्योंकि जब व्यक्ति सच्चा हो जाता है तो झूठे, घटिया और नासमझ लोग ख़ुद उससे किनारा करने लगते हैं। सत्य को चुनने का अर्थ है कि जो झूठ है, व्यर्थ है, बंधन है उसे 'ना' कह देना। गुलामी को ना कहना ही आज़ादी को चुनना है। तुम्हारे जीवन में कौन असली है और कौन नकली है? कौन सिर्फ़ स्वार्थवश तुम्हारे साथ है और कौन प्रेम के कारण तुम्हारे साथ है? कौन तुम्हारा भला चाहता है और कौन तुम्हें बस उपयोग करना चाहता है? यदि यह जानना हो और जीवन की सफाई करनी हो; तो एक सच्चा, ईमानदार, बोधपूर्ण और बेपरवाह जीवन जीने लग जाओ। तुम पाओगे कि सत्य के साथ होते ही सब बदल गया। आज तक जो लोग तुम्हारे साथ खड़े थे, जो तुम्हें ऊपर उठता देखना चाहते थे वही तुम्हें गिराने का प्रयास कर रहे हैं, वही तुम्हें बर्बाद होता देखना चाहते हैं, पर चूँकि तुम सत्य के साथ हो तो वह तुम्हें गिरने नहीं देगा किन्तु तभी तक जब तक की तुम सत्य के साथ हो। चूँकि तुमने अपने तन, मन और जीवन में बहुत कुछ व्यर्थ और नकली भर रखा है, वही तुम्हारा बंधन है और इसी से तुम्हें मुक्ति चाहिए और उससे मुक्त होने का उपाय यही है कि तुम उसे अपने जीवन में ले आओ जो असली है, सच्चा और सार्थक है। कोई अन्य उपाय है ही नहीं। व्यर्थ को, बंधन और मूर्खताओं को पकड़े-पकड़े कोई मुक्ति या शान्ति नहीं है। किन्तु जब सफाई करोगे तो एक और बात होगी वो यह कि जब तन, मन और जीवन की सफाई होती है, जगह खाली होती है तो जो सच्चे और मजबूत लोग हैं वो तुम्हारे साथ खड़े होने लगते हैं। वो जीवन में आते हैं। कौन झूठा है? कौन नकली है? बहुत ज्यादा इन सब बातों को जानने में अपना समय मत गँवाना बस तुम स्वयं सच्चे, मजबूत और असली हो जाना, तो सब साफ़ दिखने लगेगा। अपने जीवन को साफ़ देखो, जो है जैसा है उसे वैसे ही देखो और स्वीकार करो हकीकत को कि ऐसा है फिर वहीं से रूपांतरण होता है। तुम यदि ख़ुद के ही प्रति ईमानदार नहीं रहोगे तो भूल जाओ कि जीवन में कभी कोई मौलिक रूपांतरण आएगा। तुम्हें सच्चा होना पड़ेगा। व्यर्थ के कचरे को, बोझ को हटाना पड़ेगा, सीमाओं को तोड़ना पड़ेगा, केवल तब ही जीवन में सच्ची शांति आती है। व्यर्थ क्या है और सार्थक क्या है? यह समझने के लिए चाहिये आत्मज्ञान और आत्मज्ञान का तो मतलब ही होता है, अपने जीवन का ईमानदारी से अवलोकन करना।

180

सिर्फ़ एक चीज़ जो हमारी जिन्दगी की दिशा और दशा दोनों तय कर देती है वह है हमारी संगत। संगत से मेरा आशय केवल किसी व्यक्ति विशेष की संगत मात्र से नहीं है। दिन और रात मिलाकर प्रत्येक व्यक्ति को चौबीस घंटे मिलते हैं, तुम अपने चौबीस घँटों को कहाँ समर्पित कर रहे हो? किन चीज़ों को? किन लोगों को? किन उद्‌देश्यों के पीछे दौड़ रहे हो? किन विचारों में खोए रहते हो? किन मान्यताओं के साथ जी रहे हो? यह सब तुम्हारी संगत है। संगत से तात्पर्य है; क्या काम तुम कर रहे हो अर्थात् सचमुच वह काम करने लायक है भी या सिर्फ़ इसलिए कर रहे हो क्योंकि उससे पैसा मिल रहा है अथवा गलती से फंस गए हो या बस किसी तरह के दबाव या डर में वह कर रहे हो?काम ही जीवन होता है क्योंकि बाक़ी समय तो भोजन, सेक्स, चिंता और आरामहोता है। संगत माने क्या खाते-पीते हो? जो खाते-पीते हो कहीं उसमें हिंसा तो नहीं है? क्योंकि जैसा होगा अन्न वैसा होगा तन और मन। संगत माने तुमकिनको पढ़ते-सुनते हो और किस नीयत से? दुख, बंधन, अज्ञान, बेचैनी, निर्भरता इत्यादि से मुक्ति मिले केवल इस नीयत से जो भी करोगे वह सही होगा अन्यथा कोई लाभ नहीं होगा। क्या पहनते हो? कौनसी भाषा बोलते हो? किन लोगों के साथ बातचीत करते हो और इंस्टाग्राम, फेसबुक, यूट्‌यूब इत्यादि सोशल मीडिया प्लेटफॉर्म पर किनको फॉलो कर रहे हो? यह सब संगत के ही अंतर्गत आता है। तुमने क्या मान्यताएं, विश्वास, संस्कार और निष्कर्ष पकड़ लिए हैं? **किन्हें तुमने अपना आदर्श बना लिया है?** किनके जैसा तुम होना चाहते हो? यह सब तुम्हारी संगत है क्योंकि इन्हीं के साथ तो तुम जीते हो, इन्हीं से प्रभावित होकर तुम सारे निर्णय लेते हो। तुम्हारी यह संगत जैसी होगी वैसे ही तुम और तुम्हारा पूरा जीवन हो जाएगा। अपनी संगत बदल दो तो तुम्हारा जीवन भी बदल जाएगा। गलत संगत गलत जीवन, सही संगत सही जीवन। यह संगत जितना शरीर पर असर डालती है उससे ज्यादा मन को प्रभावित करती है। इसलिए ध्यान से देखो कि किनको अपना समय, धन, शरीर, ऊर्जा, संसाधन इत्यादि समर्पित कर रहे हो? बुद्‌धों (ज्ञानियों) को या बुद्‌धुओं को? और यह सब तुम केवल तब ही देख पाओगे जब तुम स्वयं के प्रति ईमानदार रहो, साफ़-साफ़ देखने की नीयत हो और सही जीवन जीना चाहते हो। तुम ही यदि एक झूठा, दबा-कुचला, प्रेमहीन जीवन जीना चाहते हो, तुम ही यदि नहीं चाहते कि जिंदगी बेपरवाह हो; तो कोई भी तुम्हारी सहायता नहीं कर सकता। केवल तुम और तुम्हारी समझ ही तुम्हारे साथ है।

181

एक ऐसी ताक़त जो हम सबको मिली है और उसी का परिणाम हमारा आज है, वह है चुनाव की शक्ति। यह चुनाव ही है जो किसी को मनुष्य, किसी को राक्षस और किसी को देवता बना देता है। तुम आज जहाँ हो, जो हो और जैसे हो वह तुम्हारे अतीत और वर्तमान के चुनावों का ही परिणाम है। अपनी बर्बादी और दुख के कारण हम स्वयं और हमारा ही अज्ञान होता है मगर हम उसके लिए दूसरों को दोष देते रहते हैं। दूसरा आपको पत्थर मार सकता है, आपको चोट लग सकती है मगर उससे आपको दुख होगा अथवा नहीं? यह तो आपकी समझ और चुनाव पर निर्भर करता है। जब तक अपनी बदहाली के लिए तुम दूसरों को दोष देते रहोगे तब तक तुम गुलाम ही रहोगे। अगर कोई दूसरा इंसान कोई बात बोलकर या कोई हरकत करके तुम्हें कभी दुखी कर देता है और कभी खुश कर देता है, तो इसका मतलब यही हुआ ना कि तुम अपनी खुशी और शांति के लिए किसी अन्य पर आश्रित हो अर्थात् उसके गुलाम हो। यदि कोई व्यक्ति किसी भी तरह गुलाम है तो वह गुलामी भी उसी का चुनाव है। पिंजरे में यदि कैद हो, तो या तो उसे तोड़ दो अन्यथा तब तक उसे तोड़ने का प्रयास करते रहो जब तक जान है। या तो पिंजरा टूटेगा या तुम टूट जाओगे। किन्तु जहाँ पिंजरा भी है और तुम भी जिन्दा हो; तो यह गुलामी तुम्हारा ही चुनाव है। तुमने ही आज़ाद होने के संघर्ष को ठुकराकर गुलामी की रोटियाँ स्वीकार की हैं। बुद्ध और महावीर द्वारा; सत्य, आज़ादी और दुख से मुक्ति हेतु राज-पाठ छोड़ना भी उनका चुनाव था। वे चाहते तो वे भी सिंहासन को चुन सकते थे किन्तु जिसे आज़ादी से प्रेम हो वह अपने जीवित रहते, अपनी आज़ादी की कीमत पर न तो महल का ऐशो-आराम स्वीकार करता है और न ही पिंजरे की कैद। तुम क्या खाते हो? क्या पीते हो? क्या पहनते हो? किन्हें पढ़ते और सुनते हो? क्या काम करते हो और किनकी संगत करते हो? तुम्हारा सुख और दुख? ज्ञान और अज्ञान? बंधन और मुक्ति; ये सब कुछ तुम्हारा ही चुनाव है और इसी सब ने आज तुम्हें वहाँ लाकर खड़ा कर दिया है जहाँ अभी हो। तुम झूठ को चुनोगे तो झूठे ही हो जाओगे, छूद्र को चुनोगे तो छूद्र ही रह जाओगे किन्तु जो प्रेम और आज़ादी को चुनता है; वो बेपरवाह हो जाता है। वो आज़ाद हो जाता है। डर तो लगेगा किन्तु साहसी वही है जो डर के बावजूद सत्य को चुने। डरते तो यहाँ सब हैं किन्तु कुछ लोग डर कर कायरों की तरह मैदान से भाग जाते हैं और कुछ डर-डर कर भी आगे बड़ते हैं। डर को अपना काम करने दो और तुम अपना काम करो।

182

नीयतः सारा खेल तुम्हारी नीयत का है। भले ही तुम जानते हो कि क्या सही है और क्या गलत है किन्तु उसके बाद भी तुम किसे चुनते हो, यह तो तुम्हारी नीयत पर ही निर्भर करता है।

जो सोया हुआ है उसे आवाज देकर जगाया जा सकता है किन्तु जागते हुए भी जो जान-बूझकर बिस्तर में पड़ा हो उसे कितनी ही आवाज दो, वह उठेगा अथवा नहीं, यह तो उसकी ही नीयत पर निर्भर करता है।

तुम्हारे सामने अगर बुद्ध भी आ जाए तो वह भी तुम्हारा कुछ भला नहीं कर सकते अगर तुम्हारी ही नीयत न हो सुधरने की। कोई भी केवल बाहर से ही दरवाजा खटखटा सकता है भीतर से तुम खोलते हो अथवा नहीं; यह तो तुम्हारी ही नीयत पर निर्भर करता है।

तो ना किसी को दोष देना और ना ही बहाने बनाना कि तुमने इसलिए बुराई को चुना क्योंकि ऐसा कोई मिला ही नहीं जो अच्छाई बता सके। बुराई को नकारने से ही अच्छाई को स्वीकारने की शुरुआत होती है मगर तुमने बुराई को नकारने के स्थान पर उसे ही चुन लिया, तो यह बताता है कि अच्छाई को चुनने की तुम्हारी नीयत ही नहीं थी।

पाप-पूण्य, अच्छा-बुरा, भलाई और चौरी, हिंसा और शोषण; कुछ भी अंजाने में ही नहीं हो जाता है, सब हमारे द्वारा ही चुना गया होता है और दोष अगर किसी अन्य पर लगाओगे तो उस नर्क में ही सड़ते रहोगे।

जब भी तुम कुछ बुरा या गलत करने का प्रयास करते हो, तब अंदर से आवाज आती है कि यह गलत है किन्तु कोई न कोई बहाना या तर्क देकर तुम उसे सही ठहरा देते हो ताकि उसे कर सको और कामना पूरी हो जाए।

इसी तरह जब कुछ भला करने के लिए भी निकलते हो तब भी तुम्हारे अंदर की बुराई तुमसे कहती है और तर्क देती है कि यह सब करके तुम्हें क्या लाभ होगा? अंदर का लालच तर्क देता है कि मुफ़्त में भला करने से तुम्हारा नुकसान होगा, इतने निष्कामी मत बनो और इस तरह उसकी बात सुनकर तुम भला करने से अपने हाथ पीछे खींच लेते हो।

हमारी नीयत के सामने हमारी मजबूरी बहुत छोटी चीज़ है, वास्तव में मजबूरी कुछ होती ही नहीं केवल हमारा स्वार्थ होता है।

जिसको माँस या दूध का सेवन करना नहीं छोड़ना होता है, जिसकी नीयत ही नहीं होती है कि उसके स्वाद या स्वार्थ की कीमत पर हिंसा रुके; उसके पास एक के बाद एक कुतर्क होते हैं और जिसे सचमुच हिंसा से मुक्त होना होता है, जिसके अंदर करुणा होती है और जिसकी नीयत साफ़ होती है; वह हिंसा से मुक्त होने के लिए अपना नुकसान कराने को भी तैयार हो जाता है।

मगर जिसमें इतनी करुणा है, प्रेम है उसका कैसे कोई नुकसान हो सकता है बल्कि उसे ही असली खजाना मिलता है। जिसमें इतना प्रेम हो कि अपने स्वाद, स्वार्थ और भोग के लिए किसी पर हिंसा ना करना चाहे भला उसका कैसे कोई नुकसान हो सकता है।

जीवन में प्रेम से बड़ा और क्या खजाना हो सकता है! तुम्हारी जिन्दगी अगर नर्क बनी हुई है तो जानना कि तुम्हारी नीयत ही नहीं है उससे मुक्त होने की अन्यथा नर्क से भागने के दरवाजे सदा खुले होते हैं।

तुम चार दीवारी में कैद हो किन्तु तुम्हें गले लगाने को यह विराट अस्तित्व बाहें फैलाए खड़ा है, मगर दीवारों से ही जिसे मोह हो जाए, बेड़ियों को जो कंगन समझ ले, सीमाओं को तोड़ने की जिसकी नीयत ही न हो; उसके लिए यह विराट अस्तित्व भी कुछ नहीं कर सकता।

183

असंतुष्टि; तुम्हारी यह सारी भागदौड़ अपूर्णता की भागदौड़ है। 'जो है- से-जो होना चाहिए' तक की यात्रा है। तुम कुछ हो और कुछ अन्य होना चाहते हो और इस 'कुछ होने-बनने' ने ही तुम्हारे जीवन को नर्क बना रखा है।

तुम बस संस्कारवश, अज्ञान में, तुलना करके ही कुछ होना चाहते हो और इसी होने-बनने के परिणाम-स्वरूप ही तुम अपने स्वभाव (पूर्णता, प्रेम, आजादी, करुणा, शांति, बोध) से दूर हो गए हो अन्यथा तुम्हें कुछ होने बनने की कोई आवश्यकता नहीं है, कोई कर्तव्य नहीं हैं और फिर तुम खेल सकते हो।

संसार की सारी दौड़, चौराहों से गुजरते वाहन, मन में चल रही विचारों की भागदौड़; यह सब कुछ 'जो है' से असंतुष्टि का ही परिणाम है। यह असंतुष्टि ही समय है। हमारी समस्या यह है कि हम उससे संतुष्ट नहीं हैं 'जो है' और इसीलिए हम कुछ न कुछ बनने, कुछ न कुछ होने की दौड़ में लगे हुए हैं और इस दौड़ के कारण ही आज हम वो बने बैठे हैं जो हम हैं ही नहीं।

जब तक आपके जीवन में कुछ बनने या होने की यह दौड़ है तब तक आपका जीवन संघर्ष, परेशानियों, हिंसा, दुःखों, चिंताओं, तनाव और हताशा से भरा ही रहेगा। जब आप 'जो है' से संतुष्ट हो जाते हैं तब निजी स्वार्थ हेतु, कुछ बनने या होने हेतु आपकी सारी दौड़, चिंताएँ, तनाव सब खत्म हो जाता है।

इसका अर्थ यह नहीं है कि अब आप कुछ नहीं करते हैं। यदि आप सचमुच 'जो है' से संतुष्ट हैं तो अब आप पहले से कहीं ज्यादा मगर सही, ज़रूरी और बड़ा काम करेंगे क्योंकि अब यह कर्म आपके निजी स्वार्थ या कामना से नहीं उठ रहा है।

अब कर्म आपकी पूर्णता, आपके प्रेम, आपकी आज़ादी, आपकी मौज और आपकी करुणा से उठेगा। अब यह कर्म आपके लिए दुःख, तनाव या हताशा का कारण नहीं बनेगा क्योंकि अब आप कुछ होने या कुछ बनने के लिए यह कर्म नहीं कर रहे हैं बल्कि प्रेम और करुणा में कर रहे हैं।

जरा देखो तो कि कितने जीव-जन्तु हैं जिन्हें अस्तित्व से कोई शिकायत नहीं है। सबके लिए वह सब कुछ पर्याप्त मात्रा में उपलब्ध है जो उसे अपने जीने के लिए चाहिए बशर्ते मनुष्य अपनी मूर्खता न करे। छोटी सी चींटि की ज़रूरतों के लिए भी सारी व्यवस्था है,

रेगिस्तान हो चाहे समुद्र हो, आकाश हो चाहे जमीन हो; जो जिससे पैदा हुआ है उसके लिए वहीं पर सारी व्यवस्था भी है।

वह सब कुछ जो जीवन के लिए सबसे ज्यादा ज़रूरी है, प्रकृति ने वह सब तुम्हें मुफ़्त में दिया है। जल, अग्नी, आकाश, वायु, भोजन, भूमि, पेड़-पौधे, नदी-तालाब और भी बहुत कुछ है जिसके बिना शायद हम जी भी न सकें किन्तु वह सब हमें मुफ़्त मिला है।

मगर फिर भी हमें उसकी कोई कद्र ही नहीं है और आज यदि वह आपको आसानी से उपलब्ध नहीं है तो इसके लिए भी हम मनुष्य ही ज़िम्मेदार हैं। हमारे अंदर उसके प्रति कोई कृतज्ञता नहीं बल्कि हम तो स्वयं को उसका मालिक समझते हैं।

आज के समय में प्रकृति की भी अधिकांश प्राकृतिक समस्याएं जिनसे आज हम परेशान हैं, वह सब भी हमारी असंतुष्टि का ही परिणाम है क्योंकि संतुष्ट होने के लिए हमने प्रकृति का बहुत शोषण किया है और करते ही जा रहे हैं।

किन्तु इतना जान लो कि प्रकृति को भोगकर, उसका शोषण करके, कुछ और पाकर या कुछ बनकर तुम्हें संतुष्टि नहीं मिलेगी बल्कि और अधिक असंतुष्ट होते जाओगे। बेचैनी और असंतुष्टि को मिटाने के लिए जो कुछ भी करोगे; वह तुम्हारी बेचैनी, चिंता, तनाव और असंतुष्टि को और बढ़ा जाएगा।

जो कुछ तुम्हें मिला ही हुआ है उसके प्रति जागो और तुम पाओगे कि तुम पूर्ण ही हो। किसी भी विषय से ना तो भागो और ना ही उसे भोगो, वरन उसके प्रति जागो। यह जो 'मैं' का झूठा संसार इस 'मैं' के इर्द-गिर्द खड़ा कर लिया है, यही तुम्हारी असंतुष्टि, बेचैनी और अपूर्णता का कारण है। यही बंधन है।

इस मैं को मुक्त करो। जो भी तुम स्वयं को मानते हो वह तुम हो नहीं, इसलिए मुक्त करो स्वयं को उससे और बंद करो उसके लिए जीना। मैं...... के बाद जो कुछ भी जोड़ रखा है वही बंधन (असंतुष्टि) है, उससे मुक्ति ही पूर्णता है।

184

यदि तुम स्वयं को शोषित पा रहे हो तो ध्यान से देखो तुम भी किसी न किसी का शोषण कर रहे हो। तुम शोषित हो नहीं सकते थे यदि तुम अपने से कमज़ोर किसी भी जीव का शोषण नहीं कर रहे होते।

तुम यदि गुलाम हो तो सिर्फ़ इसलिए क्योंकि तुम भी अपने से कमज़ोर किसी न किसी जीव के मालिक बने बैठे हो। तुम किसी के मालिक हो इसीलिए कोई दूसरा तुम्हारा भी मालिक है।

तुम यह शिकायत तो बड़ी आसानी से कर देते हो कि अमीर लोग, नेता लोग, व्यापारी, पदाधिकारी और ऐसे ही अन्य लोग; कोई धर्म के नाम पर तो कोई जाति के नाम पर, कोई लिंग इत्यादि के नाम पर तुम्हारे साथ भेदभाव करता है, तुम्हारा शोषण करता है किन्तु यही काम जब तुम, अपने से कमज़ोर के साथ करते हो तब क्यों तुम्हें यह बात याद नहीं आती कि शोषण करना सही नहीं है?

अपने से गरीब और कमज़ोर के साथ तुम कैसा व्यवहार करते हो? जो लोग तुम्हारे नीचे काम करते हैं उनके साथ तुम कैसा व्यवहार करते हो? घर के अंदर लड़के और लड़की में भेदभाव समाज करता है या तुम ख़ुद करते हो? अमीर और गरीब को देखकर तुम्हारे व्यवहार क्यों बदल जाते हैं?

जब तुम मुर्गा, मछली, गाय, सुअर जैसे अपने से कमज़ोर न जाने कितने बेगुनाह जीवों को अपने स्वाद और स्वार्थ के लिए उपयोग करते हो, उनका दूध निचोड़ते हो, उनकी हत्या करके राक्षस की तरह उनका माँस चबाते हो, जंगल काटते हो, नदियाँ गंदी करते हो; तब क्यों तुम्हें यह शोषण नज़र नहीं आता?

कोई तुम्हारे दो रुपए छीन ले तो वह शोषण और तुम अपने स्वाद और स्वार्थ के लिए किसी जीव की हत्या ही कर दो तो वह क्या तुम्हारे लिए शोषण नहीं है? जब तुम इंसान होकर भी गाय और भैंस से उनके बछड़ों के हिस्से का दूध छीनकर पी जाते हो, तब तुम्हें यह क्यों नहीं दिखता कि तुम उस बछड़े और पशु का शोषण कर रहे हो?

कोई पक्षी होगा, उसके पंख नोचकर अपने शौक़ पूरे करते हो, उसे तुम अपने शौक़ के लिए लाकर एक पिंजरे में कैद कर देते हो और आकाश में मुक्त उड़ने वाला वह पक्षी कैद होकर रह जाता है। क्या तब तुम्हें कमजोरों और बेगुनाहों के साथ हो रहा अत्याचार नज़र

नहीं आता?

तुम सर्कस देखने जाते हो जहाँ जानवरों को जबरन वो सब करने के लिए मजबूर किया जाता है जिसके लिए वह कभी पैदा ही नहीं हुए थे लेकिन जिसे देखकर तुम्हें मज़ा आता है, तब तुम्हें उनकी लाचारगी क्यों नज़र नहीं आती?

मोर के पंख नोच लेते हो, मनोरंजन के लिए जू (zoo) में निर्दोष जीवों को कैद कर देते हो, किसी जीव की खाल उतार कर उससे बने लेदर के कपड़े पहनते हो; तब क्यों नहीं कहते की यह गलत है?

जब तक तुम स्वयं यह सब हिंसा और शोषण कर रहे हो, तब तक तुम्हें कोई अधिकार नहीं यह कहने का कि तुम्हारा शोषण हो रहा है। शोषण क्या होता है? बेगुनाह होने पर भी सजा मिलने का दर्द क्या होता है? अगर सचमुच तुमने यह जाना होता तो तुम किसी भी बेगुनाह जीव पर कभी हिंसा नहीं कर पाते, कभी भी उसका शोषण तुम्हें स्वीकार नहीं होता।

जो व्यक्ति स्वयं किसी का शोषण नहीं करता है, उसके अंदर वो बल जागृत होता है जो उसे किसी भी कीमत पर किसी के भी द्वारा शोषित नहीं होने देता। जो ख़ुद कभी किसी का मालिक नहीं बनता वो किसी दूसरे को क्यों अपना मालिक स्वीकार करेगा।

तुम शोषित सिर्फ़ इसीलिए हो क्योंकि तुम भी शोषण करते हो। "जिसे आज़ाद होना हो, वह अपने गुलामों को रिहा कर दें; फिर चाहे वह कोई इंसान हो अथवा कोई पशु-पक्षी क्योंकि जब तक तुम ही किसी के मालिक बने बैठोगे तब तक कोई न कोई तुम्हारा भी मालिक बना रहेगा"।

जिसको देखो वही यह कहता है कि उसके साथ बहुत गलत हुआ है, उसका शोषण हुआ है, यदि प्रत्येक व्यक्ति शोषित है तो फिर शोषक कौन है? शोषित ही शोषक है और शोषक भी शोषित है

185

व्यर्थ ही है प्रेम और आज़ादी रहित ऐसा जीवन जिसमें तुम करते तो बहुत कुछ हो मगर कुछ भी ऐसा नहीं जिससे प्रेम हो, जिसमें सार्थकता हो। जहाँ तुम 'कमाते हो भोगने के लिए और भोगते हो फिर से कमाने के लिए' और कोल्हू के बैल की भाँति इसी चक्र में घूमते-घूमते सारा जीवन व्यर्थ गँवा देते हो और उस सबके लिए अपनी आज़ादी और चैन लुटा देते हो। फिर जब मृत्यु निकट आती है तब ऐसे ही लोग कांपने लगते हैं और तब भी बचे हुए जीवन को जीने के बजाय और अधिक समय की भीख माँगने में ही जीवन गँवाते रहते हैं। किन्तु तुम्हारे पास यदि करने को कोई सार्थक कर्म है ही नहीं, जीना अगर तुमने सीखा ही नहीं और ऐसे में तुम्हें कुछ समय और मिल भी जाए तो उसका तुम करोगे क्या? इतना सारा जो समय मिला था, जब शरीर में बल था, बुद्धि काम कर रही थी, इंद्रियाँ ठीक थीं; तब तो कुछ उखाड़ नहीं पाए अब और थोड़ा समय मिल गया तो क्या कर लोगे? क्या कर लोगे अगर 5-10 साल और तुम वैसे ही जी लिए जैसे आज तक जीते आए हो? इतने वर्षों में तो कुछ हुआ नहींअब अगर समय मिल भी गया तो यह सोचने में ही बर्बाद कर दोगे कि अब करूँ क्या? यदि जीवन सही जिया होता तो न पछतावा होता और न ही मृत्यु का भय होता। मृत्यु का भय तो होता ही इसीलिए है कि कल-कल करके उसे टालते गए जो सही था, सुंदर और ज़रूरी था, जिसमें प्रेम और आज़ादी थी; मगर अब सारे कल खत्म हो गए और काल आने को है। आज तक बहुत माँग लिया, अब समय माँगने में बचा हुआ जीवन मत बर्बाद करो। जो समय शेष बचा है उन्हें बेपरवाह जियो, आज़ाद होकर और प्रेम में जियो। सारे भेद और सीमाएं हटाकर जियो। समय खत्म हो जाए उससे पहले संभल जाओ और जीवन में बेपरवाही लाओ। जीवन को ऐसे जियो कि अगले पल भी यदि मौत आ जाए तो शिकायत न उठे। मगर तुम्हारी बेपरवाही किसी अन्य के लिए शोषणकारी नहीं होनी चाहिये। जीवन में जहाँ साफ़-साफ़ दिख ही जाए कि क्या उचित है और क्या अनुचित? कहाँ बंधन हैं और कहाँ आज़ादी? कम से कम वहाँ सही चुनाव करो, बाक़ी आगे जो होगा वह देखा जाएगा। अगर सही चुनाव करोगे तो आगे जो भी होगा, वह अच्छा ही होगा; भले ही तुम्हें गलत या बुरा लगे। घटिया जीवन जीने में लोगों को ना शर्म आती है ना डर लगता है, तुम तो सही, ईमानदार और सच्चा जीवन चुन रहे हो, तो डरना क्यों? अगर इसमें डरते हो तो बस स्वार्थ के कारण। हर तरह का स्वार्थ छोड़ दो। फिर कोई डर तुम्हें रोक नहीं पाएगा।

186

वह सारी सामाजिक समस्याएं जिन्हें नैतिकता के नाते हम गलत तो कहते हैं किन्तु हम ही वो लोग हैं जो उनमें शामिल पाए जाते हैं। किन्तु क्यों? क्योंकि हमने एक गलत नियम पकड़ लिया है, वह ये कि हमने भौतिक सुख-सुविधाओं को आंतरिक समृद्धि से अधिक महत्व दे दिया है। जब भी कभी भौतिक सुख-सुविधाओं को आंतरिक संतुष्टि, ज्ञान और शांति से अधिक महत्व दिया जाएगा अथवा भौतिक सुख-सुविधाओं के भोग को शांति और तृप्ति पाने का साधन समझा जाएगा; तब लोग भौतिक रूप से समृद्ध होने के लिए उन सारे गलत मार्गों को अपनाएँगे जिनके माध्यम से कम समय में अधिक समृद्ध होने की संभावना दिखेगी। जैसे चौरी, शोषण, अत्याचार, भृष्टाचार, हिंसा आदि समस्याएं समाज में बढ़ जाएँगी। किन्तु मूढ़ मनुष्य यह नहीं जानता कि संसार की सारी संपत्ति भी यदि उसे मिल जाए तो वह भी उसे संतुष्ट नहीं कर पाएगी। **केवल आत्मज्ञान ही जीव को संतुष्ट कर सकता है।** आत्म अज्ञान के कारण ही वह स्वयं को अपूर्ण समझता है और उनसे तुलना करता है जो उसे अपनी ही अज्ञानी नज़रों से पूर्ण प्रतीत होते हैं, मगर होते वे भी भिखारी ही हैं। जीव की सारी समस्याओं के मूल में केवल आत्म अज्ञान है। वह स्वयं को वह सबकुछ मानता है जो कि वह है ही नहीं। यदि तुम स्वयं को वह मानोगे जो तुम हो ही नहीं, तो तुम्हें बेचैन तो होना ही पड़ेगा। यह वैसा ही है जैसे जंगल का राजा स्वयं को भेड़ मान ले। राजा होकर भी स्वयं को भिखारी मानोगे और भिखारी की ही तरह जियोगे तोबेचैनी होगी ही। जो तुम स्वयं को मानते हो उसको ध्यान से देखो और समझो कि क्या यह सत्य है? पूछो कि जो मैं स्वयं को मानता हूँ अगर मैं स्वयं को उससे कुछ अन्य मानू तो क्या इससे मुझमें कोई अंतर पड़ता है?उदाहरण के लिए अगर भारतीय, हिंदू अथवा मुसलमान होना मेरी असली पहचान है तो यह बदलना नहीं चाहिये, लेकिन मैं तो इन्हें बदल सकता हूँ और बदल देने के बाद भी मुझमें तो कोई अंतर नहीं आता। अर्थात् स्वयं को किसी पहचान से जोड़ना मेरा अज्ञान है किन्तु ऐसा करके मैं स्वयं को उस पहचान में सीमित कर देता हूँ और अस्तित्व से काट लेता हूँ। जो मुझसे अलग नहीं हैं उनको मैं अलग मानता हूँ, ईर्ष्या, तुलना, हिंसा करता हूँ और दुख पाता हूँ। तुम्हारे सारे कर्तव्य भी कहाँ से आते हैं? जो तुम स्वयं को मानते हो वहीं से जैसे माता, पिता, पुत्र, पुत्री। किन्तु झूठी पहचानों से मुक्त हो जाने पर ना कोई भेद रहता है ना सीमाएं, ना कोई कर्तव्य रहता है ना अपूर्णता; अगर कुछ होता है तो वह है, खेल। मस्ती। बेपरवाही...

187

आपको कैसा लगेगा जब गलती कोई दूसरा करे और उसकी सजा आपको मिले? आप भी इसे गलत ही कहेंगे ना? मगर हम सब लोग सदियों से स्त्रियों के साथ यही तो करते आए हैं। यदि किसी स्त्री/लड़की के साथ कोई मूर्ख, पागल और आवारा इंसान कुछ दुर्व्यवहार कर दे, उसके साथ बलात्कार जैसा कोई दुष्कर्म कर दे, तो सजा उसको मिलनी चाहिये ना जिसने दुष्कर्म किया है। मगर हम लड़की को गलत कहते हैं, उसको घर में कैद कर देते हैं, उसपर पाबंदियां लगाते हैं। अरे किसी को अगर कैद करना ही है तो उस दरिंदे को करो ना, जिसने ये गलत हरकत की है। देश में कुछ कुत्ते पागल हो जाएं तो हम कुत्तों को सजा देते हैं, ना की सब कुछ छोड़कर ख़ुद घरों में कैद होते हैं। इतनी बड़ी आबादी में कुछ पागलों ने कुछ लड़कियों के साथ कोई जोर जबरजस्ती कर भी दी तो इसका मतलब यह तो नहीं की बांकी करोड़ों लड़कियों को घर में कैद कर दिया। अगर ऐसा है तो हर साल लाखों लोग बिजली और सड़क दुर्घटना से मर जाते हैं, तो चलो बिजली, पंखा, कूलर, मशीनों, रेल, बस, कार इत्यादि का इस्तेमाल करना बंद करो। मगर यहाँ तुम ऐसा नहीं करोगे। किसी भी लड़की के साथ यदि कोई जाहिल इंसान जबरजस्ती करता है तो उसे सजा मिलनी चाहिये। लड़की को ना मरने की जरूरत है, ना डरने छुपने की। जीवन इतना सस्ता नहीं होता की इतनी सी बात के लिए उसे खतम ही कर दें। कोई कुत्ता अगर आपके ऊपर गंदगी कर दे या आप कीचड़ में गिर जाएं, तो क्या मर जाओगे? अरे कुत्ते को पागल खाने भेजेंगे और अपनी सफाई और ईलाज करवाएंगे। महिला का बलात्कार सबसे पहले उसके घर और पूरे समाज द्वारा होता है, उसे हर तरह से कमजोर और दूसरों पर आश्रित बनाकर, उसके ज्ञान, खेल, कला, साहित्य की जगह उसके शरीर को उसकी संपति बताकर। शारीरिक बलात्कार से भी बुरा और भयानक होता है उसे मानसिक रूप से अपंग करना और यही हम करते हैं जब हम उसे सीमाओं में कैद करते हैं और बिना किसी दोष के सजा देते हैं। महिला समाज का दर्पण और नींव है। महिला की दशा, दिशा और दुर्दशा बताती है कि तुम्हारा समाज कैसा है? महिला (नीव) यदि कमजोर है तो तुम्हारा समाज रूपी ढाँचा बार-बार बिखरेगा।

188

बोधपूर्ण उक्तियाँ

- "आज़ादी मिलती नहीं है, चुनी जाती है"
- "तुम्हारी ईमानदारी के अतिरिक्त और कुछ नहीं है तुम्हारे साथ"
- "मर तो वह भी जाते हैं जो मारे जाने के भय से मैदान-ऐ-जंग में ही न उतरे"
- "तुम हकीकत से नहीं सिर्फ़ कल्पना से डरते हो। तुम उससे डरते हो जिससे आजतक तुम मिले ही नहीं"
- "मौत से मत डरो, जन्मे हो तो मरना है ही; डरना है तो छोटी मौत मर जाने से डरो"
- "जिसे आज़ाद होना हो वह अपने गुलामों को रिहा कर दे, फिर चाहे वह कोई इंसान हो या पशु-पक्षी"
- "आज़ाद जीने का एक ही तरीका है; यह जानो की तुम आज़ाद हो और किसी कीमत पर अपनी आज़ादी मत बेचो" यही बेपरवाही है।
- "मुक्ति कोई सस्ती चीज़ नहीं है, यह बहुत भारी कीमत माँगती है; यह तुमसे तुम्हें ही माँग लेती है"
- "मुक्त होने के लिए किसी की गुलामी भर छोड़ देना पर्याप्त नहीं है, मालकीयत भी छोड़नी होती है"
- "अध्यात्म का संबंध अहंकार को अपने अज्ञान के प्रति जागरूक करने से है। व्यर्थ के पाखंड से अध्यात्म का कोई संबंध नहीं है"
- "जिन्दा फूल को पत्थर की मूर्ति पर चड़ाने वाला, प्रेम नहीं जानता"
- "मैं एक बार बनारस गया तो एक मित्र ने पूछा कि, तुम तो गंगा में नहाए होगे? मैंने कहा; मुझे तो गंगा मिली ही नहीं"
- "जो गलत है उसे वैसे ही एक बार में छोड़ दो, जैसे कचरे को एक बार में छोड़ देते हो। यदि धीरे-धीरे करके छोड़ रहे हो तो तुम्हारा इरादा नहीं है उसे छोड़ने का। उसकी व्यर्थता तुम्हें अभी समझ ही नहीं आई"

- "कोई झोपड़ी में रहता है तो इससे वह साधु या संत नहीं हो जाता है"
- तुमने बच्चों को सिखाया टांग खींचना, झूठ बोलना, ईर्ष्या करना, स्वार्थ के रिश्ते रखना; अब अगर उनसे प्रेम नहीं मिल रहा है, तो गलती किसकी है?
- "दुनिया दुख नहीं देती, दुनिया से आपकी उम्मीदें दुख देती हैं। दुनिया गाली नहीं देगी, यह भी एक उम्मीद ही है"
- "जिसकी तरह आप होना या बनना चाहते हैं, जिसकी आपको कामना होती है; आपको उसका झूठ, व्यर्थता और कमियां दिखना बंद हो जाती हैं"
- "खास होने का प्रयास ही अहंकार है और अहंकार ही दुख का मूल है"
- "सारे अनुभव अहं को होते हैं। अनुभव का संबंध अहंकार से है। जब अहंकार शून्य होता है तब बोध होता है"
- "झूठ को झूठ का कभी पता नहीं चलता जैसे काले में काला कभी नजर नहीं आता। झूठ को देखने के लिए सत्य चाहिये। झूठ को झूठ की तरह देखना ही सत्य में जीना है"
- "स्वयं को शरीर मानना और फिर शरीर के ही इशारे पर नाचना, देहभाव है"
- "जगत जैसा भी है वैसा सिर्फ़ आपके लिए है, और वैसा इसलिए है क्योंकि आप वैसे हैं। जैसे ही आप बदलेंगे, जगत भी आपके लिए बदल जाएगा"
- "प्रकाश (ज्ञान) का काम है कि अंधकार (अज्ञान) को हटाकर आपको गंदगी दिखा दे। फिर आपका काम है कि आप उठाओ झाड़ू-पौछा और सफाई करो"
- "इंसान सुख सुविधा चाहता है, दुख से मुक्ति नहीं। इसीलिए उसका दुख कभी मिटता नहीं"
- "दुख कभी दुख बन कर आपके जीवन में नहीं आता, वह हमेशा सुख के रूप में ही आता है"
- "मालिक बदलने को आज़ादी नहीं कहते घोंचू, तुम मालिक बदलते हो गुलामी नहीं छोड़ते"
- "संसार के लिए आत्मज्ञानी वैसा ही होगा जैसे कोई पागल मनुष्य या पशु"
- "यदि आपकी शांति किसी अन्य पर आश्रित है, तो वह झूठी है"
- "यदि अन्य लोग आपको सुखी अथवा दुखी कर देते हैं, तो आप गुलामों के भी गुलाम हैं"
- "गलत दिशा में जितना आगे बढ़ोगे, सही दिशा से उतना ही दूर होते जाओगे और वापस लौटना उतना ही मुश्किल होता जाएगा। एक समय के बाद समय ही समाप्त हो जाएगा"
- "आत्मज्ञान; यानी उसे जानना जो पराया है, नश्वर है और उसकी मालकीयत के प्रति बेपरवाह हो जाना"
- "एक चींटि के लिए तुम्हारा शरीर ही पहाड़ है, शरीर के अंदर बैठे बैक्टीरिया के लिए तुम्हारा शरीर ही ब्रह्मांड है"
- "रास्ता उसके लिए होता है जिसे कहीं और पहुँचना हो। तुम्हें तो तुम तक पहुँचना है। केवल बोध"

- "आत्मज्ञान कोई उपलब्धि नहीं है, अपितु यह तो स्वयं को जानते रहने की एक सतत् प्रक्रिया है, जो जीवन पर्यंत चलती रहती है"
- "जिस ईश्वर को आप जानते ही नहीं उसे कहाँ और कैसे खोजेंगे? और यदि जानते हो तो फिर खोजने की आवश्यकता क्या है? वास्तव में तुम ईश्वर को नहीं, ईश्वर नाम की उस छवि को खोज रहे हो, जो तुमने ही रचि है"
- "आप बीमारी को नजरंदाज कर सकते हैं किन्तु इससे बीमारी नहीं मिटेगी और परिणाम भुगतने ही होंगे"
- "आप पैदा हो गए हो और पैदा होने के कारण बहुत से बंधनों ने आपको जकड़ लिया है, तो अब इन बंधनों से मुक्ति ही जीवन का उद्देश्य है"
- यदि तुम स्वयं की नजरों में असम्मानित नहीं होते, क्या तब भी किसी से सम्मान की चाह रखते?
- "तुम जिसकी तरह बनने की कोशिश में लगे हुए हो, वो स्वयं किसी अन्य की तरह बनने की कोशिश में लगा हुआ है"
- "अभी हसरत पकवान की, थोड़ी देर बाद जब वो टट्टी बन जाए तो उसी से नफरत। जो इन दोनों को एक साथ एक जान ले वो ज्ञानी, और जिसको यह कुतर्क आ रहा है कि 'टट्टी ही खा लिया कर' वो अज्ञानी"
- "एक फूल भी अस्तित्व में हो सके, इसके लिए पूरे अस्तित्व को वैसा होना पड़ेगा जैसा वह है"
- "बंधन को जानना ही मुक्ति है, बंधन को नहीं जानना ही बंधन है"
- पहले गौरे लोग तुम पर शासन करते थे अब काले लोग करते हैं। बदला क्या? कुछ भी नहीं। मालिक बदलने को आज़ादी नहीं कहते। गरीबी, भुखमरी, अशिक्षा, अंधविश्वास, भृष्टाचार, शोषण, भेदभाव, सब वैसा का वैसा ही बना हुआ है बल्कि और बड़ा ही है, तो तुम आज़ाद कब हुए?
- "किसी भी स्थिति में, चाहे वह कोई दुर्घटना हो अथवा वह मृत्यु ही क्यों ना हो; दुःख और भय का कारण अज्ञान ही होता है"
- "सुख के असली चेहरे को ही दुख कहते हैं। सुख केवल मुखोटा है दुख उसकी असलीयत है"
- "उम्मीदें तुम्हारे दुख का कारण हैं; फिर चाहे वह दूसरों से हो, अस्तित्व से हो और चाहे वह स्वयं से ही क्यों ना हो"
- "ना किसी से कोई उम्मीद रखो, स्वयं से भी नहीं और ना ही ऐसे जियो की अन्य लोग तुमसे कोई उम्मीद रखें"
- "मूल्यवान वस्तु भी अपना महत्व खो देती है, जब वह आपको मुफ्त में उपलब्ध होती है। जीवन में जीने के लिए जो कुछ भी मूल्यवान है, वह तुम्हें सहज ही मिला हुआ है, इसीलिए उसकी तुम्हें कोइ कद्र नहीं है और तुम उसे पाने के लिए दौड़ते रहते हो जो व्यर्थ

ही तुम्हारे दुख, दर्द, बंधन और बोझ को बढ़ाएगा। जीवन में सबसे महत्वपूर्ण है तुम्हारी आज़ादी, तुम्हारी शांति, तुम्हारा आनंद मगर जितना तुम व्यर्थ के पीछे दौड़ते हो उतना ही यह व्यर्थ से ढँकते जाते हैं"

- "दुख का कारण किसी चीज़ का नहीं होना, नहीं है। दुख का कारण है किसी ऐसी चीज़ का होना, जिसे होना नहीं चाहिये था"
- "जो तुम स्वयं को मानते हो, वही बंधन है, वही दुख है"
- "मैं....के साथ जो कुछ भी जोड़ रखा है, वही बंधन है, वही दुख है"
- "छोटी चीज़ों से बड़ी उम्मीदें, दुख देती है"
- "पानी से प्रेम माँगना और भोग से चैन माँगना ही दुख है"
- "दुख में जो तुम्हारे साथ आते हैं, वास्तव में वे तुम्हारे ऊपर एहसान करने आते हैं। तुम्हारे दुख का, वे जरा करीब से सुख लेना चाहते हैं"
- "शांति का कभी अनुभव नहीं होता, अनुभव सदा अशांति का ही होता है"
- "आनंद और शांति का कोई कारण नहीं होता है। जहाँ कारण है वहाँ आनंद और शांति झूठी है"
- "तुम्हें तुमसे मोहब्बत नहीं, किसी और से क्या ख़ाक मोहब्बत करोगे"
- "तुम उन्हें पसंद करते हो जो खुद को ही पसंद नहीं करते"
- "तुम्हें बच्चों से नहीं अपितु 'अपने बच्चों' से प्रेम है। इसलिए इसे प्रेम नहीं अहंकार कहते हैं"
- "आप जिसके गुलाम हैं आप उसे कभी प्रेम नहीं कर सकते और आप जिसके मालिक हैं, उससे भी आप प्रेम नहीं कर सकते"
- "प्रेम में आज़ादी दी जाती है, छीनी नहीं जाती है और जिस भी संबंध में आज़ादी छीनी जाती है, वहाँ प्रेम तो है ही नहीं। वहाँ केवल एक-दूसरे का शोषण होगा और हिंसा होगी"
- "जिससे प्रेम करते हो, उससे कभी कोई उम्मीद मत रखना। तुम्हारी उम्मीद उसे भी रुलाएगी और तुम्हें भी"
- "जहाँ पहुंचकर तुम स्वयं से ही मुक्त हो जाओ, वही तुम्हारा असली घर है"
- "जहाँ तुम्हें तुम्हारी कोई परवाह ना रहे, वहाँ होना ही तुम्हारा स्वभाव है"
- "जो व्यक्ति पशु-पक्षियों और प्रकृति के अन्य सभी तत्वों से प्रेम नहीं कर सकता, वह मनुष्यों से तो कर ही नहीं सकेगा"
- "जो औरत अपना पूरा समय सिर्फ़ घर की चार दीवारों में ही चूला-चौका और झाड़ू-पौछा करते हुए बिताती है, ना पढ़ती, ना लिखती, ना खेलती, ना घर से बाहर जाती; वो क्या ख़ाक बच्चों की प्रथम गुरू बनेगी"
- "जो बाप लड़के और लड़की में भेदभाव करता है, वो बाप कहलाने के लायक नहीं। ऐसा व्यक्ति न तो लड़के से प्रेम करता है और न ही लड़की से"

- "जो तुम्हारें घर कचरा लेने आता है, सड़के और नालियां साफ़ करता; उसकी औकात तुमसे ज्यादा ऊंची है। वो ना हो, तो तुम अपनी ही गंदगी में सड़ मरोगे"
- पुराने रास्तों पर चलकर, भला कोई नई मंजिलों को पाता है?
- "बना बनाया रास्ता तुम्हें वहीं पहुंचाता है; रास्ता बनाने वाला जहां तुम्हें पहुंचाना चाहता है"
- "याद रखो; अगर तुम सही ज़िम्मेदारी नहीं उठाओगे, तो गैर ज़िम्मेदार और नासमझ लोगों के हाथों की कठपुतली बनकर रह जाओगे"
- "ऐसा कोई भी सम्प्रदाय, संगठन या व्यवस्था; जो किसी भी जीव के लिए हिंसक, शोषणकारी अथवा क्रूर सबित हो रही हो, जिसमें भेदभाव और अन्याय है; उसके खिलाफ बोलने का अधिकार हर नौजवान मन को है"
- "अगर सरकारें झूठी और गद्दार हैं, तो उसकी वफादारी करने वाले भी उतने ही बड़े झूठे और गद्दार हैं। अगर धार्मिक गुरू; अज्ञानी, झूठे, अंधविश्वासी और पाखंडी हैं, तो उनके तथाकथित भक्त भी वैसे ही हैं"
- "लोगों की परवाह करो, मगर लोग तुम्हारे बारे में सोचते क्या हैं? इसकी परवाह तुम मत करो"
- "ऐसा सिर जो सच के सामने भी झुके और झूठ के सामने भी झुके, उस सिर का कोई मूल्य नहीं"
- "दस लाख बुद्धुओं से भी बड़ा, एक अकेला बुद्ध होता है"
- "ना किसी के मालिक बनो, ना किसी के गुलाम; आज़ाद रहो, बेपरवाह जियो"
- "सही, सच्चा, बेपरवाह और आज़ाद जीवन जीने के लिए अगर गिरना पड़े, तो दुनिया की नजरों में गिर जाना बेहतर है; बजाय गलत, झूठा और छोटा जीवन जीकर अपनी ही नज़रों में गिर जाने के"
- "जो मुर्दे होते हैं वो बहते हैं, जो जीवित होते हैं, वे तैरते हैं; बोध की नदी में"
- "न मोह रखो, न आसक्ति; निर्मम और अनासक्त रहो। भविष्य से कोई आशा ना रखो; निराशी हो बेपरवाह जियो"
- "ऐसा मन जो वर्तमान की व्यर्थता और झूठ को छोड़ते समय, भविष्य के परिणामों की परवाह से मुक्त है; वही अकेला है और बेपरवाह है"
- "समझ और ताक़त; उपहार में नहीं मिलती बल्कि चुनौतियाँ उठाकर, चुनौतियों का सामना करते हुए अर्जित करनी पड़ती है। यही तो है जो तुम्हारी अपनी है"
- "तुम बस नकली पहचानों को नकली जान लो, जो रह जाएगी वह असली ही होगी"
- "तुम्हारे जीवन का दुख यह है कि तुम वह बने बैठे हो, जो तुम हो ही नहीं"
- "जिसे अपनी असली पहचान चाहिए, उसे नकली पहचान और उनसे मिलने वाले सुख-सुविधाओं इत्यादि से मुक्त होना होगा"

- "अपने स्वार्थ और स्वाद के लिए व्यक्ति हिंसा करता है, इससे व्यक्ति का मन हिंसक होता है और वह व्यक्ति फिर एक हिंसक समाज का निर्माण करता है"
- "कुछ भी आपका व्यक्तिगत मसला नहीं है, यहाँ तक कि आपका दुख और सुख भी आपका व्यक्तिगत मसला नहीं है क्योंकि आप जो कुछ भी करते हैं, उसका असर मुझपर भी होता है"
- "पिंजरे में यदि कैद हो तो या तो उसे तोड़ दो, अन्यथा तब तक उसे तोड़ने का प्रयास करते रहो जब तक जान है। या तो पिंजरा टूटेगा या तुम टूट जाओगे"
- "डरते तो यहाँ सब हैं किन्तु कुछ लोग डर कर कायरों की तरह मैदान से भाग जाते हैं और कुछ डर-डर कर भी आगे बढ़ते हैं"
- "जो सोया हुआ है उसे आवाज देकर जगाया जा सकता है किन्तु जागते हुए भी जो जान-बूझकर बिस्तर में पड़ा हो उसे कितनी ही आवाज दो, वह उठेगा या नहीं यह तो उसी की नीयत पर निर्भर करता है"
- "समय है, उसके लिए जिसको कहीं पहुँचना है"
- "समय है, उसके लिए जिसके पास कोई उद्देश्य कोई लक्ष्य है"
- "समय है, उसके लिए जो असंतुष्ट है, बेचैन है और अशांत है"
- "छिपकली रात-भर कीड़े-मकौड़े मार-मार कर खाती है और सुबह होते ही दीवार पर लगे देवताओं और महापुरुषों की तस्वीर के पीछे छिप जाती है। समाज के अधिकांश लोग भी ऐसे ही हैं। चेहरा सज्जनों का, कर्म और नीयत दुर्जनों की"
- "जो व्यक्ति इस बात की परवाह करता है कि लोग क्या कहेंगे? वो कभी सच्चा नहीं हो सकता"
- "किसी भी व्यक्ति का शोषण करने, बलात्कार या किसी भी प्रकार की हिंसा करने के लिए उसको दूसरा मानना ज़रूरी है। अतः वह प्रत्येक व्यक्ति शोषक और बलात्कारी है जो किसी भी तरह भेदभाव को बढ़ावा देता है"
- "बताओ मत; कि लोगों को और समाज को कैसा होना चाहिए, अपितु तुम स्वयं उसके प्रमाण बन जाओ"
- किसी भी देश और उसके लोगों की महानता, संवेदनशीलता, करुणा और जागरूकता के बारे में जानने का यह बहुत अच्छा तरीका है कि आप यह देखें कि वह लोग; अन्य जीव-जंतुओं के साथ, अपने से कमजोर जीवों के साथ, कैसा व्यवहार करते हैं?
- "जिन्हें दुनिया बदलनी होती है, कपड़े बदलने से ज्यादा उनका ध्यान "मैं" पर होता है"
- "या तो सही काम करो और सही काम अगर बना बनाया नहीं मिले, तो ख़ुद सही काम का निर्माण करो लेकिन गलत काम से सदा दूर रहो"
- "लूट ले गया कोई, और तुम्हें पता भी न चला; इसी को तो बेहोशी कहते हैं"
- "कोयल की हूक अब सुनाई नहीं देती, लगता है देश विकास कर रहा है"
- "जंग लड़ने चलना है, ठीक है; आओ प्रेम सीखते है"

- "मस्ती ही सस्ती है, बाक़ी तो जबरदस्ती है। प्रेम बिना तेरी न कोई हस्ती है, दुनिया तो मुर्दों की बस्ती है"
- "जब मैं; तुम्हारा था, तब सिर्फ़ तुम्हारा था। जब तुम्हारा नहीं रहा तो किसी का नहीं रहा, और जब किसी का नहीं रहा तो मैं सबका हो गया। अनंत हो गया"
- "ऐसा मेरा यार है, जिसे कभी देखा नहीं; फिर भी, बेइंतहा प्यार है"
- "ख़ुद को बचाओगे, तो निश्चित है मिट ही जाओगे"
- "जो कोई भी अपने लिए, और अधिक पाने की अंधी दोड़ में शामिल है, अभी वो गरीब है"
- "जिस पति का एक हाथ ऊपर है आसमान छूने के लिए और दूसरा हाथ नीचे है पत्नी को दबाने के लिए, वो कभी ऊँचा नहीं उड़ पाएगा। सरल उपाय है, दोनों साथ उड़ जाओ"
- 'जो चाहा उसे पाकर भी कुछ अधूरा सा लगता। जिसने भी मेरे यार को न चाहा, वो यूहीं मंजिल दर मजिल भटकता है'
- "उसे देखा नहीं, फ़िर भी आँखें सब उसी की खोज में हैं। बिना मिले किसी को दिल दे बैठे हम, यही तो फकीरों की मौज में है"
- "प्यार में व्यापार और व्यापार में प्यार नहीं होता"
- "सही काम इसलिए नहीं किया जाता है कि उसको करने से कुछ मिल जाएगा, सही काम इसलिए किया जाता है क्योंकि वह सही है"
- "तुम संसार के इस नकलीपन को देख नहीं पाते हो? क्यों? क्योंकि तुम स्वयं नक़ली होकर जी रहे हो"
- "प्रेम अकारण होता है। प्रेम, "किसी से" नहीं होता है, वह बस होता है"
- "तुम्हारा शोषक भी तुम्हारा शोषण, तुम्हारे ही द्‌वारा दी गई ताकत से करता है। तुमपर राज, तुम्हारी ही बेहोशी में, तुम्हारे ही द्‌वारा दी गई रजामंदी से किया जाता है"
- "हम गुलामी स्वीकार कर लेते हैं चंद सुविधाओं के लिए, इसीलिए हम दुःख पाते हैं"
- "जिसके जीवन में प्रेम या आनंद नहीं होता, उसे ही किसी विशेष दिन अपने प्रेम का का इजहार करना पड़ता है"
- "जीवन यदि मुक्त नहीं है, तो वह जीवन नहीं जेल है"
- "अपने बंधनों को तुमने ज़िम्मेदारी और कर्तव्यों का नाम दे रखा है"
- "झूठी तारीफ सुनने वाले बिखर जायेंगे, सच्ची आलोचना सुनने वाले निखर जायेंगे"
- "संसार और उसके झंझटों से मुक्त होने का एक ही तरीका है, तुम उससे दिल लगा लो जो संसार से ही पर है"
- "सत्य में, और बोले गए सत्य में; उतना ही अंतर है जितना एक समुद्र और उसके चित्र में"
- "संसार आपके साथ क्या करता है और क्या नहीं? इस पर आपका नियंत्रण नहीं है, किन्तु उस क्रिया के प्रति आपकी प्रतिक्रिया क्या होगी? यह आवश्य आपके नियंत्रण में है। इस पर ही ध्यान दें"

स्वयं से सत्य तक

मनुष्य के जीवन से संबंधित चाहे कोई भी समस्या हो किन्तु उसके मूल में सदा अज्ञान ही होता है। जन्म के साथ ही मनुष्य में एक अपूर्णता/ बेचैनी होती है मगर आत्म-अज्ञान के कारण वह उसे समझता नहीं है। लेकिन उस बेचैनी को मिटाने के लिए वह जीवन भर कुछ ना कुछ करता रहता है। मगर बेचैनी को मिटाने के लिए अपने अज्ञान में वह जो कुछ भी करता है, उस सबके परिणाम स्वरूप उसकी बेचैनी और अधिक बढ़ जाती। फिर बेचैनी जितनी बढ़ती है वह और अधिक ऐसे निर्णय लेता है जो उसे और गहरी बेचैनी में डाल देते हैं। मनुष्य अपने जीवन में जो कुछ भी करता है, वह सबकुछ इसी अपूर्णता और बेचैनी को मिटाने के लिए करता है। फिर वह जो कुछ भी करता है उसी का परिणाम वह सारी समस्याएं हैं जो हमें अपने जीवन, समाज, धर्मों और देशों इत्यादि में दिखाई देती हैं।

उसे लगता है कि जगत को भोगकर उसे पूर्णता मिल जाएगी मगर यही तो भ्रम है। मनुष्य जगत के साथ भोग का रिश्ता रखता है और दुनिया को बर्बाद कर देता है। हर तरह के भेदभाव, शोषण, युद्ध, जलवायु परिवर्तन, अन्य प्राकृतिक समस्याएं, सामाजिक, मानसिक, आर्थिक, पशु क्रूरता, जनसंख्या वृद्धि, जंगलों नदियों पहाड़ों की बर्बादी जैसी अनेक समस्याएं मनुष्य के अज्ञान का ही परिणाम है। अतः इन सारी समस्याओं का असली समाधान तो आत्मज्ञान ही है। स्वयं को जानकर ही मनुष्य संतुष्ट हो सकता है।

समाज में फैले इस अज्ञान रूपी अंधकार को मिटाने की जिम्मेदारी किसी एक व्यक्ति की नहीं होती है, अपितु प्रत्येक व्यक्ति की होती है। हम किसी आसमानी शक्ति का इंतजार नहीं कर सकते कि वह आयेगी और हमें हमारे सारे दुख, दर्द, समस्याओं इत्यादि से मुक्त करेगी। जिन दुखों, भय, चिंताओं, समस्याओं आदि से मनुष्य परेशान है, वह सब मनुष्य ने ही पैदा की हैं। अतः हर व्यक्ति जो कुछ कर सकता है, जैसे भी कर सकता है; उसे समाज में फैली इन समस्याओं को हटाने का प्रयास करना चाहिये। हम यूट्यूब, इंस्टाग्राम लेख, जूम मीटिंग पर सवाल-जवाब और अब पुस्तकों के माध्यम से ज्ञान की कुछ रोशनी लोगों तक लाने का प्रयास कर रहे हैं। हमारे काम से अनेक लोगों को सहायता मिल रही है, वे अपने जीवन से अज्ञान, भ्रम, कमजोरियों, दुखों, बंधनों, भय, चिन्ता, तनाव, भोगवादि धारणा जैसी अनेक समस्याओं को दूर होते देख रहे हैं। साथ ही हमारे प्रयास से कई लोगों ने दूध, लैदर और मांसाहार जैसी वस्तुओं के उपयोग और उपभोग पर रोक लगाई है, जो कि पशु क्रूरता और जलवायु परिवर्तन के लिए जिम्मेदार बहुत बड़े तत्व हैं। हमारे काम को गहराई से जानने के लिए यूट्यूब, इंस्टाग्राम आदि जगह पर (@SwayamSeSatyaTak and Achintya_Revolution) के नाम से खोजें।

www.ingramcontent.com/pod-product-compliance
Lightning Source LLC
LaVergne TN
LVHW040426051026
849517LV00002B/481